울산지역 노동시장과 고용문제

산업도시 노동시장의 현실이해

이성균 지음

UUP

울산지역 노동시장과 고용문제

- 2017년 6월 15일 초판 인쇄
- 2017년 6월 21일 초판 발행
- 지은이 이성균
- 펴낸이 오연천
- 펴낸곳 UUP(울산대학교출판부) 680-749 울산광역시 남구 대학로 93(무거동) 울산대학교 출판부
- 전화 (052)259-2488 팩스 (052)277-3011 ▪ 홈페이지 http://uup.ulsan.ac.kr
- 출판등록 제370-1996-000001호(1996.3.13)
- ₩ 13,000

이 도서의 국립중앙도서관 출판도서목록(CIP)은 e-CIP 홈페이지(http://www.nl.go.kr/ecip)에서 이용하실 수 있습니다.(CIP제어번호: CIP2017014020)

ISBN 978.89.7868.406.4 (93330)

서 문

필자가 울산에서 생활한 지 20년이 되었다. 1997년 여름 박사학위를 받고 울산대학교 교수로 부임한 후, 산업사회학과 복지사회학 수업을 강의하고 관련 주제를 연구하면서 생활하다보니 벌써 20년의 세월이 지났다. 울산에서 생활한 첫 해에는 소위 'IMF 경제위기'가 발생하면서 수많은 사업체들이 위기를 극복하기 위하여 노력하는 모습을 목격하였고, 2000년대 들어서는 자동차와 석유화학 등 주요 생산현장에서 일하는 사람들이 국내외 경기변동 상황에서 생존하기 위하여 장시간 노동하는 이야기도 생생하게 들을 수 있었다. 또한 2015년을 전후한 시기에는 조선업 위기가 울산지역 시민들의 일자리와 생활에 얼마나 많은 고통을 주는지 파악할 수 있었다. 울산에서 본격적인 연구자 생활을 했던 필자는 이 시기를 'IMF 경제위기 발생 후 20년간의 산업도시 변동기'로 기억한다.

울산에서의 생활은 수도권에서 태어나고 성장했던 필자에게는 매우 흥미로운 경험이다. 울산은 1960년대 초반에만 해도 영남권의 작은 농어촌 도시이었으나 1970년대부터 대규모 제조업체 생산시설들이 밀집되면서 한국을 대표하는 수출주도형 산업도시로 성장하였다. 인구규모면에서 전국의 2%에 불과한 100만여 명이 살아가는 울산지역이 우리나라 수출총액의 18%정도를 차지했다는 사실은 이 지역의 성장을 잘 나타낸다. 또한 이 도시는 '거대기업을 중심으로 일자리가 풍부하고 임금도 매우 높은 도시' 로 알려져 있었다. 주요 기업체들의 활발한 생산활동 덕분에 다른 지역보다 안정적인 일자리와 높은 임금을 받으며 삶을 유지해 왔다. 반면 저임금 불안정 계층이나 빈곤층 규모는 상대적으로 낮은 비중을 차지하였기 때문에, 울산지역의 1인당 평균 소득은 다른 지역보다는 높은 수준이었다.

그러나 현재 울산지역은 산업도시 형성이후 가장 큰 변화의 길목에 서 있다. 2000년대 들어서 선진국의 경기불황이 장기화되면서, 울산의 주력산업들은 국내외 시장에서 불안정한 상태에 있다. '세계 제일'이라는 조선산업은 몇 년째 큰 폭의 적자를 기록하고 있으며, 전 세계 시장에 수출되는 자동차산업도 최근 들어서 영업이식이 감소하여 과거와 같은 성장세를 장담할 수 없다. 이러한 변화는 지역노동시장에 직접적인 영향을 미치고 있다. 경제성장기에 '수출산업의 역군'으로 자부심을 갖던 베이비붐 세대가 대규모 퇴직함에 따라서 이들의 재취업과 노후생계가 울산지역에서 큰 문제로 부각되고 있으며, 이 세대의 자녀들은 이제 고학력 청년층으로 성장하였으나 노동시장에서 희망하는 일자리를 쉽게 찾지 못하고 있다. 더구나 울산의 여성 고용률은 전국 최하위에 이를 정도로 심각하다. 세계적 차원에서 진행되는 경기변동이 울산이라는 지역노동시장에도 직접적인 영향을 미치고 있음을 쉽게 알 수 있다.

필자는 울산지역의 노동시장 변화에 누구보다도 민감하다. 필자가 가르치는 대학생들이 졸업 후에 원하는 일자리를 찾지 못하고 청년실업자가 되는 상황을 볼 때, 그 학생의 부모들이 이제 퇴직연령층이 되었으나 여전히 일자리를 찾고 있다는 소식을 들을 때, 어머니와 아내로서 역할을 수행하느라 취업 경력이 단절된 여성들이 일자리를 찾기 어렵다는 이야기를 들을 때, 대기업과 하청 계열화된 지역 중소기업들이 적절한 직무능력을 갖춘 인력을 찾지 못한다고 하소연할 때, 지역노동시장의 명암(明暗)이 좀 더 구체적으로 다가온다. 사회학을 전공하는 필자에게 울산지역 노동시장을 분석하고 고용문제 해결방안을 제안하는 일이 큰 부담이 된 것도 사실이다.

산업사회학의 관점에서 노동시장 문제를 연구한 필자의 첫 번째 저서는 『경제위기와 노동시장 변동』(울산대학교 출판부, 2004년)이다. 'IMF 경제위기'가 한국의 고도성장기에 형성되어 온 경제사회 구조를 근본적으로 변화시킨다고 판단하고, 한국사회의 노동시장과 불평등 문제를 주제별로 정리한 바 있다. 또한 이 저서는 새로운 연구를 위한 출발점이었다. 당시 연구했던 전국차원의 노동시장 문제가 울산이라는 지역에서는 경험하지 못한 일이거나, 울산에서 발생한 노동시장 이슈가 한국사회 전체에서는 그다지 주목받지 못하는 것을 종 종 느낀 바 있다. 또한 한국사회 일반 혹은 전국차원의 노동시장 이슈들을 분석하고 정책적 대안을 제시하는 학자들은 많지만, 지역차원의 쟁점을 연구하는 학자들은 부족하다는 사실을 확인하였다. 더 늦기 전에 내가 살아가는 지역의 노동시장 문제를 연구하겠다고 다짐한 것은 이러한 맥락이었다.

그러나 울산이라는 하나의 '지역'을 연구하는 작업은 쉽지 않은 일이었다. 무엇보다도 지역의 구체적인 현실을 분석하기 위한 자료가 부족하였다. 많은 사회과학자들이 실증분석을 위하여 활용하는 사회조사 자료는 대부분 전국단위의 표본이므로, 울산과 같은 작은 도시의 응답자들은 기껏해야 몇십명에 불과하였다. 또한 이 문제를 해결하기 위하여 필자가 독자적 조사를 실시하는 일도 행정·재정적 어려움 때문에 쉽지 않았다. 다행히 최근에는 통계청의 "지역고용조사"와 같은 지역단위 대규모 조사 자료가 공개되었고, 필자도 공공기관의 지원을 받아 울산지역 사회조사를 실시하면서 지역노동시장 분석을 시도할 수 있었다.

이 저서는 노동시장의 다양한 주제를 연구하는 이론적 시각과 가설을 적용하여 산업도시 울산지역 노동시장의 특성과 현실을 분석한다. 지역노동시장을 연구한다고 결심한 초기에는 "구체적인 현실분석을 통하여 이론발전에 기여하고, 좀 더 완성된 하나의 이론을 기초로 현실을 구체적으로 분석할 것"을 기대하였으나, 필자의 능력으로는 산업도시의 현실을 설명하는 단일한 이론을 제시하는 게 어려운 일이었다. 다행히 실업문제, 노동시장 미스매치, 노동시장 분절론, 성별 노동 분리 등을 각 각 설명하는 이론적 시각이 사회과학계에 정립되어 있어, 이러한 시각을 지역노동시장 연구에 적용하는 것이 가장 현실적인 방법이다.

또한 필자는 비교사회과학적 관점을 적용하여 지역노동시장을 분석하고자 한다. 필자의 눈에는 울산에서 나타나는 노동시장의 주요 이슈들이 매우 중요하게 다가오지만, 울산과 아무런 연관이 없거나 관심이 없는 사람들에게 이러한 지역을 연구한다는 것은 무의미한 일이었다. 따라서 지역의 경험을 전국 혹은 다른 도시와 비교하는 방식을 활용하여 지역 노동시장의 일반성과 특수성을 동시에 설명할 필요가 있었다. 사회과학의 이론화 작업은 서로 다른 사회에서 발생하는 현상들을 비교의 관점에서 인식할 때 더욱 풍성한 설명력을 갖는다고 믿기 때문이다. 도간과 펠라시(Mattei Dogan and Dominique Pelassy)가 *How to Compare Nations: Strategies in Compalative Politics* (Chatham House Publishers, 1990)라는 저서에서 비교사회과학적 관점을 소개하였듯이, 지역사회의 특성을 파악하기 위해서 지역과 전국 등을 비교하는 방법론은 매우 유용한 시도이다.

이러한 시도는 지역사회를 경험적으로 파악하고 이론적으로 분석하는데 도움이 될 것이다. 현재 일부 학자들이 자신의 거주지역이나 관심지역을 연구하고 있으며, 연구기관들도 지역노동시장을 연구한 결과물을 발표하고 있다. 지방화의 흐름이 앞으로 더욱 강화될 것이라는 점을 고려하면, 노동시장을 포함한 지역사회 현실 분석의 요구는 더욱 많아질 것이다. 각 지역별로 더 많은 자료를 축적하고 비교사회과학적 관점에서 지역별 특성을 파악한다면, 지역사회에 대한 연구는 더욱 발전할 것이다.

이 저서는 지역노동시장 문제를 해결하기 위한 작은 노력의 결실이다. 사회과학자가 지역사회를 파악하는 방식은 이론적이고 추상적인 논리구조를 넘어서 시민들이 지역사회 공동체에서 살아가는 방식과 생각 등을 구체적으로 이해하는 것이다. 이를 위하여 저자는 시민들의 일상적인 삶과 의식을 파악하고자 노력하였고, 지역사회의 고용문제 전문가 집단과 협력활동을 수행하면서 노동시장에 대한 문제의식을 구체화 하였다. 2008년부터 울산지역의 일자리사업 관련 전문가들과 함께 울산고용(전략)포럼을 운영하고, 지역사회 고용문제 해결을 위한 연구·조사활동, 노사정 등 일자리 관련 주체와의 토론회 등을 지속해 왔다. 청년, 여성, 중장년퇴직자, 사회적 기업, 제조업 등의 분과를 조직하고 분야별 토론회를 개최해 왔고, 일자리사업 담당 주체들과 함께 지역일자리사업 발전방안을 논의해 왔다. 이 저서의 실증분석 주제들은 현장의 목소리를 반영하고 문제를 해결하는 과정에서 논의해 왔던 것이다.

이 저서는 울산지역 노동시장에 대한 '탐색'과 '분석'으로 구분된다. 전자는 울산지역 노동시장의 특성과 변화 등을 쉽게 설명한 것이며, 후자는 노동시장의 주요 주제들을 통계적으로 분석한 결과이다. 또한 이 저서의 결론은 울산지역의 고용문제 해결을 위한 정책적 과제를 제안한 것이다. 필자가 울산고용(전략)포럼 등의 활동과정에서 확보한 지역일자리정책들을 소개하고 '탐색'과 '분석'의 결과가 일자리정책에 미치는 시사점을 정리한 것이다. 독자들은 이러한 내용을 통하여 산업도시 울산의 노동시장 특성과 일자리문제를 파악하는데 도움이 될 것이다.

이 저서에 포함된 글은 그 동안 울산지역 노동시장 문제를 정리한 보고서 혹은 논문 등을 수정한 것이다. 이 저서의 전반부에 해당하는《울산지역 노동시장 탐색》은 울산 노동시장의 특성과 최근 변화, 노동시장 주요 행위자들의 의식을 구체적으로 설명한다. 제2장 "산업구조와 노동시장의 특성"은 2014년에 한국고용정보원의 의뢰를 받아 완성한 보고서(『광역지역별 인력수급 전망 2013-2023』 제4권, 2015년 12월 발간) 내용을 보완한 것이며, 제3장 "조선업 위기와 노동시장 변화"는 한국고용정보원의《고용이슈》에 게재된 "조선업 위기와 지역경제 파급효과: 울산시 사례를 중심으로"(2016년 7월 발간)를 수정한 글이다. 또한 제4장 "구인업체와 구직자의 고용의식"은 2013년에 고용노동부와 울산광역시의 지원을 받아 완성한 연구보고서(『중소기업 일자리창출 및 인력수급 불일치 해소방안연구』 2013년 12월 발간)를 수정 보완한 것이다. 앞의 두 편은 정부의 통계자료를 기초로 지역노동시장 구조와 변화를 객관적으로 파악한 것이며, 세번째 글은 구인업체와 구직자들의 고용문제에 대한 주관적 인식을 정리한 것이다. 독자들은 세 편의 글을 통하여 울산지역 노동시장의 객관적이고 주관적인 현황을 파악할 수 있다.

저서의 후반부에 있는《울산지역 노동시장 분석》은 비교사회과학적 관점에서 지역사회의 주요 쟁점을 실증적으로 분석한 결과이다. 제5장 "노동시장의 일자리 질(質)"은《지역사회학》12권 2호(2011년)에 실린 논문 ("좋은 일자리의 지역별 비교 및 요인분석: 고용안정성과 임금수준을 중심으로")을 저서의 취지에 맞게 재구성한 것으로서, '좋은 일자리' 개념을 이용하여 울산지역 일자리의 질적 특성을 분석하고 이러한 일자리 결정요인을 전국적인 상황과 비교한다. 제6장 "노동시장의 구조적 미스매치"는《경제와 사회》108호(2015년)에 실린 논문("지역노동시장의 구조적 미스매치: 서울과 울산의 비교")을 수정한 것으로, 울산지역의 빈 일자리 현황과 노동시장 미스매치를 통계적으로 분석하고 서울지역의 현실과 비교한다. 제7장 "청년의 구직시기별 취업 현황"은 *Korean Regional Sociology* 16권 2호(2015년)에 실린 논문("Youth Employment Probability and Its Change over Time")을 한글로 번역한 것으로서, '시간'의 개념을 활용하여 울산지역 청년의 취업률을 파악하고, 이를 지역내 중장년층 및 전국 청년과 비교한다. 제8장 "성별 분절화와 여성의 노동시장 지위"는《지역사회학》13권 2호(2016년)에 실린 논문("울산 여성의 노동시장 지위")으로서, 성별 이중분리의 시각으로 울산지역 여성의 고용문제를 분석하고 지역내 남성 및 전국 여성과 비교한다. 제9장 "중장년층의 퇴직후 재취업욕구"는 저서 출간을 위하여 새롭게 작성한 것으로서, 최근 울산지역에서 급속히 증가하는 중장년 퇴직자의 취업 욕구를 파악하고 '징검다리 일자리' 개념을 중심으로 이들의 일자리 문제를 분석한다. 마지막 장은 울산지역 일자리정책에 대한 제안으로서, 앞에서 소개한 보고서(『광역지역별 인력수급 전망 2013-2023』)의 내용을 대폭 수정 보완한 글이다.

울산지역 노동시장을 연구하는데 있어서 가장 큰 자극제는 국내외 전문가들과의 학술적 토론과 교류 경험이었다. 울산대학교 교수진들과 국내 고용문제 전문가들은 각 논문과 보고서를 작성할 때 귀중한 조언을 해주었으며, 정연주 박사(부산대학교 경제학)는 청년고용문제에 대한 분석에 실제적인 도움을 주었다. 각 주제에 대하여 이러한 전문가들과 토론하면서 분석 수준을 한 단계 높일 수 있었고, 실증분석의 부족한 부분을 수정할 수 있었다.

또한 해외 대학에서의 경험도 필자의 고용문제 연구에 많은 도움이 되었다. 2005년에 미시간대학교 노사관계연구소(Institute of Labor and Industrial Relation)에서 방문교수로 재직하면서, 포드자동차의 노사 양측이 고등교육기관과 협력하여 지역차원에서 직원교육 프로그램을 운영하는 과정을 목격하였다. 또한 2015년에는 코넬대학교 노사관계연구원(Institute of Labor Relation)의 노동문제 세미나 참석을 통하여 전 지구적 차원에서 발생하는 고용문제에 대한 이해도가 높아졌다.

울산지역 현장 전문가들과의 교류도 이 저서를 출간하는데 많은 도움이 되었다. 필자는 100만명이 넘는 시민들이 살아가는 광역시에 지역차원의 고용문제를 연구하는 학자가 부족한 상황을 한탄하느라 허송세월을 보내던 시기도 있었다. 그러나 고용현장에서 묵묵히 실무를 담당하는 분들의 노력이 필자의 게으름을 깨우치고 상아탑을 넘어서는 연구를 진행하도록 자극제가 되었다. 이름을 밝힐 수 없을 정도로 많은 분들께 진심으로 감사드린다.

2017년 4월

졸고를 출간하며

이성균

목차

표 목차

그림 목차

제1장 산업도시 울산 연구

1. 지역노동시장 연구의 필요성

현재 한국사회의 가장 심각한 사회문제는 일자리 문제이다. 경기침체가 장기화 되면서 일자리 자체가 줄어들고 있으며, 많은 기업들은 경쟁력 확보를 이유로 구조조정을 실시하고 직원들에 대한 명예퇴직을 상시화하고 있다. 또한 국내외 경제의 불확실성에 따른 투자 감소, 기업의 채용방식 변경, 교육과 취업의 연계부족 등 많은 요인들로 인하여 실업문제는 계속 악화되고 있다. 우리나라 실업률이 계속 높아지고 구직활동포기자도 늘어난다는 통계청 조사결과 혹은 '청년실업난' '오포세대' '사오정' '오륙도' '자영업 몰락' 등과 같은 용어들은 일자리 문제가 사회적으로 큰 화두가 되고 있음을 잘 나타낸다.

주지하다시피, 일자리는 취업자 본인과 가족의 생계를 유지하고 삶의 질을 향상시키는데 가장 기본적이고 중요한 요인이다. 많은 사람들은 일자리를 구하고 임금을 받아 생활을 유지하며 직장생활을 통하여 사회관계를 형성한다. 또한 희망하는 일자리에 취업하는 것은 구직자의 심리상태에도 많은 영향을 미치고 있으며, 취업에 성공하지 사람들은 타인과의 관계를 기피하고 사회질서에 대한 불만도 많아지는 경향이 있다. 현재 비판적이고 냉소적인 의식이 사회적으로 확산되는 것은 적절한 일자리를 찾지 못하는 실업자들이 늘어나는 현실을 반영한 것이다.

중앙정부와 지방자치단체는 고용문제 해결을 위하여 매년 대규모 예산을 투입하고 범 정부차원에서 많은 사업을 실시하고 있다. 일자리정책의 주무부처인 고용노동부는 '일자리가 최우선의 과제'라고 강조하며, "경제위기에서 큰 타격을 받은 청년 및 취약계층이 교육, 훈련을 통해 양질의 일자리로 순조로운 이행을 지원하고, 적극적 일자리 정책 및 일자리창출 우수기업 등에 대한 인센티브, 일자리지원시스템 구축, 직업훈련 및 인적자원개발 기회 확대 등을 통하여 취약계층 및 장기 실업자를 지원하고 있다"(고용노동부, 2014; 2011). 또한 전국의 지방자치단체들도 실업문제의 심각성을 인식하고 일자리창출·직업능력개발 지원 사업, 일자리 공시제 사업 등 다양한 정책을 실시하고 있으며, 청년, 경력단절 여성, 퇴직자 등 주요 구직자를 대상으로 하는 일자리 정책을 확대하고 있다. 과거의 고용정책이 주로 중앙정부 주도의 사업들로 구성된 것이라면, 현재의 고용정책은 중앙정부 주도의 사업과 지역별 특성에 맞는 일자리 사업을 결합하는 것이라고 할 수 있다.

지역별 특성에 맞는 정책에 대한 강조는 유럽 등 선진국에서도 이미 보편화되어 있다. 유럽과 북미의 주요 국가들은 중앙정부가 주도하는 고용정책만으로 일자리 문제를 해결하기 어렵다는 점을 인식하고, 지방자치단체들이 각 지역의 산업구조와 노동시장 특성을 반영하는 일자리정책을 강조하고 있다(Lee, 2005; OECD, 2001). 최근 한국사회의 일자리정책에서 지방자치단체의 정책적 노력을 강조한다거나 중앙정부와 지방자치단체가 정책적으로 협력하는 것은 이러한 전 세계적 흐름을 반영한 것이다.

그러나 현재 지역차원의 일자리정책들이 해당 지역의 노동력 수요·공급구조 등을 적절하게 반영한 것인가에 대해서는 많은 의문이 제기된다. 많은 지방자치단체들이 달성하고자 하는 고용 목표치와 취업자 증가 규모 등을 제시하지만, "새롭게 창출되는 일자리가 어떤 성격의 일자리인가, 이러한 일자리의 임금수준이나 고용안정성은 어느 정도인가, 해당 지역은 이러한 일자리를 창출할 만한 경제적 여건이 되는가?" 등에 대해서는 많은 의문이 제기된다.

원래 지역일자리정책은 정부와 지방자치단체가 지역별 산업구조의 특성 및 지역노동시장의 현실 등을 분석하고 주민의 일자리 문제를 좀 더 적극적이고 구체적으로 해결하는 것이다(배진한, 2012; 이상호, 2011). 일자리 공급은 기본적으로 해당 지역의 산업 활동을 반영한 것이며, 일자리 수요도 지역의 노동력 특성에 따라서 달라지기 때문이다. 실업문제도 지역차원의 산업 활동과 기업 경영 상태, 일자리 수요 특성 등을 반영한 결과이다. 해당 지역이 경기불황 등으로 일자리 자체가 없거나 지역 구직자들이 희망하는 일자리가 없을 경우에 실업률이 높아지며, 지역 사업체들이 원하는 구직자들이 부족할 경우에 빈 일자리(vacancy)가 증가하여 실업문제가 확대되기도 한다. 현재 공개된 많은 지역일자리정책들이 지역별 특성을 반영한 것이라고 단정하기 어렵고, 지역노동시장에 대한 체계적이고 구체적인 분석이 부족한 것도 현실이다.

이러한 문제점은 학계의 노동시장 연구에서도 동일하게 나타난다. 사회학과 노동경제학 분야의 많은 연구자들이 전국적 차원에서 나타나는 실업문제, 일자리 미스매치, 일자리 질 등에 대해서 연구결과를 발표하지만, 일자리 수요·공급의 지역적 맥락 혹은 노동시장의 공간적 특성에 대한 구체적인 연구는 부족하다. 또한 일부 연구들이 취업률과 실업률의 지역간 차이, 일자리 창출·소멸의 지역간 차이, 노동력 수급 불균형 문제 등을 중심으로 지역차원의 고용문제를 연구한 바 있으나, 이들이 취업하는 일자리의 지역적 맥락이나 공간적 범위에 대한 구체적인 연구는 많지 않다. 대부분의 연구자들은 전국차원의 조사 자료를 기초로 취업의 어려움을 설명하며, 일부 지방자치단체가 구직자를 대상으로 설문조사를 실시하고 전반적인 현황을 개괄적으로 파악할 뿐이다. 해당 지역의 산업구조와 노동시장 특성, 구직자 직업경력 및 일자리수요 등을 분석하고 이를 기초로 일자리사업을 마련하지 않으면, 일자리 문제는 쉽게 해결되지 않는다.

혹자는 "일자리문제를 지역적 차원에서 연구하고 해결하려는 시도가 과연 한국사회에서 현실적인가" 의문을 제기한다. 교통·통신이 발달함에 따라서 개인의 공간적 이동이 쉽게 이루어지는 현대 한국사회에서, 구직자들이 본인의 출신지나 생활근거지 등 특정 지역에 한정하여 일자리를 찾을 가능성이 낮다고 판단할 수 있다. 많은 사람들이 청소년기를 지냈던 고향을 벗어나서 일자리를 찾았던 과거의 도시화와 산업화 경험을 고려하면, 이러한 의문은 일정하게 타당성을 갖는다.

그러나 지난 30~40년간의 산업화 결과 주요 도시를 중심으로 경제구조가 형성되고 시민들의 생활도 해당 도시를 중심으로 이루어지기 때문에, 적어도 광역자치단체 차원의 공간에서 생활하던 시민들이 일자리를 찾아서 새로운 지역으로 이동할 가능성은 점차

낮아지는 경향을 발견할 수 있다. 이와 관련하여 전경련이 2015년에 대학생 구직자 1,746명을 대상으로 한 설문조사는 매우 흥미로운 사실을 보여준다(전국경제인연합회, 2015). 응답자들이 희망하는 근무지역은 출신대학 및 부모님이 계신 연고지역(55.2%) 등이며, 지역적으로는 지방(66.9%)이 서울 등 수도권(31.9%) 보다 더 높다. 또한 이들이 연고지역 등을 선호하는 가장 큰 이유는 "수도권의 주거비, 생활비 등을 감당하기 어려워서(43.6%)" 혹은 "가족이나 애인과 떨어져 생활하기 싫어서(10.6%)"이다. 구직활동비용이나 주거비용 등은 구직자 본인뿐만 아니라 가족들에게도 매우 큰 부담이라는 점을 고려하면, 청년들이 본인의 연고지역을 중심으로 구직행위를 한다는 점을 쉽게 이해할 수 있다.

이러한 경향은 중년층 사례에서도 비슷하게 나타난다. 중년층은 청년층과 달리 직장생활 경험이 있는 집단으로서, 특정 지역에서 직장생활과 가족생활을 지속하고 친구관계와 직장동료관계를 유지해 왔다. 따라서 이들이 새로운 일자리를 구하거나 퇴직 후 생활하는 지역도 직장생활을 해 왔던 지역을 벗어나기 쉽지 않다. 예를 들어서, 서울에서 오랫동안 직장생활 하다가 퇴직한 중년층이 희망하는 일자리가 경상남도 혹은 전라남도에 있다고 하더라도, 이러한 일자리를 찾아서 해당 지역으로 이주할 가능성은 많지 않다. 농촌에서 전원생활과 취업생활을 꿈꾸는 일부 중장년층 구직자 등을 제외하면, 중년층 구직자들이 자신의 생활근거지를 떠난 지역에서 일자리를 찾는 것은 쉽지 않은 일이다.

또한 지역은 여성의 직업선택이나 취업활동에서 남성보다 더욱 큰 의미를 갖는다. 여성이 결혼하기 전에 부모의 거주지에서 멀리 떨어진 지역에서 일자리를 찾는 데에는 많은 사회문화적 제약이 있으며, 결혼 후에는 배우자 등 가족의 거주지를 벗어난 공간에서 구직활동을 하는 경우도 많지 않다. 특히 자녀가 있는 경우에는 자녀 양육의 역할로 인하여 가족과 떨어져 생활하며 취업생활을 유지하는 일이 쉽지 않다. 취업자 신분이었던 여성이 결혼을 전후하여 배우자의 근거지로 이동하려고 일자리를 그만둔다거나, 경력단절 여성이 가족이 있는 지역에서 일자리를 찾는다는 사실은 노동시장의 구직활동이 일정한 공간 범위에서 진행되고 있음을 잘 나타낸다.

현재 공공부문이 추진하는 실업정책의 새로운 흐름도 '지역'의 중요성을 잘 나타낸다. 중앙정부는 "단순한 구호 수준의 일자리 공약을 넘어서 지방자치단체의 특성에 맞는 일자리 창출모델을 만들고 중앙정부와 지방자치단체가 협력적 네트워크를 형성해 지역고용을 활성화할 수 있는 대책"의 필요성을 인식하고 다양한 지역일자리정책을 지방자치단체와 함께 실시하고 있으며, 일자리 공시제와 같이 "해당 지역의 주민들에게 임기 중 추진할 일자리 목표 및 대책을 제시하고, 중앙정부는 지자체의 일자리 대책이 원활하게 추진될 수 있도록 컨설팅, 인센티브 등을 지원하는 사업" 등을 더욱 확대하고 있다(고용노동부, 2010). 지역맞춤형일자리창출지원사업, 지역고용정책협의회운영, 지역고용인적자원개발사업 등 각종 일자리정책에서 '지역'이라는 용어가 사용되는 것은 이러한 지역차원의 정책적 변화를 잘 나타낸다.

따라서 고용문제의 현실을 파악하기 위해서는 전국적 관점뿐만 아니라 지역적 관점이 필요하다. 고용이 구인자·구직자의 결합(matching)이라고 할 때, 이러한 결합과정이 특정 지역에 국한하여 발생하는 것은 아니지만, 중장년층, 경력단절 여성 등 많은 구직자들은 가족과 함께 오랜 동안 거주했던 지역의 범위에서 일자리를 찾는 경향이 많다. 또한 특정 지역의 노동시장 문제는 한국사회의 전반적인 노동시장 문제에서 비롯되기도 하지만, 해당 지역의 산업구조와 노동시장 특성을 반영한 결과이기도 하다. 지역 노동시장 분석을 강조하는 이유는 고용문제가 현실적으로 지역에서 살아왔던 사람들의 행위와 선택, 더 나아가 지역산업구조의 특징을 반영하기 때문이다. 또한 최근 한국사회에서 중요한 정책과제로 부각되는 지역주도형 일자리정책은 해당 지역에 국한되어 진행되기 때문에, 지역사회에서 이루어지는 구직자·구인자 결합과정에도 많은 영향을 미칠 것이다. 각 지역별 여건에 맞는 정책을 도입한다면, 노동시장 정책과 일자리 사업의 성과를 제고하여 지역차원의 실업문제를 해결하는데 도움이 될 것이다.

2. 산업도시 울산지역 연구

일반적으로 지역은 도시와 비도시(농 · 어 · 산촌 등)로 구분하지만, 자본주의가 고도로 발전한 한국사회에서는 경제적 기능을 중심으로 지역을 구분하는 것이 현실적이다. 서울과 같이 정치 · 행정적 기능과 경제 · 사회 · 문화적 기능이 집중된 '복합도시'가 존재하지만, 나머지 주요 도시들은 오랜 동안 형성되어온 산업구조의 특성에 따라서 상이한 경제적 기능을 수행한다. 전통적으로 부산은 항만의 물류산업과 수산업 관련 경제기능이 집중된 도시이며, 대구는 섬유·면방직산업 등을 중심으로 경제적 기능을 수행하는 도시라고 할 수 있다. 물론 도시 규모가 성장하고 인구가 증가함에 따라서 서비스산업과 문화산업 · 공공행정부문 등이 발전하고 새로운 제조업부문이 등장하는 경향이 있으나, 서울과 부산, 대구 지역의 전통적 산업기반은 광주 혹은 대전 등 다른 광역시와 다른 특성을 갖는다.

'지역 산업구조의 특성'이라는 개념을 사용할 때, 한국의 전통적인 대도시와 다른 특성을 갖는 지역은 울산이다. 울산은 정부가 1970년대 이후 본격적으로 추진한 중화학공업 육성정책에 따라서 새롭게 조성된 산업도시로서, 대규모 노동력과 자본, 기술력 등을 중심으로 한국의 제조업 성장을 주도했던 지역이다. 지역노동시장도 중화학공업, 대공장, 생산직 중심의 일자리 구조로 변화하였다. 거대규모의 자동차 · 조선 · 석유화학 사업체는 고도성장과 함께 풍부한 일자리를 제공해 왔으며, 영남권 등 전국의 젊은 남성들은 대공장 일자리를 찾아서 울산으로 이주하였다. 중화학공업 주요 사업체에 고용된 생산직 취업자 비중은 다른 지역보다 훨씬 더 높으며, 기업의 성장과 대기업 노동조합활동 결과 임금수준도 매우 높은 지역으로 변화한 것이다. 비록 최근에 경기 불황을 경험하면서 과거와 같은 취업기회를 제공하지 못하지만, 울산은 여전히 한국의 대표적인 중화학공업 중심 도시로서 경제적 기능을 수행하고 있다.

울산의 급속한 발전과 경제적 특성은 2000년대 주요 지역경제 지표를 통하여 확인할 수 있다. 울산의 지역총생산액(GRDP)은 2000년대 들어서 계속 증가하였고([표 1-1]), 서울을 제외한 전국 주요 광역시보다 더 높다. 또한 각 지역별 인구수를 고려한 1인당 지역총생산액이 서울보다 더 많다는 사실은 산업도시 울산의 활발한 경제활동을 잘 나타낸다.

또한 울산의 월평균 임금은 다른 주요 도시에 비하여 높은 수준이다. 5인 이상 사업장 취업자의 월평균 임금은 전국적으로 330만원이며, 서울 370만원, 부산 291만원이지만, 울산의 경우에는 423만원에 이른다. 울산의 이러한 높은 임금은 활발한 산업활동에 기초한 매출 증가, 이윤 확대, 대공장 중심의 노동조합 교섭력 등 다양한 요인에 의하여 결정된 것이지만, 다른 지역보다 더 많은 근로시간에서도 기인한다([표 1-2]).

[표 1-1] 전국 주요도시의 지역총생산

(단위: 당해 연도 가격기준, 10억원)

	2006	2008	2010	2012
전국	966,660	1,105,722	1,265,146	1,377,041
서울	231,224	263,000	289,719	313,479
부산	52,358	60,467	63,737	67,999
대구	32,276	35,465	38,580	43,021
인천	47,055	51,274	60,708	62,208
광주	20,614	22,940	26,401	28,914
대전	21,377	24,034	27,632	30,884
울산	45,155	53,870	62,852	70,783

출처: KOSIS(지역소득통계)

[표 1-2] 전국 주요도시의 월평균 임금

(단위: 만원, 시간)

	전국	서울	부산	대구	광주	대전	울산
월평균 임금	3,305	3,708	2,916	2,678	2,917	3,171	4,230
월평균 근로시간	187.9	180.0	187.9	190.5	183.5	186.0	195.1

출처: 고용노동부(2017)

그러나 지역노동시장의 통계를 보면, 울산지역은 '높은 임금의 일자리를 풍부하게 제공해 왔던 산업도시'라는 이미지와는 다른 모습을 나타낸다. 통계청의 '경제활동인구조사'에 의하면, 2000년대 울산의 고용률(생산가능인구 가운데 취업자의 비중)은 전국 평균뿐만 아니라 서울보다 낮고 울산과 다른 주요 도시의 격차도 2015년에 더욱 확대되는 경향을 보인다([표 1-3]).

[표 1-3] 주요 도시의 성별 고용률 비교(2000~2015)

(단위: %)

		2000	2005	2010	2015
전국	계	58.5	59.7	58.7	60.3
	남자	70.7	71.6	70.1	71.1
	여자	47.0	48.4	47.8	49.9
서울	계	58.2	60.3	58.9	60.0
	남자	70.4	71.5	69.1	69.8
	여자	46.7	49.6	49.2	51.0
부산	계	55.3	55.7	54.3	55.9
	남자	66.9	67.0	65.0	66.3
	여자	44.7	45.4	44.3	46.4
대구	계	56.0	58.4	57.0	59.2
	남자	67.1	68.5	67.2	69.9
	여자	45.8	48.9	47.4	49.1
인천	계	58.1	58.7	59.3	60.9
	남자	72.8	72.5	71.6	71.6
	여자	44.0	45.3	47.4	50.5
광주	계	53.4	56.0	57.0	58.4
	남자	64.3	66.1	66.2	69.0
	여자	43.2	46.8	48.3	48.3
대전	계	54.8	56.0	57.0	60.1
	남자	66.3	68.0	69.1	70.6
	여자	44.0	44.6	45.3	50.0
울산	계	57.6	58.6	58.4	58.7
	남자	75.9	75.2	72.2	74.9
	여자	39.5	41.8	44.2	41.6

출처: KOSIS(지역고용조사)

또한 울산의 고용문제는 여성과 청년의 경우에 좀 더 심각하다. 성별 고용률을 비교하면, 울산 남성의 고용률은 전국이나 주요 도시 남성 가운데 가장 높지만, 울산 여성의 경우에는 다른 지역보다 더 낮은 수치를 기록하였다([표 1-3]). 고도성장을 통하여 풍부한 일자리를 제공하는 산업도시 울산은 남성에게는 많은 기회를 제공하지만, 여성에게는 광역시 가운데 가장 적은 취업 기회를 제공한다. 또한 청년층의 실업문제도 매우 심각하다. 2014년 전국 평균 청년고용률은 41.5%이며, 주요 도시 가운데 서울(44.6%)이 가장 높고, 울산(36.2%)의 경우에는 주요 광역시 가운데 가장 낮다([그림 1-1]). 더구나 2010년 이후 울산지역 청년고용률이 전국 청년의 고용률보다 더욱 가파르게 하락한다는 점에서 울산지역 청년고용의 심각성을 쉽게 알 수 있다([그림 1-2]). 일반적으로 생산적인 도시는 일자리도 풍부하고 고용률도 높을 것으로 예상할 수 있으나, 2000년대 울산의 여성과 청년 고용상황은 이러한 예상을 빗나간다.

[그림 1–1] 울산의 청년 고용률 : 전국 주요 도시 비교(2014년)

(단위: %)

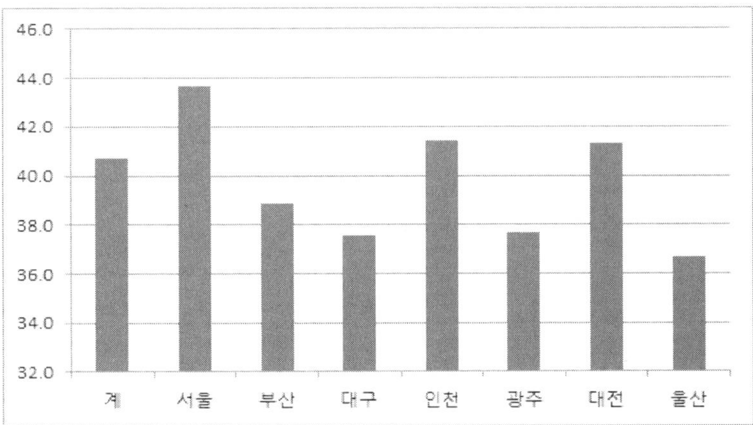

출처: KOSIS(경제활동인구조사)

[그림 1-2] 전 연령층과 청년층의 고용률 :
울산과 전국의 비교(2000~2014)

(단위: %)

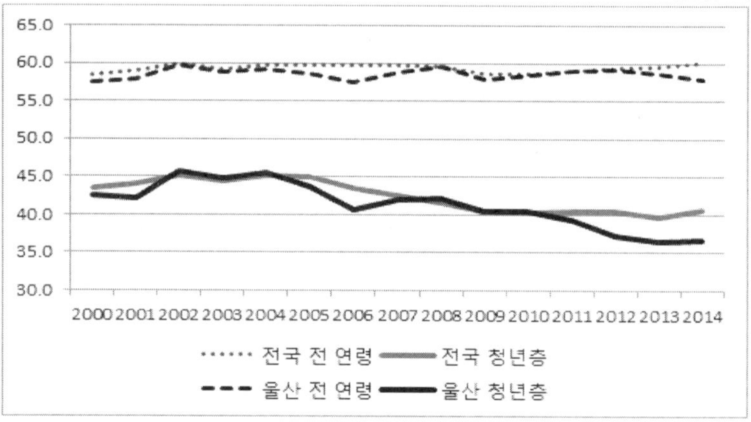

출처: KOSIS(경제활동인구조사)

한편 울산지역 노동시장에는 적절한 인력을 채용하지 못하고 '비어 있는' 일자리도 많다. 고용노동부가 구직자와 구인자에 관한 정보를 제공하는 자료(WORKNET)에 의하면, 2013년에 기업체가 고용하려는 일자리의 45%는 인력을 채용하지 못하였고([그림 1-3]), 특히 지역경제의 중추적 역할을 담당하는 기계 · 재료 관련직과 개인서비스 관련직에서 미충원률이 높았다.[1] 울산의 인력 미충원 문제는 중소기업에서 좀 더 심각한데, 2013년 전반기 중소기업의 인력 미충원률은 대기업의 3배 이상에 이르며, 사회간접자본 및 기타서비스업, 건설업, 도소매 개인서비스업 등 채용규모가 많은 산업에서도 중소사업체의 인력 미충원률이 대기업보다 더 높았다(울산대학교 산학협력단, 2013).

1) 인력부족 문제는 경제위기가 발생한 2015년에도 나타났다. 울산시 사업체가 정상적인 생산활동을 위해서 현재인원보다 더 필요한 인원(부족인원)은 경제가 위축되기 시작한 2014년부터 소폭 하락하였으나, 부족률은 여전히 2%대에 이른다. 자세한 통계는 고용노동부(2017, 370~374쪽) 참고.

[그림 1-3] 울산의 신규 구인 및 미충원 규모(2010~2013)

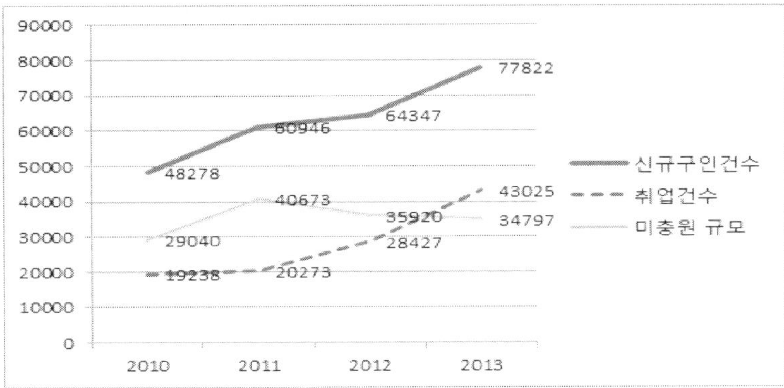

출처: WORKNET

더구나 최근에는 조선업 위기를 계기로 울산지역경제가 위축되고 있다. 울산은 한국 조선업의 상징이라고 할 수 있는 거대 조선업체들이 소재한 지역으로서, 주요 조선업체들은 컨테이너선, 가스선 등을 제조하고 전 세계로 수출해 왔으며, 선박제조 기술을 바탕으로 해양플랜트사업에 본격적으로 뛰어들어 많은 이익을 창출하였다(손승현 · 김강수 · 전언찬, 2016; 김태진, 2014). 그러나 최근 지속되는 국내외 경기변동으로 선박 수주량이 감소하고 해양플랜트분야에서 대규모 적자가 발생하였다. 조선업계는 대규모 조선 · 해양업체 - 부품업체 - 사내하청업체 등이 연관되는 산업이므로, 대형 조선업체의 위기는 지역경제 전체에 직접적인 영향을 미치고 있다. 예를 들어서 2016년 11월까지 수출은 596억 달러로 1년 전 같은 기간보다 11% 이상 감소하였고, 국내 전체 수출에서 울산지역이 차지하는 비율도 2015년에는 15.9%이었으나 2016년에는 13.2%로 하락하였다(연합뉴스, 2016년 12월 27일). 한국경제가 전반적으로 장기불황의 흐름을 보이는 상황에서, 울산지역경제도 과거보다 훨씬 위축되어 있으며 노동시장에서의 고용불안도 확대되고 있다.

이러한 울산지역 현실을 고려할 때, 지역노동시장의 특성이나 변화 등과 관련하여 많은 의문이 제기된다. 울산 노동시장의 현실은 다른 지역과 어떤 공통점과 차이점을 나타내는가? 청년·경력단절 여성 등 일부 구직자 집단의 고용률이 다른 주요 도시보다 더 낮은 이유는 무엇인가? 울산지역에서 일자리 미스매치가 발생하는 이유, 혹은 구직자의 실업난과 구인업체의 인력난이 공존하는 이유는 무엇인가? 이러한 상호모순적인 노동시장 현실을 우리는 어떻게 이해해야 하는가? '안정된 일자리와 고임금 일자리'로 상징되는 울산의 노동시장은 최근의 조선업 위기이후 지속할 가능성이 있는가?

3. 지역노동시장 연구의 기본 시각

이론적으로 볼 때, 지역노동시장을 연구하는 작업은 새로운 지적 도전이다. 현재 노동시장에 대한 구조 분석이나 고용 동학에 대한 연구가 많이 진행되고 왔으나, 지역노동시장을 파악하기 위한 하나의 이론이 정립된 것은 아니다. 일부 학자들은 경제활동의 '지리적 분화' 혹은 '공간적 형성'을 이론화하고 있으며, 일정한 공간단위에서 이루어지는 노동시장 작동방식을 구체적으로 분석한 논문도 상당 수 발표되었다(Bauder, 2006; John, 2004). 그러나 이러한 시도는 여전히 문제제기에 그치며, 하나의 완성된 이론적 시각으로 발전한 것이 아니다(Morrison, 1990; 이상호, 2008). 따라서 지역노동시장에 대한 연구는 단일한 이론적 시각에 기반을 두기보다는 주제별로 다양한 이론적 접근방법을 활용하는 작업에 기초할 수밖에 없는 것이 현실이다.

사회과학 이론 가운데 지역노동시장을 분석하는데 유용한 기본 시각은 다음과 같다. 첫째, 노동력 수요 · 공급 구조의 지역적 특성이 노동시장 작동에 영향을 미친다. 일반적으로 노동시장은 "노동력의 공급과 수요가 발생하고 일자리에 대한 정보가 교환되며, 노동력이라는 상품이 매매되어 빈 일자리(vacancy)를 채우는 메커니즘"으로 정의된다(Rodenburg, 2011; 배진한, 2012). 여기에서 노동력 수요는 산업·직업구성, 생산방식, 구인 사업체의 직종 · 경력별 인력 수요 등 다양한 요인에 의하여 결정되며, 노동력 공급은 경제활동인구의 성 · 연령 · 학력구조 등 객관적 요인과 구직자들의 일자리 선호도 등 주관적 요인에 의하여 결정된다.

이러한 논의는 지역노동시장에서도 적용된다. 지역노동시장에 존재하는 일자리 자체는 해당 지역의 산업 · 고용구조 특성 등을 반영하며, 노동력 공급도 성·연령 구조 혹은 학교 졸업자의 특성 등을 반영한다. 또한 각 지역 구인업체와 구직자들의 주관적 판단도 노동시장의 빈 일자리를 채우는 과정에서 직접적인 영향을 미친다. 구인업체가 구직자들의 업무능력을 평가절하할 경우 혹은 구직자들이 지역노동시장 현실에 맞지 않는 임금과 근무여건을 선호할 경우에는 빈 일자리가 채워지지 않는다. 지역별 실업률 차이는 노동력 수요와 공급을 둘러싼 주관적·객관적 요인들이 지역별로 상이하기 때문에 나타난 결과이다.

둘째, 지역노동시장은 상이한 하위부문으로 구성되어 있다. 노동시장은 임금, 고용안정성, 입직경로, 승진절차 등이 상이한 방식으로 작동하는 다수의 부분노동시장으로 구성되어 있다. 노동시장을 구성하는 하위부문에 대해서는 피오르(Piore) 등의 이중모델(임금, 노동조건, 고용안정성을 기준으로 구분되는 1차 노동시장과 2차 노동시장), 커(Kerr)의 삼중 모델(전문직업영역의 내부노동시장, 공장제적 내부노동시장, 외부노동시장) 등 다양한 방식으로 설명할 수 있다.[2)] 그럼에도 불구하고 이러한 논의는 노동시장의 단일성을 부정하고 상이한 하위부문의 존재를 강조한다는 점에서 고전경제학에 기초한 이론적 시각과 다른 주장을 포함한다.

지역노동시장도 다수의 하위노동시장들로 구성된다. 지역노동시장에서 작동하는 사업체별 임금수준이나 고용안정성 등을 고려할 때, 특정한 하위 일자리부문은 구직자들에게 안정적이고 높은 임금을 제공하지만, 다른 하위부문은 불안정하고 낮은 임금을 제공한다. 지역노동시장이 이러한 상이한 하위부문으로 '분절화'(segmented) 되어 있기 때문에, 대기업과 중소기업의 입직경로가 상이하고 하위부문간 노동력 이동 가능성도 낮고 신규인력의 일자리 선호도 특정한 노동시장부문에 집중되는 경향이 있다(Morrison, 1990). 또한 지역노동시장 하위부문의 구분과 규모는 지역별 산업·기업규모 등에 따라서 상이하기 때문에, 대기업이 많고 산업활동이 왕성한 지역에서는 좋은 일자리(good job)가 많지만, 반대로 중소 영세기업이 집중되어 있고 산업활동이 위축된 지역에서는 나쁜 일자리(bad job)가 많은 경우도 존재한다. 따라서 동일한 인적 자본을 가진 구직자들이 지역별로 서로 다른 고용가능성을 나타내는 것은 지역노동시장의 하위부문별 구성 등을 반영한 결과이다.

셋째, 지역노동시장은 역사적으로 형성된 결과물이다. 경제지리학자 마세이(Doreen Massey)에 의하면, "노동의 사회적 분업은 역사적으로 진행되어 온 자본축적의 결과이다. 경제활동의 지리적 분

---

2) 전문직업영역의 내부노동시장은 '전문직업적 자질이 요구되는 내부노동시장'을, 공장제적 내부노동시장은 '기업내부의 노동시장'을, 외부노동시장은 '내부노동시장으로의 진입을 위한 저수지기능의 노동시장'을 의미한다. 자세한 논의는 박영한(2002)참고.

화는 새로운 형태의 노동분업의 진화(evolution)에서 발생하며, 이전 시기의 패턴화 된 생산방식과 노동분화에 뿌리를 둔다. 또한 새로운 경제활동이 진행될 경우에는 공간적으로 다양한 분화가 발생하며 전통적으로 존재하는 노동분화와 새롭게 발생한 노동분화가 결합되어 지역간·지역내 다양성이 존재한다(Massey, 1994).

이러한 시각은 지역경제의 기능분화를 설명하는데 자주 활용된다. 일부 지역은 연구개발, 기획, 재정, 관리 등 '구상' 기능의 중심지역으로, 다른 지역은 제조, 조립 등 이른바 '실행' 기능의 거점으로 발전한다. 한국의 경우에도 1970년대 이후 산업화 과정에서 주요 산업도시로 성장한 울산, 창원, 포항 등에 대규모 제조업체 생산시설이 집중되어 있으며, 이들의 본사와 연구개발시설은 주로 수도권에 분포되어 있다. 또한 경제위기이후 정보화가 급속히 진행되는 과정에서, 수도권은 종래의 구상기능을 기반으로 정보관련 산업을 육성하였으며, 영남권 산업도시는 종래의 실행기능을 기초로 제조업 고부가가치화를 추진하였다. 따라서 산업화 혹은 정보화라는 상이한 경제변동에서도 공간적 기능 분화는 일정하게 지속되고 있음을 잘 나타낸다.

따라서 지역노동시장에서 제공되는 일자리는 각 지역별로 오랜 기간 형성되어 온 경제기능의 특성을 반영한다. 구상기능을 담당하는 수도권에는 금융산업, IT산업, 전문서비스산업의 비중이 높고, 직업별로도 사무관리직, 행정직, 연구개발직, 전문직의 비중이 높다. 반면 울산이나 창원 등 영남권 산업도시는 제조업의 생산 및 조립 관련직 종사자가 더 높은 비중을 차지한다. 노동시장에서 제공되는 일자리가 각 지역의 경제적 특성을 반영한다면, 일자리를 둘러싼 구인자·구직자의 (미)결합 문제도 지역별로 상이할 것이다.

이 저서의 울산지역 노동시장 분석은 이러한 관점에서 진행될 것이다. 울산이라는 산업도시 노동시장에서 작동하는 노동력 수요·공급 구조와 하위부문의 구성은 장기간 형성된 산업화와 실행기능 중심의 노동분화를 반영한다. 인구집단별 실업문제, 전반적인 고용률 변동, 일자리 미스매치 등 노동시장의 주요 이슈들은 다양한 요인에 의하여 개별적으로 발생하지만, 거시적 차원에서 보면 오랜기간 형성되어 지역노동시장의 특성을 공통적으로 반영한 결과이다.

이 저서는 2000년대 울산지역 노동시장의 특성과 변화를 간략히 설명하고, 지역노동시장의 주요 쟁점을 실증적으로 분석한다. 먼저 중화학공업도시로 지칭되는 울산의 고용문제를 성장과 위기의 시기로 구분하여 개괄적으로 파악하고, 지역노동시장의 주요 행위자인 취업자와 구인업체들의 일자리 수요와 의식 등을 소개한다. 또한 저서의 후반부에서는 울산지역 노동시장의 제 주제를 분석한다. 울산의 일자리 질과 노동시장 미스매치 현실을 구체적으로 분석하여, 노동시장의 특성을 양·질적 측면에서 실증적으로 설명한다. 또한 주요 구직자 집단이라고 할 수 있는 청년, 여성, 중장년층 퇴직자의 일자리문제를 지역적 특성과 관련하여 분석한다. 세 집단의 고용현실을 전국 혹은 다른 지역의 동일 집단과 비교함으로써, '산업도시'에서 발생하는 일자리문제를 실증적으로 파악한다. 이러한 비교사회과학적 분석은 지역산업 및 고용구조가 구직자들의 일자리문제에 미치는 영향을 설명하고, 지역특성에 맞는 일자리 정책을 마련하는 데에 도움이 될 것이다.

울산지역 노동시장 탐색

제 2 장. 산업구조와 노동시장의 특징
제 3 장. 조선업 위기와 노동시장 변화
제 4 장. 구인업체와 구직자의 고용의식

제2장
산업구조와 노동시장의 특징

1. 서론

울산은 정부의 중화학공업 육성정책과 대기업의 투자 등으로 발전한 한국의 대표적인 산업도시이다. 정부는 1962년에 울산공업센터와 울산특별건설국을 설치하고, 제1~2차 경제개발계획에 따라서 정유공장, 비료 · 화학공장 등 대규모 생산시설을 건설하였다. 또한 주요 대기업들도 정부의 경제개발계획에 따라서 울산지역에 자동차·조선·석유화학 분야의 대공장을 건설하였으며, 1990년대부터 지역 주력산업의 고부가가치화와 첨단화를 추진해 왔다. 1960년대 초반기까지만 해도 작은 농어촌 지역이었던 울산은 1997년에 광역시로 승격될 정도로 큰 도시로 변화하였고, 우리나라의 고도성장을 상징하는 중화학공업도시가 되었다.

'울산'이라는 산업도시의 성장은 인구, 제조업체, 수출액 변화에서 쉽게 알 수 있다. 1970년에 27만 여명에 불과했던 울산시 인구는 2000년 들어서 100만명 이상으로 증가하였고, 동 시기에 제조업체 수도 71개에서 1,324개로 늘어났다(울산광역시, 2014a). 영남·호남·수도권 등 전국 각지에서 젊은 청년들이 일자리를 찾아서 울산으로 이주하였고, 이들이 지역사회에 정착하고 자녀를 출산하면서 인수 수가 더욱 증가하였다. 또한 울산지역 산업활동의 성장세는 제조업 생산액과 수출액이 1980년 이후 각각 1,500배, 1,100배 이상 증가하였다는 점에서 쉽게 알 수 있다. 울산의 주요 제조업체들은 1990년대 국내외 경기변동에 적극적으로 대응하고 기존 산업의 고부가가치화를 추진하여 IMF 경제위기를 극복할 수 있었으며, 이를 기반으로 2000년대 세계경제 회복기에는 생산액과 수출액을 더욱 확대하였다. 울산의 공업생산액은 53조원(1997년)에서 230조원(2012년)으로 증가하였고, 울산지역 수출액도 동 시기에 $180억에서 $915억으로 증가하였다(울산광역시 2014a).

이 글은 이러한 산업도시의 성장이 지역노동시장에 미친 효과를 정리한다. 노동력 수요에 영향을 미치는 지역산업구조의 특성, 노동력 공급에 영향을 미치는 경제활동인구의 변화, 고용구조에서 나타난 노동시장분절화 등을 파악하여, 중화학공업 중심 산업도시의 노동시장이 갖는 구조적 특성을 자세히 살펴본다. 또한 이 글은 산업도시 '성장'의 경험을 중심으로 노동시장의 구조와 특성을 설명한다. 지속적인 고도성장을 경험한 울산지역경제는 조선업 위기가 나타난 2015년을 전후하여 전반적으로 위축되고 있다. 따라서 제2장은 2000년대 고도성장기 형성된 지역노동시장의 특성을 전반적으로 살펴보고, 경제위기와 노동시장 변화에 대해서는 제3장에서 자세히 다룰 것이다.

2. 울산지역 노동력 수요의 특성

1) 제조업 중심 산업화

울산지역경제에서 가장 높은 비중을 차지하는 산업은 중화학공업을 중심으로 하는 제조업이다. 2014년 기준으로 총부가가치에서 제조업이 차지하는 비중이 전국적으로 31.8%인데 반하여, 울산에서의 비중은 70%를 상회한다([표 2-1]). 일반적으로 산업화가 진행되고 도시가 성숙되면 다양한 서비스산업이 발전하여 제조업 비중은 상대적으로 낮아지는데, 울산은 여전히 제조업 비중이 높은 산업도시의 성격을 갖는다.

[표 2-1] 총부가가치액 대비 제조업 비중 추이 : 울산과 전국의 비교

(단위: %)

구분	2008	2009	2010	2011	2012	2013	2014
전국	29.3	28.7	30.8	31.6	31.5	31.6	31.8
울산	70.9	71.6	70.9	71.6	71.0	70.4	70.5

주: 2010년 기준년 가격이며, 2014년은 잠정치.
출처: KOSIS(지역소득); 울산광역시(2016b)에서 재인용.

총부가가치의 산업별 비중을 보면, 제조업 가운데 기계·운송관련 분야의 기초소재형 산업과 가공조립형 산업이 지역경제의 근간을 이룬다. 가공조립형 산업 가운데 금속가공제품 제조업, 전자부품, 전기 장비 제조업, 기타 기계 및 장비 제조업, 자동차 및 트레일러 제조업, 기타 운송장비 제조업 등의 총 부가가치는 제조업 전체의 52.3%를 차지하며, 기초소재형 산업 가운데 울산에서 높은 비중을 차지하는 업종은 석유정제품 제조업, 화학물질 및 화학

제품 제조업, 비금속광물제품 제조업, 제1차 금속 제조업 등이다([표 2-2]).

[표 2-2] 울산 제조업의 지역내 총부가가치

(단위: 백만원, %)

경제활동별	1998	2000	2005	2010	2012
제조업 전체	12,801,591 (100)	14,291,145 (100)	21,008,884 (100)	32,419,849 (100)	41,051,641 (100)
기초소재형	6,642,512 (51.9)	5,906,714 (41.3)	9,927,930 (47.3)	12,851,586 (39.6)	19,005,013 (46.3)
가공조립형	5,974,945 (46.7)	8,268,315 (57.9)	10,887,159 (51.8)	19,068,666 (58.8)	21,482,218 (52.3)
생활관련형	184,134 (1.4)	116,116 (0.8)	193,795 (0.9)	499,597 (1.5)	564,410 (1.4)

출처: KOSIS(지역소득통계)

또한 울산의 제조업은 '주요 대기업을 정점으로 중견기업과 중소기업이 밀접히 연관되는' 특성을 갖는다. 세계적 규모의 자동차기업과 조선해양업체, 그리고 국내외 대기업들이 운영하는 석유화학업체들이 울산지역에서 주요 생산시설을 운영하고 있으며, 주요 지역산업단지에 밀집되어 있는 중견기업 및 중소기업들은 대기업과의 교류활동을 통하여 성장해왔다. 자동차산업의 경우, 완성차업체가 중소 부품업체로부터 수많은 자동차부품을 공급받는 구조를 형성하며, 조선산업에서도 대형조선업체들이 금속부품 등을 공급하는 중소기업, 간단한 도장업무 등을 담당하는 사내하청업체들과 긴밀한 연관관계를 형성하고 있다.

따라서 울산지역 주요 사업체의 생산활동이 지역경제 전체에 미치는 파급효과가 매우 크다. 국내외 경제여건이 좋은 경우에는 자동차·조선·석유화학산업의 생산활동이 확대되고 수출량도 증가하였으며, 관련 중견기업과 중소기업도 활성화되었다. 울산지역경제가 다른 지역보다 빠른 속도로 성장할 수 있었던 것은 주요산업의 긴밀한 연관관계를 기초로 대기업, 중견기업, 중소기업 등이 동반성장한 결과이다. 그러나 2010년 이후 전 세계적인 불황기에는 지역경제가 빠른 속도로 위축되는 경향이 있다. 지난 3년 동안 울산지역 제조업 생산은 자동차와 조선 및 기타 운송장비부문 등에서 감소세를 기록하고 있으며, 울산지역 주요 기업의 영업이익도 동 시기에 감소하거나 적자상태인 경우가 많다(강영훈, 2014; 한국은행 울산본부, 2014). 지역 내 기업간 연관성이 매우 높기 때문에, 수출주도형 대기업 뿐 만 아니라 이들에게 부품을 공급하는 중소 제조업체들도 함께 위축되는 현상이 나타난 것이다.

2) 서비스산업의 취약성

울산의 서비스산업은 전국 주요도시의 서비스산업 평균과 비교할 때 상대적으로 취약하다. 서비스업은 전국적으로 총생산(GRDP 기준)의 60% 정도를 차지하고 특히 서울, 부산, 대구, 대전 등 광역시에서도 60~80% 수준을 유지하지만, 울산의 서비스업부문(도소매·음식·숙박업, 전기·운수·통신·금융, 사업·개인·공공서비스 등)의 비중은 지역경제의 30% 정도를 차지한다.

울산의 서비스산업은 산업화 과정에서 도시규모가 커지고 공공·개인서비스 활동이 확대됨에 따라서 공공·사회복지·보건 등을 중심으로 성장한 바 있으나, 2000년대 들어서 일정 수준에 정체되어 있다. 서비스업과 제조업을 비교하면, 서비스산업은 2000~2002년에는 평균 7.4% 성장하였으나, 2003~06년에는 성장률이 둔화되어 제조업 성장률보다 낮아졌다. 서비스산업의 경제성장 기여율도 동 기간에 12.0%로 하락하여 제조업 기여율에 비해 저조한 수준이었다([표 2-3]).

[표 2–3] 울산지역 산업별 GRDP 성장률1) 및 성장기여율(2000~2006년)2)

(단위: %)

	2000	2001	2002	2003	2004	2005	2006	2000~2002[3]	2003~2006[3]
GRDP	7.1	0.2	11.0	3.5	9.1	2.2	5.3	6.1	5.0
	(100.0)	(100.0)	(100.0)	(100.0)	(100.0)	(100.0)	(100.0)	(100.0)	(100.0)
서비스업	6.1	6.2	9.9	1.4	1.8	3.7	2.9	7.4	2.5
	(21.0)	(149.6)	(23.3)	(9.2)	(4.7)	(39.9)	(14.9)	(29.3)	(12.0)
제조업	6.8	–0.8	12.7	4.1	12.6	1.0	3.6	6.2	5.3
	(64.9)	(–53.5)	(78.0)	(73.2)	(90.2)	(32.5)	(54.2)	(66.3)	(71.7)
기타[4]	11.3	0.4	–1.6	8.2	5.7	7.3	16.4	3.4	9.4
	(14.1)	(3.9)	(–1.4)	(17.6)	(5.1)	(27.6)	(30.9)	(4.5)	(16.3)

1) 2000년 불변가격 기준
2) 괄호속 수치 성장 기여율=산업별 생산증감/GRDP 증감×100, 2000년 불변가격 기준
3) 전년대비 성장률의 기간 중 단순평균
4) 농림어업, 광업, 건설업 및 전기가스수도업

출처: 한국은행 울산본부(2008)

또한 울산의 서비스산업은 영세규모의 개인서비스업을 중심으로 한다. 서비스산업은 개인서비스산업, 사회서비스산업, 생산자서비스산업 등 다양한 부문으로 구성되어 있는데, 울산의 서비스산업에서 도소매업, 교육 서비스업 등 개인서비스업 비중이 높고 사회서비스업이나 생산자서비스업 비중은 낮은 편이다([표 2-4]). 특히

[표 2-4] 울산의 서비스업 부가가치 변화

(단위: 백만원, %)

산업부문	1998	2000	2005	2010	2012
총 부가가치	18,949,532 (100)	21,317,796 (100)	31,341,427 (100)	45,645,445 (100)	56,068,932 (100)
도매, 소매업	5904,341 (3.1)	756,024 (3.5)	1,141,731 (3.6)	1,488,396 (3.3)	1,603,540 (2.9)
운수업	1,247,024 (6.6)	1,120,149 (5.3)	1,350,395 (4.3)	1,302,966 (2.9)	1,714,130 (3.1)
숙박, 음식점업	159,542 (0.8)	242,939 (1.1)	362,668 (1.2)	404,058 (0.9)	476,363 (0.8)
정보, 통신업	191,711 (1.0)	228,764 (1.1)	352,150 (1.1)	383,918 (0.8)	366,818 (0.7)
금융, 보험업	359,356 (1.9)	470,612 (2.2)	702,838 (2.2)	1,046,555 (2.3)	1,023,077 (1.8)
부동산, 임대업	730,090 (3.9)	820,784 (3.9)	1,057,841 (3.4)	1,339,249 (2.9)	1,433,668 (2.6)
사업서비스업	280,153 (1.5)	246,982 (1.2)	424,275 (1.4)	665,962 (1.5)	743,203 (1.3)
공공행정,국방, 사회보장행정	307,614 (1.6)	355,169 (1.7)	629,203 (2.0)	876,180 (1.9)	1,032,490 (1.8)
교육서비스업	448,133 (2.4)	510,790 (2.4)	963,547 (3.1)	1,398,483 (3.1)	1,587,711 (2.8)
보건, 사회복지 서비스	154,935 (0.8)	204,807 (1.0)	482,238 (1.5)	825,848 (1.8)	969,209 (1.7)
예술, 스포츠, 여가 서비스	40,095 (0.2)	77,800 (0.4)	131,149 (0.4)	195,332 (0.4)	206,512 (0.4)
기타서비스업	212,024 (1.1)	247,251 (1.2)	411,356 (1.3)	536,596 (1.2)	575,530 (1.0)

주) 괄호안의 수치는 각 서비스부문이 지역내 총부가가치에서 차지하는 비중
출처: KOSIS(지역소득통계)

기업활동을 지원하는 금융산업이나 정보·통신업 등과 같은 정보화 관련 서비스영역의 성장세가 매우 낮아, 이들이 지역내 총 부가가치

에서 차지하는 비중은 각 각 2%에도 못 미친다. 제조업 중심의 산업구조를 갖는 울산에서는 제조업 생산활동을 지원하는 서비스산업이 발달하고 양 산업간 유기적 관계가 중요하지만, 서비스산업의 취약성을 인하여 산업간 불균형 구조가 지속되고 있다.

이러한 산업구조는 노동력 수요를 결정한다. 중화학공업의 비중은 높지만 서비스산업이 취약한 지역산업구조의 특성으로 인하여, 생산직 인력 수요는 많은 반면 서비스산업 인력 수요는 많지 않다. 또한 서비스산업 자체가 영세규모의 개인서비스업종을 중심으로 한다는 점도 노동시장에서의 일자리창출 가능성에 영향을 미친다. 이러한 산업은 대부분 저임금 불안정 일자리를 제공하기 때문에, 고학력층 청년 등 구직자들이 희망하는 일자리는 아니다. 지역차원의 전반적인 실업률 혹은 구집집단별 실업문제는 울산지역의 산업구조 특성에서 기인할 가능성이 높다.

3. 울산지역 노동력 공급의 특성

1) 고령화 경향

울산은 아직까지는 다른 지역에 비하여 젊은 연령층의 비중이 높은 도시이다. 2015년 현재 울산시 인구 가운데 60대이상의 비중은 14%를 차지하여 주요 광역시 혹은 전국 평균보다 더 낮으며, 20대부터 50대까지의 연령층 비중은 울산이 71.1%로서 다른 지역보다 더 높다([표 2-5]). 1980년대에 일자리를 찾아서 울산으로 이주했던 젊은 노동력이 현재 울산시민의 다수를 차지하기 때문에, 울산은 고령화가 이미 시작된 전국 주요 도시와 비교할 때 젊은 도시로 자리 잡고 있다.

[표 2-5] 연령대별 인구수 현황 :
울산과 전국의 비교(주민등록인구 기준)

(단위: 천명, %)

		합계	15세 미만	청년	30대	40대	50대	60세 이상
인구수	전국	51,529	7,061	9,956	7,670	8,858	8,324	9,656
	울산광역시	1,173	174	240	180	211	201	164
	특별·광역시	23,114	2,979	4,623	35,913	3,961	3,779	4,178
구성비	전국	100	13.7	19.3	14.9	17.2	16.2	18.7
	울산광역시	100	14.9	20.5	15.4	18.1	17.2	14.0
	특별·광역시	100	12.9	20.0	15.5	17.1	16.4	18.1

출처: 행정자치부 주민등록인구통계(2015. 12. 31. 기준), 울산광역시(2016b)에서 인용

그러나 울산도 다른 도시와 마찬가지로 저출산·고령화 경향을 피할 수 없다. 울산의 14세이하 연령층의 비중은 2000~2005년에 10% 감소한 반면, 65세이상 연령층의 비중은 2000년에 4.0%, 2014년에는 8.3%로 증가하였다. 이러한 고령화 경향은 취업자 구성비에서도 나타나는데, 2014년 기준 울산 취업자 가운데 15~29세 연령층은 1년 전에 비하여 24.3% 감소하였으나, 30~59세 연령층은 동 시기에 30.4%, 60세이상은 100% 증가하였다(동남지방통계청, 2014). 특히 최근의 고령화 경향을 주도하는 연령층은 50대 이후이다. 이들은 울산지역의 산업화 초기부터 일해 왔던 베이비붐 세대(1955년부터 1963년에 태어난 연령층)로서, 2010년을 전후하여 노동시장에서 은퇴하는 집단이다. 이러한 연령층의 비중이 계속 증가할 경우, 울산의 고령화지수(15세미만 유소년 인구 100명 당 65세이상 노령인구가 차지하는 비율)는 2030년에 전국평균보다 더 높을 것으로 예상된다([그림 2-1]).

[그림 2-1] 고령화 추이 : 울산과 전국 비교

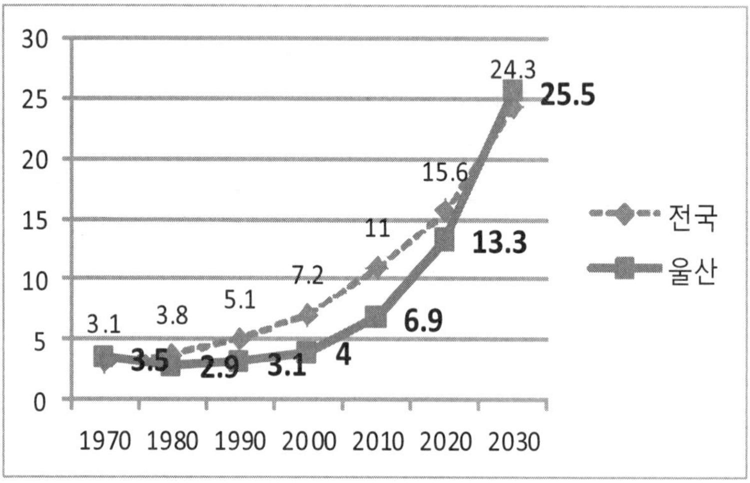

출처: KOSIS(장래인구추계)

2) 성별 인구 구조

울산의 성별 인구구조는 다른 지역과 크게 다르지 않다. 2014년 현재 남성이 58만여명으로 여성(55만여명)보다 약간 더 많고, 성비(여자 1백명 당 남성 수)는 108.1이다(KOSIS). 또한 연령집단별로 보면, 30~49세 연령층에서는 남성과 여성이 거의 비슷하며, 65세이상 연령층에서는 여성 비중이 남성보다 더 높다.

그러나 울산의 경제활동인구에서는 성별 차이가 좀 더 명확히 나타난다([표 2-6]). 15~64세 인구에서는 남성이 여성의 1.08배이지만, 경제활동인구에서는 남성이 여성의 1.9배에 이른다. 이것은 '남성 중심의 경제활동'으로 표현되는 한국의 노동시장 성별 분절화 현상을 보여주는데, 특히 중화학공업 중심의 산업구조를 갖는 울산에서는 노동시장에서 일자리를 찾거나 실제로 취업한 남성이 여성에 비하여 2배 정도에 이른다는 점을 의미한다.

[표 2-6] 울산의 성별 경제활동인구(2013년)

(단위: 천명, %)

구분	15세~64세 인구 (a)	경제활동인구 (c)	경제활동참가율 (c/a)
남성	455	368	77.8
여성	428	190	40.7

출처: 동남지방통계청(2014)

3) 청년세대의 고학력화

생산직 비중이 높은 산업도시에서 대학졸업장에 대한 열망은 매우 높다. 울산의 고동성장기 생산직 노동력은 주로 고등학교를 졸업하고 취업한 집단이지만, 한국사회의 교육열이 높아짐에 따라서 울산의 노동자들도 자녀들이 대학교를 졸업하고 화이트칼라 직업을 갖기를 희망한다. 특히 대공장 노동자들은 고임금과 기업복지혜택을 기초로 주택을 마련하고 자녀를 교육시키면서 세대간 이동을 희망하며 살아왔다.

울산 청년층의 고학력화 경향은 2000년대 들어서 명확히 나타났다. 울산의 고등학교 졸업자는 2000~2010년에 감소한 반면, 전문대학 학생 수와 4년제 종합대학 학생 수는 7만여명이 증가하였다([표 2-7]). 일반계 고등학교 뿐 만 아니라 특성화 고등학교 졸업자의 다수가 대학에 진학하여, 2013년 현재 울산시의 일반계 고등학교 졸업생의 대학진학률은 89.6%로서 전국평균(77.5%)보다 훨씬 더 높다.

[표 2-7] 울산의 전문대학과 종합대학 학생 수

(단위: 명)

학교별	2000	2005	2010	2013
전문대학	10,155	12,834	12,103	12,267
대학교	18,187	19,164	22,022	23,895

출처: 한국교육개발원(2014)

울산의 경제활동인구구조 변화는 지역노동시장의 노동력공급 측면에서 과거와 다른 특성을 나타낼 것이다. 매년 증가하는 50대 이후 퇴직 연령층은 노동시장에서 은퇴하지 못하고 다시 일자리를 찾는 구직자로 남아 있다. 또한 울산 여성의 경제활동참가율은 경기변동에 따라서 더욱 증가할 것이며, 특히 남성 가구주의 고용불안과 임금하락이 발생할 경우에는 출산·육아로 노동시장에서 이탈한 후 노동시장에 재진입하려는 경력단절 여성도 앞으로 더욱 많아질 것이다. 청년층 고학력자의 증가도 노동력 공급에 많은 영향을 미칠 것이다. 한국사회의 고학력화 경향이 울산에서 재현된다는 점에서 긍정적인 일이지만, 다른 한편으로는 고학력자의 노동시장 진출에 따른 취업문제가 확대될 가능성이 높다.

4. 울산 고용구조의 특성

1) 제조업 생산직 중심 구조

울산지역 고용구조는 기본적으로 노동력 수요를 결정하는 지역경제의 특성을 반영한다. 지역경제에서 제조업의 비중이 높기 때문에 제조업 취업 기회는 많지만, 서비스산업의 일자리 기회는 많지 않다. 또한 울산지역 거대규모 사업체들은 생산활동을 주로 담당하고 본사와 연구시설 등을 서울에 두기 때문에, 생산직 일자리 공급량은 많지만 사무·관리·기획업무 등을 담당하는 화이트칼라 일자리는 적다. 노동시장 분절의 관점에서 보면, 울산지역 노동시장은 산업·직업·기업·규모·성을 기준으로 명확히 구분되는 다수의 하위부문으로 구성되어 있다.

울산지역 취업자 구조에서 제조업의 비중은 매우 높다. 2013년을 기준으로 할 때, 전국적으로 제조업 취업자의 비중은 전 산업의 16.7%이지만, 울산의 경우에는 35.0%를 차지한다([표 2-8]). 반면 사회간접자본 및 서비스산업의 고용비중은 전국평균보다 울산에서 더 낮다. 사업서비스·개인서비스 등 서비스산업이 2000년대 들어서 다소 위축되면서 고용 비중은 낮은 수준이다.3)

[표 2-8] 울산의 산업별 취업구조

(단위: 천명, %)

산업별	2010	2013
	종사자수 (구성비)	종사자수 (구성비)
전 산업	534(100)	546(100)
농업, 임업 및 어업	10(1.9)	6(1.2)
광공업(제조업)	157(29.5)	191(35.0)
사회간접자본 및 기타서비스업	366(68.6)	348(63.8)
건설업	40(7.5)	36(6.6)
사업 · 개인 · 공공서비스 및 기타	179(33.6)	169(30.9)
전기 · 운수 · 통신 · 금융	42(7.9)	46(8.4)
도소매 · 숙박 · 음식업	105(19.6)	98(18.0)

출처: KOSIS(경제활동인구조사)

3) 2014년 9월 울산지역의 산업별 취업자 수를 보면(동남지방통계청, 2014), 제조업 취업자는 20만 9천여명으로, 1년 전에 비하여 1만여 명 증가하였으나, 도소매·음식·숙박업의 경우에는 1년간 1천여 명 사업·개인서비스업의 경우에는 동 기간에 1만 1천여 명 감소하였다.

또한 직업별로 구분하면, 울산지역 취업자에서 생산직이 차지하는 비중이 높다. 울산지역에 생산시설이 집중되어 있어, 전통적으로 기능·기계·조작조립·단순노무직 등 생산직 종사자 비중은 사무관리 직이나 서비스직에 비하여 높았으며, 이러한 비중은 2000~2013년에도 유지되고 있다. 이 시기에 울산의 생산직(기능·기계·조작조립·단순노무직)종사자는 3만 여명 증가하였으나, 서비스직 종사자는 8천명이 감소하였다([표 2-9]).

[표 2-9] 울산의 직업별 취업자 분포

(단위: 천명, %)

직업	2005	2010	2013
합 계	493(100)	534(100)	546(100)
관리자	15(3.0)	9(1.8)	6(1.1)
전문가 및 관련 종사자	58(11.8)	86(16.1)	92(16.8)
사무 종사자	72(14.6)	86(16.1)	80(14.6)
서비스 종사자	50(10.1)	52(9.7)	42(7.7)
판매 종사자	43(8.8)	55(10.4)	57(10.4)
농림어업 종사자	18(3.6)	10(19)	7(1.3)
기능원 및 관련 기능종사자	69(14.0)	72(13.5)	90(16.5)
장치, 기계조작 및 조립종사자	110(22.3)	101(18.9(	115(21.1)
단순노무 종사자	58(11.7)	62(11.7)	58(10.6)

출처: KOSIS(경제활동인구조사)

2) 대기업 중심 구조

울산 고용구조의 또 다른 특징은 대기업의 높은 비중이다. 2012년을 기준으로 하면, 제조업체 종사자의 40%가 500인이상 기업에 고용되어 있으며, 50인미만 사업체 종사자 비중은 20%에 불과하다. 일반적으로 500인이상 사업체를 대기업으로 구분하는데, 울산지역 제조업체의 경우 500~999인의 대규모 보다는 1000인 이상의 '거대' 규모 제조업체들이 더 높은 비중을 차지한다. 예를 들어서, 500~999인 제조업체의 고용 비중이 2012년에 6.7%이지만, 1000인 이상 제조업체 비중은 34.6%에 이른다([표 2-10]).

[표 2-10] 울산시 제조업의 기업규모별 고용구조

(단위: 천명, %)

종사자규모별	2000	2005	2010	2012
계	140(100)	140(100)	148(100)	160(100)
1-4명	6(4.3)	6(4.4)	6(4.0)	6(3.9)
5-9명	2(1.9)	4(2.7)	4(2.8)	6(3.7)
10-19명	4(3.1)	6(4.5)	6(4.3)	6(3.9)
20-49명	10(7.5)	11(8.2)	14(9.4)	16(10.2)
50-99명	11(7.9)	14(10.2)	21(14.5)	21(13.5)
100-299명	21(14.9)	19(13.9)	26(17.8)	32(20.0)
300-499명	8(5.7)	6(4.3)	5(3.8)	5(3.5)
500-999명	7(5.4)	7(5.1)	8(5.8)	10(6.7)
1000명이상	69(49.3)	65(46.8)	56(37.7)	55(34.6)

출처: KOSIS(전국사업체조사)

반면 도·소매업이나 음식·숙박업 등 서비스산업은 대부분 영세기업이다. 2012년을 기준으로 할 때, 울산의 도·소매업 사업체 6천 3백여개 가운데 4개만이 200인이상을 고용하는 사업체이며, 음식·숙박업 사업체 7천여개 가운데 2개만이 200인이상의 사업체이다(KOSIS). 또한 도·소매업 사업체 가운데 1~4인의 영세규모에 고용된 인원은 서비스업 피고용인의 60.9%를 차지하며, 5~9인 사업체 피고용인을 합할 경우에는 75%에 이른다. 이러한 경향은 음식·숙박업 등 다른 개인서비스업체에서도 동일하다.

3) 상용직 중심 구조

울산지역 노동시장에서 제조업 대공장 고용비중이 높고 서비스부문이 취약하다는 점은 취업자의 종사상 지위에도 영향을 미친다. 울산의 취업자는 임금근로자로 대표되는 피고용인 중심이며, 이들의 고용 비중은 80%를 넘어 전국 평균보다 더 높다. 또한 임금근로자 가운데 상용직의 비중도 전국 평균(64.4%)에 비하여 울산(70.3%)에서 더 높다. 울산 노동시장에서 다수를 차지하는 주요 제조업체들이 비교적 안정적인 생산활동을 지속해 왔고 대기업 생산직 등을 중심으로 안정적 고용구조가 정착되어, 상용직 비중은 다른 지역에 비하여 높다고 할 수 있다.

그러나 울산에서는 일부 대기업을 중심으로 파견근로 혹은 사내하청근로가 확산되어 울산지역 취업자의 고용안정이 지속된다고 단정하기 어렵다. 종사상 지위별로 구분해도 피고용인의 30%가 여전히 임시·일용직 종사자이며, 사내하청 종사자와 무기계약 형태의 취업자를 합할 경우에는 고용불안정 취업자집단이 더 많다.

한편 자영업자 등 비임금 근로자 비중은 전국평균보다 울산에서 더 낮다. 전국적으로 자영업자 비중(근로자 없는 자영업자와 근로자 있는 자영업자)이 15.4%이며 무급가족 종사자까지 포함할 경우 19%에 이르지만, 울산의 자영업자는 무급가족 종사자까지 포함할 경우에 16%에 불과하다. 자영업자는 대부분 서비스산업에 종사하기 때문에, 서비스산업이 취약한 울산에서 자영업자 등 비임금 근로자 비중이 낮다는 점은 예측 가능한 결과이다.

[표 2-11] 종사상 지위별 고용구조 : 울산과 전국의 비교

(단위: 천명, %)

구분		합계	자영업자	무급가족종사자	상용직	임시일용직	기타
종사자수	전국	19,899	3,071	727	12,810	2,398	891
	울산광역시	506	65	14	356	47	22
	특별 · 광역시	9,465	1,429	295	6,201	1,106	431
구성비	전국	100	15.4	3.7	64.4	12.1	4.5
	울산광역시	100	13.0	2.8	70.3	9.4	4.5
	특별 · 광역시	100	15.1	3.1	65.5	11.7	4.6

출처: 통계청 전국사업체조사(2013년 12월 기준), 울산광역시(2016b)에서 재인용

4) 남성 중심 고용구조

울산의 남성과 여성은 경제활동참가율이나 고용률에서 차이가 나며, 취업부문도 남성 취업분야와 여성 취업분야로 구분된다. 제1장에서 설명한 바와 같이, 울산의 남성 고용률은 전국에서 가장 높지만 여성 고용률은 전국에서 가장 낮다. 또한 울산 취업자 가운데 여성의 비중(35%)은 전국 평균(42.2%)에도 못 미친다. 남성은 중화학공업 생산직 중심의 고용구조에서 일자리를 찾는데 어려움이 적지만, 여성은 이러한 고용구조에서 취업 가능성이 낮기 때문에 경제활동참가율 뿐만 아니라 고용률에서 남성과 큰 차이를 보인다.

실제로 2011년 울산시 취업자 가운데 62.5%가 남성, 37.5%가 여성이며, 남성은 소위 생산직 종사자집단에, 여성은 서비스·판매종사자 집단에 집중되어 있다. 남성 취업자 가운데 기계조작·조립종

사자는 17.8%, 기능원·관련기능 종사자는 13.4%를 차지하지만, 여성 가운데 이러한 직종 종사자는 각각 1.3%에 불과하다([표 2-12]). 반면 판매·서비스직 취업자 비중은 남성(5.9%)보다 여성(14.6%)에서 더 높아, 생산직 취업자 비중과 다른 특징을 나타낸다. 지역노동시장은 생산직 등을 중심으로 하는 남성중심의 일자리와 판매 서비스직 등을 중심으로 하는 여성중심의 일자리로 구분되고 있다.

[표 2-12] 울산 취업자의 성별 직업구조(2009~2011년)

(단위: 천명, %)

	2009		2010		2011	
	규모	비중	규모	비중	규모	비중
남성 계	329	63.1	334	62.5	340	62.5
관리자	7	1.3	9	1.7	8	1.5
전문가 및 관련종사자	35	6.7	40	7.5	45	8.3
사무 종사자	53	10.2	53	9.9	52	9.6
서비스 종사자	12	2.3	14	2.6	12	2.2
판매종사자	19	3.6	20	3.7	20	3.7
농림어업 숙련종사자	7	1.3	5	0.9	4	0.7
기능원, 관련기능종사자	73	14.0	68	12.7	73	13.4
기계조작, 조립종사자	88	16.9	96	18.0	97	17.8
단순 노무 종사자	35	6.7	31	5.8	30	5.5
여성 계	192	36.9	200	37.5	204	37.5
관리자	1	0.2	1	0.2	1	0.2
전문가 및 관련종사자	41	7.9	46	8.6	40	7.4
사무 종사자	34	6.5	33	6.2	33	6.1
서비스 종사자	40	7.7	38	7.1	40	7.4
판매종사자	30	5.8	35	6.6	39	7.2
농림어업 숙련종사자	8	1.5	5	0.9	4	0.7
기능원, 관련기능종사자	4	0.8	4	0.7	7	1.3
기계조작, 조립종사자	6	1.2	5	0.9	7	1.3
단순 노무 종사자	29	5.6	32	6.0	33	6.1

출처: KOSIS(경제활동인구조사)

5) 규모별 임금격차와 장시간 노동

울산지역 취업자의 임금은 다른 지역보다 높은 수준이다. 2010년 4월에 355만원이었던 5인 이상 사업장의 월평균 임금수준은 5년후 416만원으로 증가하였고, 특히 300인이상 사업장에서 임금증가폭이 더욱 확대되었다([표 2-13]). 업종별로는 금융보험업이 가장 높았고, 생산직이 많은 제조업이 두 번째로 높았으며, 음식숙박업, 시설관리·사업지원업, 부동산임대업에서 낮은 수준이었다(고용노동부, 2017, 384쪽).

그러나 임금수준은 사업체의 규모에 따라서 많은 차이를 나타낸다. 300인이하 중소기업의 임금수준은 2010년 4월에 대기업의 70.9% 이었으며, 2014년에는 53.4%로 더욱 하락하였다. 동 시기의 월평균 근로시간이 대기업에서는 줄어드는 추세이고 중소기업에서는 크게 변하지 않았다는 점을 고려하면, 대기업과 중소기업의 시간당 임금 격차는 최근 들어서 더욱 확대되고 있다.

[표 2-13] 울산 취업자의 임금과 근로시간

(단위: 만원, %)

	임금수준			근로시간		
	2010년 4월	2013년 4월	2015년 4월	2010년 4월	2013년 4월	2015년 4월
5인이상 사업장 전체	3,550	4,013	4,230	204.3	190.8	195.1
300인미만(A)	3,075	3,224	3,288	204.5	196.7	194.9
300인이상(B)	4,412	5,476	6,087	203.9	179.9	195.4
기업간 격차 (A/B)	70.9	58.9	53.4	100.3	109.3	99.7

출처: 고용노동부(2017)

5. 울산의 실업문제

1) 전반적인 현황

일반적으로 실업문제는 통계청이 발표한 실업률과 고용률을 통해서 확인할 수 있는데, 울산지역의 경우에 실업률과 고용률이 상반된 결과를 나타낸다. 먼저 '실업률'을 기준으로 하면, 울산의 실업문제는 현재까지는 전국 평균 및 주요 도시에 비하여 심각한 상황이라고 해석하기 어렵다. 2010~2015년의 전국 평균 실업률은 3.5~4.4%, 서울 4.2~5.1%, 부산 3.6~7%의 실업률을 기록하였으나, 울산의 실업률은 2.1~4% 수준에 머물러 있다. 그러나 고용률을 기준으로 하면, 울산의 경우 2000년대 들어서 전국 평균보다 낮고 전국 평균과의 격차도 2010년이후 더욱 확대되고 있다. 결국 울산의 실업문제는 실업률을 기준으로 하면 전국평균보다 양호한 수준이지만, 고용률을 기준으로 하면 전국평균보다는 더 심각하다고 해석할 여지가 많다.

2) 성별 실업문제

울산에서 실업률과 고용률의 차이가 가장 명확한 집단은 여성이다. 울산 여성의 실업률은 남성보다 낮지만, 고용률은 남성보다 더 낮다. 예를 들어서 2015년 울산 남성의 고용률이 74.9%인데 반하여, 여성의 경우에는 41.6%에 불과하며 이러한 수치는 전국 여성 평균수치(49.9%)보다 더 낮다([표 2-14]).

이러한 통계상의 괴리는 실업률과 고용률의 개념에서 기인한다. 통계청의 실업률은 15세이상 경제활동인구 가운데 실업자의 비율을 의미하며, 여기에서 '실업자'는 "조사대상주간에 수입 있는 일을 하지 않았고, 지난 4주간 일자리를 찾아 적극적으로 구직활동을 하였던 사람으로서 일자리가 주어지면 즉시 취업이 가능한 사람"을 의미한다. 반면 고용률은 "만 15세이상 인구 중 취업자가 차지하는 비율"을 나타내며, 이 개념에서는 적극적 구직활동을 수행하지 않거나 구직의사가 없는 사람들이 포함된다. 따라서 구직행위를 하지 않는 여성은 실업률 계산에서 제외되지만, 구직률 계산에서는 포함된다.

[표 2-14] 성별 실업률과 고용률 : 울산과 전국의 비교

(단위: %)

성별	2000		2005		2010		2015	
	실업률	고용률	실업률	고용률	실업률	고용률	실업률	고용률
전국합계	4.4	58.5	3.7	59.7	3.7	58.7	3.6	60.3
남성	5.0	70.7	4.0	71.6	4.0	70.1	3.7	71.1
여성	3.6	47.0	3.4	48.4	3.3	47.8	3.6	49.9
울산합계	4.2	57.6	3.5	58.6	3.6	58.4	2.9	58.7
남성	4.3	75.9	3.3	75.2	3.8	72.2	2.6	74.9
여성	3.8	39.5	3.8	41.8	3.2	44.2	3.2	41.6

출처: KOSIS(경제활동인구조사)

실제로 울산지역의 비경제활동인구의 성별 구성을 보면, 여성이 남성보다 더 많다. 2000년대 울산의 15세이상 인구 가운데 비경제활동 인구는 40%이며, 비경제활동인구의 다수는 여성이다.

울산의 비경제활동 여성의 다수는 주부로서의 역할로 인하여 구직활동을 수행하지 않는 사람들이다. 2013년 1/2분기 울산의 비경제활동 여성 가운데 73%는 육아 및 가사활동 때문에 비경제

활동인구로 남아 있으며, 이러한 수치는 전국 평균보다 더 높다([표 2-15]). 한국사회에서 여성의 가정내 역할은 노동시장 진입을 가로막는 장애요인으로 알려져 있는데 이러한 장벽이 전국보다는 울산에서 더 높다고 할 수 있다.

결국 고용률을 기준으로 하거나 비경제활동인구 문제를 고려하면 울산의 실업문제를 낙관적으로 해석하기 어렵다. 현재도 노동시장에서 일자리를 찾기 어려워 구직행위를 포기하는 여성은 실업자가 아니라 비경제활동인구로 규정되기 때문에, 이들을 잠재적 실업자 혹은 실망(discouraged) 실업자로 해석하면 실업자 규모는 정부 공식발표보다 훨씬 많아진다. 더구나 비경제활동인구의 다수가 본격적으로 구직활동을 시작할 경우에는 노동력 공급량이 더욱 확대되고 실업률도 현재보다 더 높아질 것으로 예상할 수 있다.

[표 2-15] 비경제활동인구의 현황 : 울산과 전국의 비교

(단위: 천명, %)

성별	2013년							
	비경제 활동 인구 (천명)	활동 상태 (육아, 가사)	활동 상태 (재학, 진학)	활동 상태 (취업 준비)	활동 상태 (연로)	활동 상태 (기타)	취업 희망 (했음)	취업 희망 (안함)
전국 합계	15,971	7,141 (44.7)	4,139 (25.9)	501 (3.1)	2,024 (12.6)	2,167 (13.5)	1,192 (7.5)	14,780 (92.5)
남자	5,418	34 (0.6)	2,170 (40.0)	262 (4.8)	1,283 (23.6)	1,668 (30.7)	568 (10.5)	4,850 (89.5)
여자	10,554	7,107 (67.3)	1,969 (18.6)	239 (2.2)	741 (7.0)	499 (4.7)	624 (6.0)	9,930 (94.0)
울산 합계	376	196 (52.1)	95 (25.2)	10 (2.6)	32 (8.5)	43 (11.4)	27 (7.2)	349 (92.8)
남자	109	0 (0)	49 (44.9)	6 (5.5)	21 (19.2)	34 (31.1)	13 (12.0)	96 (88.0)
여자	267	196 (73.4)	46 (17.2)	5 (1.8)	11 (4.1)	9 (3.3)	14 (5.3)	253 (94.7)

3) 연령별 실업문제

울산의 실업문제는 연령별로도 상이하다. 2015년에 울산에서 실업률이 가장 높은 연령층은 15~29세의 청년층이며, 가장 낮은 연령층은 30~59세의 중년층이다([표 2-16]). 또한 울산의 청년 실업률은 2015년에 9.6%로 전국 평균보다 더 높으며, 중년층의 실업률은 1.5%로 전국평균보다 낮다. 따라서 울산 청년층은 지역내 중년층이나 전국의 청년층보다 더 심각한 실업문제를 경험하며, 중년층의 실업문제는 상대적으로 양호한 상태이다. 고용률을 기준으로 해도, 울산의 청년층 고용률은 지역내 다른 연령층 뿐만 아니라 전국의 청년층보다 더 낮다. 2015년 전국 평균 청년고용률은 41.5%이며, 주요 도시 가운데 서울의 청년고용률이 가장 높고, 울산의 경우에는 전국 평균 뿐만 아니라 주요 광역시 가운데 가장 낮다(KOSIS, 지역고용조사).

청년층 실업문제가 다른 연령층에 비하여 더 심각한 것은 전국의 모든 지역에서 공통적으로 나타나는 현실이다. 기업의 채용관행이 경력직 채용 중심으로 변화하고 청년층의 업무능력에 대한 기업 인사담당자들의 불확실성이 증가함으로써 청년층 신규구직자를 채용하는 기회 자체가 줄어들기 때문에, 울산을 포함한 전국의 모든 지역에서 실업률이 가장 높은 연령층이 청년층이다. 그럼에도 불구하고 울산의 청년층 실업문제가 다른 지역에 비하여 높은 현실은 이른바 '삼포 세대'의 문제점이 울산에서 좀 더 심각할 수 있음을 의미한다.

이것은 지역노동시장에서 청년층 노동력 수요와 공급의 괴리가 낳은 결과이다. 지역노동시장이 주로 제조업 생산직을 중심으로 일자리를 제공하기 때문에, 대학졸업자와 같은 고학력층의 실업문제는 다른 지역보다 더욱 심각한 상황이다. 특히 울산지역 전문대학 졸업자의 취업률은 전국 평균보다 높지만 종합대학의 취업률은 전국평균보다 더 낮다는 점을 볼 때, 청년 실업문제의 핵심은 4년제 종합대학 졸업생들의 구직난 문제이다.

[표 2-16] 울산의 연령계층별 실업률과 고용률

(단위: %)

시도별	연령 계층별	실업률				고용률			
		2000	2005	2010	2015	2000	2005	2010	2015
전국	계	4.4	3.7	3.7	3.6	58.5	59.7	58.7	60.3
	15-29세	8.1	8.0	8.0	9.2	66.5	68.1	70.9	74.4
	30-59세	3.5	2.8	2.8	2.6	37.7	36.9	36.0	38.9
	60세 이상	1.5	1.3	2.8	2.5	61.5	63.7	63.3	65.7
울산	계	4.2	3.5	3.6	2.9	60.9	64.3	63.4	65.4
	15-29세	8.3	8.0	7.2	9.6	47.2	49.2	43.6	44.6
	30-59세	3.1	2.2	2.5	1.5	57.6	58.6	58.4	58.7
	60세 이상	4.3	2.9	5.9	3.2	61.8	65.4	67.8	71.0

출처: KOSIS(지역고용조사)

울산지역에서 노년층의 실업문제도 주목할 필요가 있다. 60세 이상 연령층의 전국 실업률은 2000년대 들어서 1.5~2.5% 수준이지만, 울산의 동 연령층 실업률은 각 각 4.3%와 3.2%를 기록하였다. 또한 60세이상 연령층의 고용률도 전국보다는 울산에서 더 낮다. 울산에서 60대 연령층의 실업문제는 2000년을 전후하여 생산직 노동자들의 대규모 퇴직이 누적된 결과이다. 대공장에서 일하다가 퇴직한 노동자들은 은퇴기 혹은 노년기의 생계문제도 해결해야 하는 부담을 안고 있으나, 자녀교육, 주택구입 등을 위하여 소득의 대부분을 지출해왔기 때문에 노후소득대책을 마련하지 못하였다. 따라서 이들은 생애 주요 일자리에서 퇴직하였으나, 퇴직후에도 새로운 고용기회를 찾아 노동시장에 재진입하고 있어 이들의 고용문제가 노동시장에서 부각될 것이다.

6. 결론

노동시장 분절화의 관점에서 보면, 울산지역 노동시장은 산업·직업·기업규모·종사상지위·성을 기준으로 명확히 구분되어 있다. 지역경제에서 높은 비중을 차지하는 제조업 대공장 생산직 일자리부문을 한편으로, 개인서비스업 등을 중심으로 하는 자영업 일자리부문을 다른 한편으로 노동시장이 분화되었으며, 이러한 하위부문의 임금수준이나 고용 여건 등에서 많은 차이를 나타낸다. 노동시장의 안정적 일자리 부문은 남성중심이며, 불안정 일자리 부문은 여성중심이라고 해도 과언이 아니다. 또한 울산지역 거대규모 사업체들이 주로 생산활동을 담당하고 본사와 연구시설 등을 수도권에 두기 때문에, 생산직 등 블루칼라 일자리와 사무·관리·기획업무 등 화이트칼라 일자리의 비중도 다른 지역과 차이를 나타낸다.

울산지역 노동시장은 2000년대 들어서도 중화학공업 중심 산업도시의 특성을 유지하지만, 노동력 공급 구조는 과거와 다른 특징을 나타낸다. 노동시장의 노동력 수요에서 생산직 관련 일자리가 높은 비중을 차지하지만, 노동력 공급측면에서는 산업화 주축세력이 점차로 고령화되고 이들의 자녀들이 고학력 청년층으로 변화하면서 과거와 다른 특징을 나타내고 있다. 2010년대 울산노동시장에서는 노동력 수요와 공급이 점차로 괴리되는 현상이 더욱 강화되고 있다.

울산지역 노동시장의 기본구조, 그리고 노동력 수요·공급의 변화는 실업문제에도 직접적인 영향을 미칠 것이다. 산업구조의 특성을 인하여 생산직을 중심으로 하는 노동력 수요가 많지만, 이와 다른 일자리를 희망하는 구직자들은 취업기회가 부족하여 구직을 포기하는 사례도 많다. 특히 고학력 청년층은 대기업 화이트칼라 일자리를 선호하지만, 지역노동시장의 신규일자리는 대기업보다는 중소기업에서, 화이트칼라 직종보다는 블루칼라 직종에서 더 많이 발생한다. 또한 서비스산업의 영세성과 취약성으로 인하여 여성의 일자리는 많지 않고, 구직행위를 포기하는 비경제활동 여성은 많다. 노동시장이 다양한 기준에 따라서 중층적으로 분절화 됨에 따라서, 울산의 실업문제는 구직집단별로 다양하게 나타날 것이다.

제3장
조선업 위기와 노동시장 변화

1. 서론

산업도시 노동시장은 지역 핵심산업의 활성화 정도에 따라서 변화한다. 핵심산업이 성장한다면 노동시장에서 일자리도 증가하지만, 국내외 경기불황에 따라서 산업활동 자체가 위축된다면 일자리 공급이 줄어들어 실업문제도 심화된다. 특히 대기업과 중소기업의 연관성이 높은 산업의 경제활동은 해당 기업을 넘어서 지역노동시장 전체에 매우 큰 파급효과를 낳는다.

최근 발생한 조선업 위기는 불황기 산업도시 노동시장 변동의 메커니즘을 잘 나타내는 사례이다. 원래 조선업은 해운·기계·철강·화공·비철금속업 등과의 산업연관 효과가 크고 대기업과 중소기업의 연관성이 매우 높기 때문에, 많은 사업체의 생산활동에 직접적인 영향을 미친다(박진희, 2016). 조선산업이 호황이던 시절에는 관련 사업체들의 생산활동을 확대하고 일자리를 증가시켜 지역경제에 긍정적인 영향을 미치지만, 최근과 같이 대형 조선업체의 생산물량이 감소한 경우에는, 이들과 연관되어 있던 중소기업들의 일감도 감소하고 매출액도 하락한다.

불행히도 울산지역경제는 2015년을 전후한 시기에 조선업 위기를 계기로 급격히 위축되었다. 조선업은 자동차·석유화학 산업과 함께 울산의 3대 핵심산업으로 산업도시 성장을 주도해 왔으나, 최근에는 선박수주량이 급격히 하락하고 대규모 영업손실이 발생하여 경제적 위기상태에 있다. 대형 조선업체들은 자산매각, 사업재구조화, 인력조정 등 다양한 방식의 구조조정을 실시하여 경영위기를 극복하려 노력하지만, 울산의 조선업은 경영위기를 벗어나지 못하였다. 또한 울산의 조선업 위기는 지역경제 전반에 걸쳐서 많은 영향을 미치고 있으며, 울산은 'IMF 경제위기'에서도 경험하지 못할 정도의 위기상황에 있다고 해도 과언이 아니다.

이 글은 2015년을 전후하여 본격화된 울산지역 조선업 위기를 개략적으로 정리하고, 이러한 경제위기가 지역노동시장에 미치는 영향을 구체적으로 파악한다. 울산지역의 조선업계 위기와 지역경제의 전반적인 변화, 지역노동시장의 실업문제와 고용구조 변화 등을 정리하여, 지역 핵심산업의 위기가 산업도시 노동시장에 미친 영향을 자세히 설명한다.

2. 조선업 위기와 지역경제 변화

1) 조선업 위기

울산의 조선업은 대규모 자본과 노동력을 기초로 전 세계에서 선박 등을 수주하고 완성된 제품을 선주사에 인도하는 대표적인 수출산업이다. 한때 전 세계 1위의 조선업체였던 현대중공업은 탱커, 벌크선, 컨테이너, 가스선 등을 대량 제조해 왔으며, 중국 및 동남아 신흥공업국의 급속한 성장으로 석유 소비량이 증가하자 2000년대 들어서 해양 유전개발에 필요한 설비(시추선, FPSO[4]) 등)를 제조·수출해 왔다. 울산지역 현대중공업의 해양·플랜트 분야 수주실적은 2007년부터 해마다 증가하여 2014년에는 전 세계 수주액의 45%를 차지할 정도로 성장한 바 있다(김태진, 2014). 따라서 울산지역에서 조선업은 자동차, 석유화학과 함께 지역경제를 대표하는 주력산업으로 중요한 지위를 차지한다. 일례로 조선업 생산액은 2014년 기준으로 울산지역 생산총액의 10.3%에 이르는 21조 6천억원, 부가가치도 지역경제 전체의 14.2%에 이르는 6조원에 이를 정도로 높은 비중을 차지하였다(울산광역시, 2016a).

그러나 울산 조선업체의 주요 생산품인 컨테이너 선박과 LNG선, 해양플랜트시설 등은 기본적으로 전 세계적 경기변동에 영향을 받기 때문에, 경기불황이 본격화된 2010년대에는 조선업계 전체가 침체상태를 벗어나지 못하였다(박진희, 2016). 미국발 금융위기를 계기로 세계적 차원의 경기불황이 지속됨에 따라서 해양운송 물동량 자체가 줄어들었고, 셰일가스 공급증가 및 국제 유가하락 등으로 해양플랜트 제품에 대한 수요도 감소하였다. 2015년 상반기의 선박수주액은 전년 동기 대비 23.9% 감소한 32억 달러에 머물렀으며, 해양플랜트 부문의 수주실적도 1년 전에 비하여 57.2% 감소하였다(한국은행, 2015). 또한 단기적으로는 선주사들

4) FPSO(Floating Production Storage Offloading)는 부유식 원유생산 저장/하역 설비로서, 해상의 일정 지역에 머물며 해저에서 원유를 뽑아 올려 정유제품을 생산하는 시설물이다. 자세한 설명은 이헌(2016)을 참고.

의 선박인도 지연 및 해양플랜트제품의 설계변경 요구 등으로 매출손실이 증가하여 기업의 재무건전성도 악화되었다.

더구나 중국 조선업이 국가 경제발전 전략에 따라서 급속히 성장하면서, 중국 및 세계 선박제품 수주를 둘러싼 가격경쟁이 심화되고 울산을 포함한 한국 조선업체 전체의 경쟁력도 점차로 하락하였다. 중국 정부가 노후선박 조기폐기 및 교체 지원, 선박매입자 신용대출 장려, 대출융자 지원확대 및 금융지원정책 등을 통하여 조선산업 육성정책을 추진하면서, 중국의 조선업체들은 자국선박을 대규모로 수주하였다(박종식, 2016). 또한 한국의 조선업체들이 해양플랜트사업을 확대하는 동안, 중국은 벌크·콘테이너 등 상선 수주에 주력하며 2015년 7월에 한국을 제치고 세계 1위에 오르는 성과를 낳기도 했다(주요 국가의 선종별 수주량에 대해서는 [표 3-1]을 참고). 2015년 11월 이후 2016년 1월까지 한국 조선소의 수주량이 2만5천 CGT(표준화물선 환산톤수)인데 반하여, 중국 조선소의 수주량은 전 세계 선박 발주량의 약 70%에 해당하는 32만 CGT이었다(마지황, 2016).

[표 3-1] 2015년 7월 국가별 선종 수주 현황

(단위: 척)

국가	가스선	탱커	벌크선, 컨테이너	기타	소계
한국	4	30	0	0	34
중국	0	12	48	16	76
일본	0	16	17	1	34
기타 국가	0	6	9	3	18

출처: 해양과조선(2015), 61쪽

울산지역 조선업의 위기는 주요 산업의 생산활동 변화에서도 확인할 수 있다. 2015년 1/4분기~2016년 1/4분기의 산업별 생산액 증감 추이를 보면, 울산지역 자동차산업과 석유정제산업은 2015년의 일시적 하락에도 불구하고 2016년 들어서 다시 회복추세에 있으나, 조선산업은 전 기간에 걸쳐서 큰 폭으로 하락하였다([그림 3-1]). 울산의 조선업은 이미 2014년에 20.8%의 하락률을 기록하였으며, 2015년 2/4분기에도 전년 동기 대비 23.3% 하락하였다.

[그림 3–1] 주요 산업의 생산액(전년 동기 대비 증감률)

(단위: %)

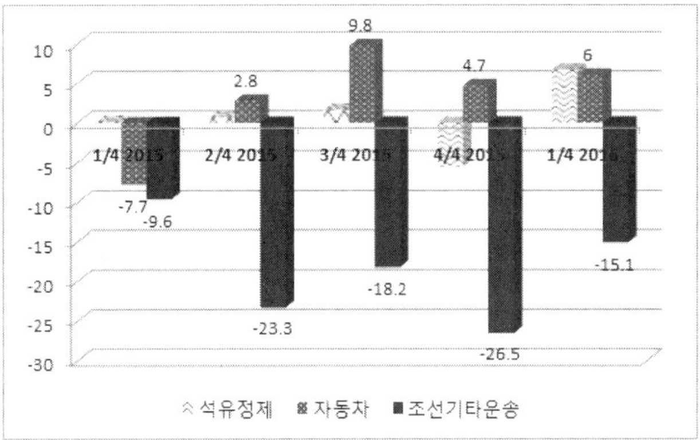

출처: 한국은행(2016a)

2) 조선업 위기의 지역경제 파급효과

울산지역 대형 조선업체의 위기는 해당 사업체를 넘어서 지역경제 전반에 걸쳐서 많은 영향을 미치고 있다. 2014년 이후 2016년 1/4분기까지 울산지역경제는 전반적인 위기 상황에서 벗어나지 못하고 있다. 2014년의 제조업 생산액은 1년 전에 비하여 1.5% 하락하였으며, 2015년 전 기간에도 전년 동기 대비 1.6~4.9%의 하락률을 기록하였다([표 3-2]). 또한 울산의 주요 제조업이 미국이나 중국 등 해외 수출품목을 생산하기 때문에, 제조업 생산하락은 대규모 수출감소로 나타났다. 2015년 울산지역 수출액은 1년 전에 비하여 59.3% 하락한 바 있으며, 2016년 1/4분기에도 전년 동기 대비 27.2%의 하락률을 기록하였다. 특히 2015년 1/4분기 52억 달러에 이르던 선박 수출실적은 2016년 들어서 21억 달러로 하락하였고, 2011년에 전국 지자체 가운데 처음으로 1천억 달러를 돌파했던 울산의 수출액도 2016년 11월 기준으로 596억 달러를 기록하였다(울산광역시, 2016a).

[표 3-2] 울산지역 실물경기 동향(전년대비 증감률)

(단위: %)

항목	2014년 연간	2015년 연간	2015년 분기별				2016년
			1/4	2/4	3/4	4/4	1/4
수출액	-5.0	-59.3	-59.8	-58.4	-61.6	-57.1	-27.2
제조업 생산액 계	-1.5	-3.6	-3.8	-4.0	-1.6	-4.9	1.8
대형소매점 판매액	-5.0	-3.4	-5.5	-5.4	0.1	-2.3	-1.2

출처: 한국은행(2016a)

울산지역 대형 조선업체의 생산활동 위축은 중소기업의 재정압박을 낳았다. 2016년 2월을 기준으로 할 때, 울산지역의 은행 여신잔액은 전월 대비 282억원 증가하였고, 차입주체별로는 가계대출이 79억원, 기업대출은 중소기업을 중심으로 173억원 증가하였다(한국은행, 2016a). 동 기간에 대기업의 여신금액이 175억원 감소한 반면, 중소기업의 경우에는 348억원이 증가한 점(전년 동월 대비 5.4% 증가)을 고려하면, 울산지역의 전반적인 경기위축으로 인하여 중소기업의 자금사정이 더욱 악화되고 있다고 할 수 있다.

울산지역 중소기업의 경영위기는 한계기업 규모를 통해서도 알 수 있다. 한계기업은 기업의 수익성(3년 연속 이자보상 비율이 100% 미만인 경우), 유동성(3년 연속 영업현금 흐름이 마이너스인 경우), 안정성(자본잠식 상태인 경우) 가운데 한가지 요건 이상이 해당하는 기업을 의미하는데, 2009년에 15.4%에 불과하던 울산지역의 한계기업 비중은 2013년에는 23.6%로 증가하였고,[5] 이 시기에 울산지역 중소기업 가운데 한계기업 비중은 25%인데 반하여 대기업은 15%에 불과하였다(김낙현 · 김정연, 2015).

또한 경기위축에 따라서 지역 서비스산업도 동반 하락하였다. 울산의 대형 조선업체와 관련 사업체들이 있는 동구 산업단지 등에서 시작된 경기침체는 울산지역 전체로 확산되었고, 심지어 소매상권이나 주택가격 등에도 부정적인 영향을 미치고 있다. 2015년 대형소매점(백화점, 대형마트 등을 포함한 매장면적 3천㎡이상 점포) 판매액은 1년 전에 비하여 3.4% 감소하였고, 2016년 1/4분기에도 전년 동기 대비 1.2%의 하락률을 기록하였다(한국은행, 2016b). 또한 서비스업체의 매출감소가 지속되면서, 음식숙박업소 등 개인서비스업체의 재정상태도 악화되어 금융권 대출금액도 증가하였다. 2012년 12월에 3,269억원에 이르던 음식숙박업체 대출금은 2014년 12월에 4,532억원, 2015년 12월에는 5,650억원으로 증가하였으며, 도소매업체 전체의 대출금 규모도 지속적인 증가추이를 나타냈다. 울산의 대표적인 서비스업체들의 대출금 증가폭이 조선 및

---

5) 조선업 위기에 따른 한계기업 비중 증가는 동종 업종의 비중이 높은 경상남도에서도 비슷하게 나타났다. 경상남도의 한계기업 비중은 17.9%(2009년)에서 24.3%로 증가하였는데, 대구지역이 20.5%에서 22.9%로, 부산지역이 19.7%에서 23.8%로 증가하는 추세와 비교할 때 높은 증가율을 보여준다. 구체적인 논의는 김낙현 · 김정연(2015)을 참고.

기타운송업계의 증가폭보다 훨씬 더 크다는 점을 볼 때([그림 3-2]), 울산지역 개인서비스업체의 매출하락과 재정 압박이 더욱 심화되고 있음을 알 수 있다.

[그림 3-2] 주요산업별 대출금 증가 추이(2012년 12월=100)

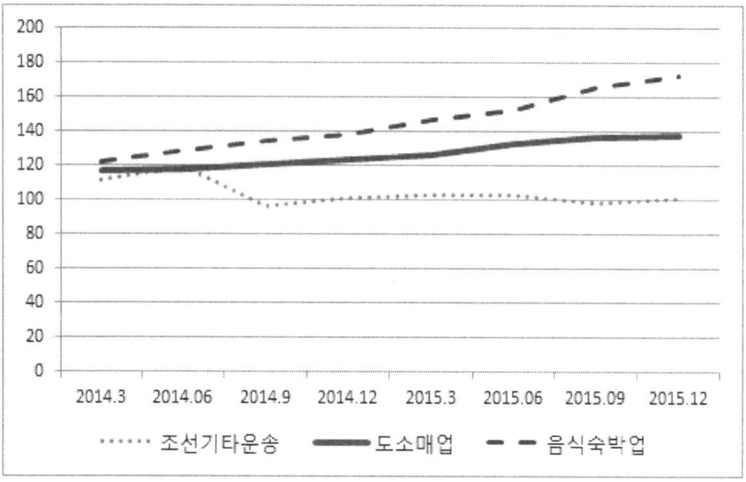

출처: 한국은행(2016a)

3. 최근 지역노동시장의 변화

1) 2010년대 전반기의 '고용 없는' 성장

울산지역 노동시장은 조선업 위기가 본격화되기 직전에도 '고용 없는 성장'을 경험한 바 있다. 2010년대 들어서 일자리 공급량이 주요 산업활동의 성장 추세에 비례하여 증가하는 경향은 점차로 사라졌으며, 다른 지역보다 '풍요로운 일자리를 공급하던 산업도시'의 모습도 찾을 수가 없었다. 취업자 증가율은 2013년에 이미 0%를 기록하였고, 2014년 9월에는 1.2% 정도 감소한 경험이 있으며, 경제활동인구도 동 기간에 1.8% 하락한 바 있다(동남지방통계청, 2014). 제조업과 같은 지역 핵심산업에서는 이른바 '고용 없는 성장'이 이미 2010년부터 나타난 것이다.

울산지역의 '고용 없는 성장'은 울산지역의 취업자 증가율과 지역내총생산(GRDP) 성장률 추이를 비교하면 좀 더 명확히 알 수 있다. 글로벌 금융위기가 발생한 2008년 이전까지 고용증가율이 지역내총생산 성장률과 비슷한 움직임을 보였으나, 이후 경기 회복 과정에서는 지역내총생산이 빠르게 증가하였음에도 불구하고 전체 취업자 규모는 정체되거나 하락하는 추이를 보였다([그림 3-3]).

[그림 3-3] 울산의 경제성장과 고용증가의 연관성

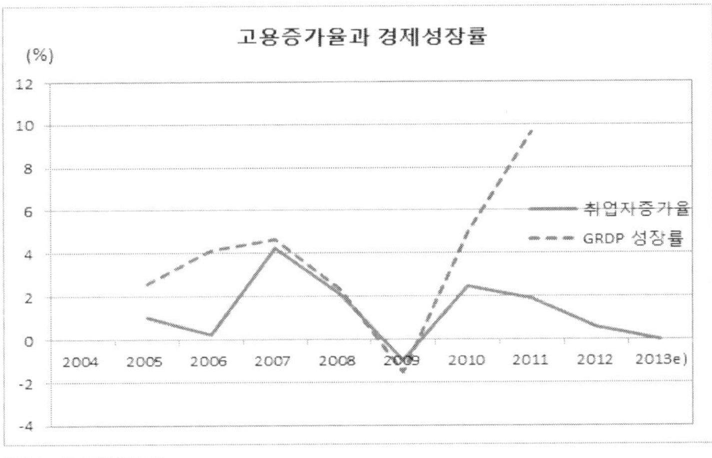

출처: 권우현(2013)

2) 조선업 위기와 실업문제 확대

이러한 상황에서 발생한 조선업 위기는 지역노동시장 구조를 변화시키고 실업문제를 더욱 확대하였다. 경기가 위축되면서 구인자 규모는 7만 1천 여명(2014년)에서 6만 8천명(2015년)으로 줄어들었고(고용노동부, 2017, 370쪽), 인력구조조정이 확대되어 대량의 실업자가 발생하고 지역노동시장이 냉각기를 맞이하고 있다.

조선업 위기가 본격화되면서 가장 먼저 나타난 문제는 실업자 증가이다. 2014년에 1만 5천여명에 이르던 울산지역 실업자 수는 2016년 1/4분기에는 2만 3천여명으로 증가하였고, 실업률도 동 시기에 2.7%에서 3.9%로 증가하였다(동남지방통계청, 2016). 통계청이 지역차원의 고용상태를 조사한 이래 최초로 울산의 공식 실업률이 3%를 넘고 실업증가율이 장기간 지속되었다. 조선업 자체가 대규모 인력을 고용하는 노동집약적인 산업이므로, 대형조선사와 협력업체들의 경영위기는 울산지역의 실업문제를 더욱 확대하고 있다(최근 실업률 변화는 [그림 3-4] 참고).

[그림 3-4] 울산의 실업자 및 실업률 추이

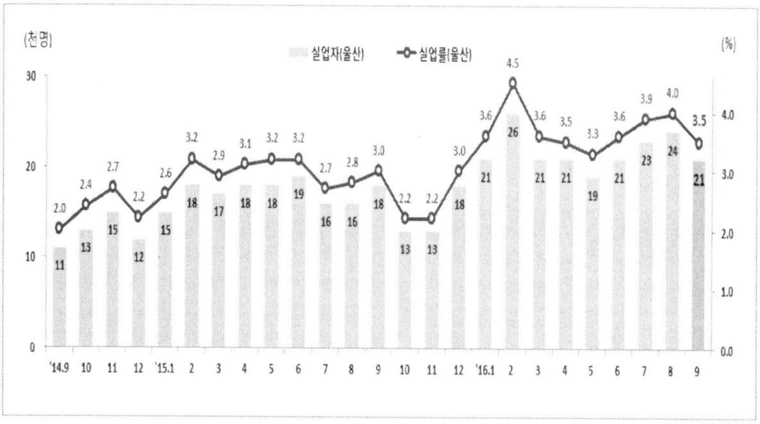

출처: 동남지방통계청(2016)

그러나 조선업의 고용구조를 보면, 울산지역의 실업문제는 통계청의 발표보다 더 심각할 것으로 예상된다. 원래 조선업은 원청업체를 중심으로 하는 위계적 기업간 관계를 특징으로 하며, 노동시장 구조는 '원청업체 정규직 – 1차 하청업체 생산직(본공) – 2·3차 하청업체 물량팀'등으로 이루어진 위계적 분절성을 특징으로 한다.

물량팀이란 "발주처·원청의 요청 또는 협력업체의 필요로 다급한 공정기한을 맞추거나 갑자기 늘어난 물량을 소화하기 위해 활용하는 단기 인력팀"(고용노동부, 2016) 혹은 "사내하청업체에서 재하청형태로 고용된 계약직 종사자(한겨레신문, 2016)"로 정의되는 단기계약 종사자를 지칭한다. 원청업체들은 많은 인력을 정규직으로 채용하면서 동시에 사내하청업체를 통하여 생산기능 인력을 활용하였고, 사내하청업체는 공정기간에 물량을 처리하기 위하여 계약제 형태의 물량팀 인력을 운영해왔다. 최근에는 사내하청업체를 통한 인력활용이 확산되면서, 조선업 노동시장에서 사내하청 인력이나 물량팀 인력이 차지하는 비중은 더욱 높아졌던 경험이 있다.[6)]

이러한 경향은 과거 10여 년간 울산 조선업계에서도 마찬가지이다. 조선업체의 호황기에는 생산물량이 증가하면서, 사내하청업체 물량팀 소속 인력 규모가 증가하였다. 2014년 2개 대규모 원청업체와 관련된 하청사업체 수는 350개 이상이었으며, 2개 대형 조선업체의 직영고용 인원은 3만여명, 이들의 사내협력사 인원은 4만 5천여명에 이르렀다(박찬임, 2015, 28쪽; 울산광역시, 2016, 10쪽). 특히 해양플랜트 부문의 시공부문에서 하청인력이 증가하면서 사내하청 및 물량팀 노동자는 연간 4만 명을 훨씬 넘을 정도로 높은 비중을 차지하였다.

---

6) 고용보험자료에 의하면, 원청업체의 피보험자수(보험료를 납부하는 피고용인)는 2008년에 43,259명, 2011년 45,058명, 2014년 45,363명으로 크게 변화하지 않았으나, 2차 하청업체의 경우에는 138,497명(2008년)에서 174,505명(2014년)으로, 3차 하청업체에서는 동 시기에 40,753명에서 54,660명으로 증가한 바 있었다(박찬임, 2015, 26쪽).

따라서 조선업체의 경영위기가 지속되자, 원청업체뿐만 아니라 사내하청 및 물량팀 소속 근로자의 실업문제가 눈에 띄게 확대되었다. 조선업계의 인력 구조조정은 취업자의 노동시장 지위 혹은 원·하청의 위계적 고용구조에 따라서 다양한 방식으로 진행되었다. 원청업체들은 2014년 10월에 임원의 30%를 감축하였고 2015년 상반기에는 과장급이상 사무 관리직 종사자를 대상으로 희망퇴직을 실시하였으며, 경영위기가 장기간 지속될 것으로 예상됨에 따라서 희망퇴직 대상자를 생산직으로 확대하였다. 또한 원청업체와 도급계약형태로 공사를 담당하던 사내하청업체들의 경우에는, 생산물량이 감소함에 따라서 폐업 사례가 증가하였고 계약해지 대상자도 증가하였다.

하청업체의 인력감소 규모는 원청업체보다 더 많다. 2014년 12월~2016년 3월에 희망퇴직 형태로 일자리를 잃은 원청업체 근로자는 1,500명이지만, 사내하청업체 직원 수는 동 기간에 3,800여명 감소하였다(경상일보, 2016). 특히 사내하청업체의 인력감소는 주로 해양부문 사업 등에서 발생하였다. 원청업체 해양사업본부의 수주 건수가 급락하면서, 해양부문 사내하청업체 근로자는 2015년 3월말에 1만 2천명으로 감소하였으며, 이 부문의 인력감소 폭은 동 시기에 일자리를 잃은 사내하청업체 근로자 9,431명 가운데 52.7%에 이른다(울산광역시, 2016a).

또한 조선업 위기에 따라서 체불임금도 증가하였다. 울산의 대표 조선업체인 현대중공업과 현대미포조선의 사내 협력업체가 경영위기를 이겨내지 못하고 폐업하면서, 지역 기업체의 체불임금 총액은 계속 증가추세에 있다. 또한 울산지역에서 고용보험 구직(실업)급여 신청자 규모도 증가하였다. 고용노동부의 "2016년 1분기 구직급여 신규신청 동향자료"에 의하면, 울산에서 2016년 1

분기에 구직급여를 신청한 사람은 전년 동기에 비하여 18.2%가 늘어났으며(뉴스1, 2016), 이러한 증가율은 전국에서 가장 높은 수준이었다. 특히 실업급여 수급자가 가장 많이 증가한 산업부문은 조선산업(산업분류상 기타 운송장비 제조업)이다. 고용조정이 본격화되기 전 시점(2014년 10월)을 기준으로 할 때, 조선 산업의 2015년 10월 실업급여 수급자 규모는 1년 전에 비하여 3배에 이르며, 2016년 5월의 수급자 규모도 5.8배에 이른다([표 3-3]). 더구나 조선업계 비정규직 종사자 가운데 많은 사람들이 고용보험에 가입되지 않는다는 점을 고려하면,7) 비정규직 형태의 물량팀 인력 가운데 일자리를 잃은 사람은 고용보험자료 보다 더 많을 것이다.

[표 3-3] 울산지역 조선산업 구직(실업)급여 수급자 증가 추이

(단위: 명, %)

지역		2014년 10월	2015년 1월	2015년 5월	2015년 10월	2016년 1월	2016년 5월
전 업종	수급자 수	7,532	8,791	9,799	8,341	10,625	12,273
	증가율	100	116.72	130.10	110.74	141.06	162.94
조선 (기타운송장비제조업)	수급자 수	376	837	1,476	1,125	1,565	2,192
	증가율	100	222.61	392.55	299.20	416.22	582.98
기타 (조선산업 제외)	수급자 수	7,156	7,954	8,323	7,216	9,060	10,081
	증가율	100	111.15	116.31	100.84	126.61	140.87

출처: 고용보험DB 원자료

7) 민주노총 금속노조의 "2015년 조선업종 물량팀 노동조건실태 연구"에 의하면, 4대 보험에 가입되지 않은 사람은 조사 대상자(489명)의 38.1%에 이른다. 자세한 내용은 한겨레신문(2016년 5월 22일) 보도자료 참고.

3) 불안정 취업자 증가

울산지역 노동시장은 조선업 위기이후 새로운 특징을 나타낸다. 비록 조선업 위기 자체가 최근 2년의 경험에 불과하여 노동시장의 '구조' 변화로 단정할 수는 없으나, 2016년 이후 지역노동시장은 과거에 볼 수 없는 변화를 경험하고 있다. 지난 1년간 경제활동인구와 취업자 규모는 양적으로 증가한 것으로 보이지만, 실업자와 비경제활동인구도 동시에 증가하였다. 또한 산업 및 종사상 지위를 기준으로 취업자 변화를 보면, 고용의 질이 과거보다 더 악화되고 있다.

첫째, '상용직 감소, 비상용직 확대'의 경향이 강화되어 불안정 취업자 규모가 더욱 확대되었다. 과거 안정적인 일자리를 제공했던 주요 제조업체들이 위축되고 구조조정이 진행되면서 정규직 일자리가 감소한 반면, 도소매·음식숙박업 등 개인서비스업이 확대되면서 불안정한 취업자가 증가하였다. 2016년 3/4분기 취업자의 종사상 지위별 구성을 보면, 비임금근로자는 전년 대비 7.3% 증가하였으며, 이 중 무급가족 종사자의 증가율은 44.8%에 이른다. 또한 임금근로자 가운데 상용근로자는 5.5% 감소한 반면, 일용근로자는 50.2% 증가하였다([표 3-4]).

둘째, 조선업을 중심으로 하는 제조업에서의 고용은 줄었으나, 지역노동시장에서 적은 비중을 차지해 오던 서비스산업에서 취업자가 확대되었다. 2016년 3/4분기 산업별 취업자 변동추이를 보면, 울산의 제조업은 전년 동월 대비 5.4% 감소한 반면, 도소매·음식숙박업은 5.8% 증가하였고, 건설업도 12.7% 증가하였다([표 3-4]). 제조업 비중은 여전히 높음에도 불구하고 전반적으로 하락세에 있으며, 도소매·음식숙박업 비중은 20%를 넘는 증가율을 나타냈다.

[표 3-4] 울산의 경제활동인구 총괄

(단위: 천명, %, %p)

	2015 3/4분기	2016 3/4분기	전년 동분기 비		전분기 비	
			증감	증감률	증감	증감률
15세 이상 인구	959	972	13	1.4	2	0.2
경제활동인구	587	597	10	1.8	7	1.2
--------- 참가율	61.2	61.4	0.2		0.6	
취업자	570	575	4	0.8	5	0.9
--------- 고용률	59.4	59.1	-0.3		0.4	
• 비임금근로자	**103**	**110**	**8**	**7.3**	**0**	**0.2**
↳ 자영업자	88	89	1	1.2	0	0.2
↳ 무급가족종사자	14	21	6	44.8	0	0.0
• 임금근로자	**468**	**465**	**-3**	**-0.7**	**5**	**1.0**
↳ 상용근로자	351	332	-19	-5.5	-1	-0.4
↳ 임시근로자	95	100	5	5.4	2	2.4
↳ 일용근로자	22	33	11	50.2	4	13.4
실업자	**17**	**23**	**6**	**35.5**	**2**	**10.3**
↳ 15~29세	8	9	1	16.7	0	2.2
↳ 30~59세	8	11	4	46.8	2	17.7
↳ 60세 이상	1	2	1	90.9	0	10.5
--------- 실업률	**2.8**	**3.8**	**1.0**	-	**0.3**	-
↳ 15~29세	9.2	10.5	1.3	-	0.1	-
↳ 30~59세	1.7	2.6	0.9	-	0.4	-
↳ 60세 이상	1.8	3.0	1.2	-	0.3	-
비경제활동인구	**372**	**375**	**3**	**0.7**	**-5**	**-1.4**

출처: 동남지방통계청(2016)

[표 3-5] 울산시 취업자의 산업 · 직업별 구성

(단위: 천명, %, %p)

	2015 3/4분기	2016 3/4분기	전년 동분기 비		전 분기 비	
			증감	증감률	증감	증감률
취업자	570	575	4	0.8	5	0.9
----------- 고용률	59.4	59.1	–0.3		0.4	
산업별						
농림어업	8	10	3	31.6	0	3.0
광공업	217	206	–11	–4.9	–4	–1.9
제조업	217	205	–12	–5.4	–4	–2.0
사회간접자본 및 기타	345	358	13	3.6	9	2.5
↳ 건설업	39	44	5	12.7	1	2.8
↳ 소매l숙박l음식점업	111	118	6	5.8	5	4.1
↳ 사업l개인l공공서비스	154	153	–1	–0.6	1	0.3
↳ 전기l운수l통신금융	41	43	2	5.1	3	6.7
직업별						
관리자, 전문가	97	92	–6	–5.7	–2	–2.5
사무종사자	88	90	2	2.2	4	5.2
서비스,판매종사자	106	111	6	5.3	3	2.4
농림어업 숙련종사자	8	11	2	26.5	0	–2.8
기능,기계조작,조립단순	271	271	0	0.1	1	0.3

출처: 동남지방통계청(2016)

따라서 조선업 위기이후 취업자 증가현상은 무급가족 종사자와 일용직 취업자 등 불안정 취업자의 증가에 따른 결과이다. 취업자 규모가 지난 1년간 1만 4천명이 증가한 것으로 보이지만, 사실은 무급가족 종사자가 9천명 증가하고 일용직이 1만 4천명 증가한 것이다. 무급가족종사자와 일용직 근로자, 단시간 취업자는 고용상태가 불안정한 상태에 있으므로, 이들의 증가는 '취업자 총량이 증가하는 상황에서 고용 불안정성이 더욱 확대됨'을 의미한다.

이러한 사실은 성별 취업자 변동에서도 확인된다. 2015년 3/4분기에서 2016년 3/4분기까지 남성 취업자는 5천명 감소한 반면, 여성 취업자는 9천명이 증가하였다(동남지방통계청, 2016). 전통적으로 울산지역 노동시장에서 여성은 주로 서비스부문 일자리에 취업한 경우가 많은데, 최근 여성취업자 증가는 남성 가구주의 고용이 불안정해짐에 따라서 여성 경제활동인구 인구가 증가하고 영세 서비스부문에서 무급가족 종사자가 늘어난 결과이다. 무급가족종사자와 일용직 근로자, 단시간 취업자 증가는 서비스부문 여성 취업자 증가를, 상용직 및 장시간 취업자 감소는 제조업부문 남성 취업자 감소를 나타내는 것이다.

이러한 변화는 노동시장에서 저임금 노동빈곤층을 확대한다. 통계청의 '2016년 8월 기준 경제활동인구조사 근로형태별 부가조사 결과'에 따르면, 울산지역에서 정규직과 비정규직 근로자의 3개월 평균임금 격차는 거의 2배에 이르며,[8] 퇴직급여를 받는 비정규직 근로자 비중은 40.9%로 정규직(85.5%)의 절반수준에 불과하다. 무급가족종사자와 일용직 근로자, 단시간 취업자가 증가함에 따라서, 저임금층 혹은 노동빈곤층이 울산지역에서 확대되고 있다.

한편 울산지역 노동시장에서 비정규직 증가는 최근 새로운 노사갈등 요인으로 부각되고 있다. 비정규직 문제는 이미 2000년대 들어서 주요 제조업체 사내하청 문제를 계기로 생산현장의 현안

---

8) 전국 비정규직 근로자의 최근 3개월(6~8월) 월평균 임금은 149만 4,000원으로 정규직 근로자 279만5,000원의 절반 수준이다.

으로 제기된 바 있다. 2003년 3월 현대자동차 비정규직 노조 결성, 회사를 상대로 한 불법파견 소송 제기 및 대법원의 불법파견 결정 등 일련의 과정에서 알 수 있듯이, 제조업체의 비정규직 문제는 노사갈등의 현안이 된 바 있다. 또한 최근에는 비제조업체에서 비정규직 문제를 중심으로 노사갈등이 확대된 경험이 있다. 일례로 학교현장에서 전문상담사 및 행정실무원 등의 비정규직 고용이 확대되자, "기본급 및 명절휴가보전금 인상, 영양사 면허가산수당 지급, 정기상여금 지급, 방학 중 비근무자 기본연차 확대 문제"를 둘러싸고 노사갈등이 진행되었다.[9]

고도성장기 울산의 노사갈등이 주로 대형 제조업체의 임금과 고용조건 등을 쟁점으로 발생하였다면, 최근 경제위기의 노사갈등은 정리해고 및 구조조정, 비정규직 취업자의 근무조건 등을 쟁점으로 진행되었다. 노사갈등 사업장도 제조업 대공장에서 서비스업이나 공공부문으로 확산되고 있으며, 이러한 갈등과정의 해결 주체도 정규직과 비정규직 노동조합 등으로 다양화되고 있다.

4. 결론

현재의 조선업 위기가 앞으로 어느 정도 장기화될 것이지는 예측하기 어렵다. 한편으로는 유럽 등 주요 선주사의 선박 발주가 서서히 회복되고 있으나, 다른 한편으로는 중국 조선업계의 성장 및 일본 조선업계의 회복 등으로 조선업을 둘러싼 국제 경쟁도

9) 울산시교육청과 전국학교비정규직연대회의는 기본급 및 명절휴가보전금 인상 등을 쟁점으로 하는 갈등한 바 있으며, 이 사례는 양측의 실무교섭을 통하여 합의되었다(뉴스1, 2016년 6월 8일).

치열한 상황이다. 전문가들의 진단에 의하면, 전 세계 신조선 발주량은 2017년에 2,630만 톤으로 감소할 것이며, 해양플랜트 발주도 2018년 이후에야 부분적으로 회복될 것으로 예상된다(조선·해양산업인적자원 개발위원회, 2016).

지역노동시장의 관점에서도 조선업 위기로 본격화된 실업문제도 당분간 지속될 가능성이 많다. 정부도 "2016년 하반기부터 대량고용조정이 본격화되면서 고용유지 여력이 취약한 협력업체를 중심으로 실직, 임금체불, 재취업 등 문제가 커질 것"으로 예상한다(관계부처합동, 2016, 3쪽). 울산지역의 대형 조선업체의 수주 현황을 보면, 이러한 비관적 전망이 현실로 될 가능성이 높다. 현재까지는 과거에 수주한 물량을 생산하기 위하여 인력을 고용해왔으나, 최근 수주한 물량이 줄어들기 때문에 향후 2~3년간 인력활용 기회도 더욱 감소할 것이다. 원청업체에 해당하는 대규모 조선업체 직원, 사내하청업체 혹은 물량팀으로 불리는 비정규직 취업자의 실업난과 생계문제는 더욱 확대될 것이며, 숙련노동력 등 생산인구 감소, 소비활동 위축, 지역상권 위기 등으로 이어지는 악순환도 지속될 것이다. 지난 1~2년의 경험을 볼 때, 조선업 위기이후 울산은 안정적인 일자리를 제공하는 산업도시가 아니며, 고용불안과 소득감소에 대한 우려가 현실화되면서 고용형태도 과거와 다른 특징이 나타내고 있다.

이러한 변화는 지역노동시장의 분절화에도 영향을 미친다. "과거 30여 년간 지역노동시장에 형성되었던 분절구조 자체가 지난 1~2년의 경제위기로 변화하였다"고 단정하기는 어렵지만, 분절을 구성하는 하위부문의 비중이 변화하고 있다는 징후는 발견된다. 대공장 생산직의 고임금 안정적 일자리 부문의 비중은 점차로 줄어들고, 자영업이나 서비스업의 불안정한 저임금 일자리 부문은 늘어나고 있다. 조선업 위기가 앞으로도 지속된다면, 고도성장기 울산지역 노동시장의 가장 큰 장점이었던 '안정적 일자리' 부문의 축소는 불가피할 것으로 보인다.

서구 선진자본주의 국가의 경험을 볼 때, 지역 핵심산업의 몰락이 고용위기를 낳는 것은 필연적이지만, 위축된 지역경제가 모두 몰락한 것은 아니다. 조선업을 주력산업으로 했던 스웨덴 말뫼지역 주민들은 주요 산업시설이었던 골리앗 크레인이 사라지는 장면을 보고 눈물을 흘린 경험이 있으나, 정부와 지방자치단체의 경제회생 전략, 주요 경제활동 주체들의 노력에 따라서 지역경제가 회생된 사례도 있다. 한국의 대표적인 조선업체가 소재한 울산지역 경제활성화를 위해서는 조선업계가 다시 경쟁력을 회복해야 하며, 이를 위해서는 조선업체의 생산방식, 기술개발, 경영전략 등 많은 분야의 혁신적 노력이 필요하다.

최근 노동시장의 변화도 이러한 지역주력산업의 회복에 따라서 또 다시 변화할 것이다. 고도성장기에 이룩한 '풍부한 일자리' 도시로서의 모습을 되찾고 청년, 여성, 중장년 퇴직자들의 실업문제를 해결하기 위해서는 장기적으로 핵심산업의 재도약이 반드시 필요하며, 단기적으로 실업의 고통을 경험하고 있는 구직자들의 취업활동과 생계를 지원하는 정책이 더욱 확대되어야 한다.

제 4 장
구인업체와 구직자의 고용의식

1. 서론

울산의 노동시장 특성을 파악하는 또 다른 방법은 울산지역의 기업체와 구직자들의 고용관련 현실 인식을 분석하는 것이다. 기업체는 노동력 수요자로서, 구직자들은 노동력 공급자로서 노동시장에서 진입하여 일자리 결합과정에 직접 참여하기 때문이다. 제2장과 제3장이 정부가 발표한 각종 통계자료를 기초로 지역노동시장의 객관적 측면을 정리한 것이라면, 구인·구직자의 의식을 정리하는 작업은 노동시장 수요자와 공급자의 일자리문제에 대한 주관적 측면을 파악하는 것이다.

이 글은 울산대학교가 2013년에 지역 내 기업체와 주요 구직자들을 대상으로 실시한 설문조사자료를 정리하여 구직자들과 구인업체의 고용의식을 파악한다. 이 자료는 일자리 수요·공급 현황 및 일자리 수급 불일치 현실을 파악하기 위하여 사업체 인사담당자와 구직자를 대상으로 설문조사하고, 특히 인력수급 문제가 누적된 중소기업 일자리 문제를 자세히 살펴본 것이다. 설문조사 방식은 구조화된 설문지를 이용한 1:1 개별 면접이다. 조사 목적에 부합하는 표본을 확보하기 위하여 '판단표본추출(judgement sampling)'을 실시하였으며, 동시에 주요 집단별로 일부 인원을 선정하고 표적집단 심층면접(Focus Group Interview)을 실시하였다.

먼저 구인업체를 대상으로 최근 1년간 채용현황, 인력 부족 및 향후 1년간 채용계획, 인력채용 기준, 중소기업 인력난 해소방안 등을 조사하였다. 지역 기업체 인사담당자 150명을 선정하여 설문조사를 진행하였고, 이 가운데 5명을 선발하여 표적집단 심층면접을 실시하고 기업별 인력 채용 현황과 고용관련 의식 등을 구체적으로 파악하였다.

또한 구직자 집단을 청년(대학생), 중장년층 남성, 경력단절 여성으로 구분하고 이들의 취업욕구와 구직현실 등을 조사하였다. 설문조사 항목은 가능한 집단별 현황을 파악하기 위하여 다양한 항목을 포함하지만, 구직 희망 직종, 연봉, 기준, 구직난 이유, 취업 준비상황, 중소기업 인력난 원인 등을 공통 항목으로 포함하였다. 특히 구직의욕을 나타내는 5개 문항(①"임금수준 낮더라도 취업하겠다," ②"원하는 직종 아니더라도 취업하겠다," ③"교통이 불편해도 취업하겠다," ④"중소기업이라도 취업하겠다," ⑤"울산이외 타지라도 취업하겠다")을 3개 집단에 공통적으로 질문하고 이들의 취업의지를 비교하였다.

구직자 조사의 표본은 집단별 특성을 고려하였다. 대학생은 지역내 2년제 대학과 4년제 종합대학교에서 표본을 확보하였고, 중장년층과 경력단절여성은 울산고용센터, 울산양산경영자총협회 중장년 일자리 희망센터, 울산여성회관, 각종 직업교육학원 등을 방문하여 표본을 선정하였다. 설문조사 응답자는 청년(대학생) 157명, 30세~49세의 경력단절여성 151명, 45세이상의 울산거주 중장년층 남성 156명이다(응답자 분포는 [표 4-2], [표 4-3], [표 4-4] 참고). 또한 기업체 인사담당자 조사와 마찬가지로, 각 구직집단별로 선정하고 표적집단 심층면접을 실시하였다. 각 구직자들의 일자리 인식, 구직과정의 어려움, 실업 원인 등에 대한 의식을 좀 더 구체적으로 질의하여, 설문조사에서 파악하기 어려운 주관적 측면을 파악하였다. 이 글에서는 설문조사 통계와 심층면접 결과를 결합하여 구직자의 일자리 문제에 대한 주관적 측면을 심층적으로 논의한다.

[표 4-1] 기업체 인사담당자 표본 분포

(단위: 명, %)

기업체 인사담당자		빈도	%
전체		150	(100.0)
종업원 수	100명 이하	58	(38.7)
	101 ~ 299명	52	(34.6)
	300 ~ 499명	16	(10.7)
	500 ~ 999명	16	(10.7)
	1000명 이상	8	(5.3)
산업 구분	석유화학	36	(24.3)
	전자전기, 정밀화학	13	(8.8)
	철강·금속·기계·부품	31	(2.0)
	조선기자재	21	(14.2)
	건설, 섬유, 농수산	13	(8.9)
	기타	34	(23.0)

[표 4-2] 대학생 표본 분포

(단위: 명, %)

대학생		빈도	%
전체		157	(100)
성별	남자	79	(50.3)
	여자	78	(49.7)
전공 계열	인문계열	15	(9.6)
	사회과학, 경영계열	56	(35.7)
	자연과학, 생활과학	13	(8.3)
	공대계열	47	(29.9)
	기타	26	(16.6)

[표 4-3] 중장년층 남성 표본 분포

(단위: 명, %)

중장년층 남성		빈도	(%)
전체		156	(100)
연령	45~50세	32	(20.5)
	51~55세	44	(28.2)
	56~60세	41	(26.3)
	61세이상	39	(25.0)
구직 기간	6개월 이하	70	(44.9)
	7~12개월 이하	62	(39.7)
	1년 이상	24	(15.4)

[표 4-4] 경력단절 여성 표본 분포

(단위: 명, %)

경력단절여성		빈도	%
전 체		151	(100)
연령대	30~34세	27	(17.9)
	35~39세	42	(27.8)
	40~44세	33	(21.9)
	45~49세	49	(32.5)
자녀 수	없음	10	(6.6)
	1명	36	(23.8)
	2명 이상	105	(69.46)

2. 구인업체의 고용의식

1) 인력채용 현황과 선발방식

설문조사에 참여한 울산지역 150개 기업체들이 1년간 채용한 인력 규모는 업체당 평균 28.6명이다. 자동차산업 등 주요 산업 활동이 성장세를 지속하면서, 지역 내 대기업 뿐 만 아니라 중소기업들도 일정규모 이상의 인력을 채용하였다. 또한 이들의 인력채용 규모는 제2장에서 설명한 울산지역 산업구조와 노동시장의 특성을 반영하여 성·전공·기업규모별로 상이하게 나타났다.

첫째, 기업체의 인력채용은 남성 중심이다. 신규 채용된 인력 가운데 남성이 여성에 비하여 2배 이상 많고, 고학력층을 기준으로 해도 지난 1년간 채용한 대학졸업 이상 인력 가운데 남성이 여성보다 더 많았다. 여성 채용비율이 30%에 이르는 일부 자동차부품 업체를 제외하면, 대부분의 사업체들이 남성인력을 더 많이 채용하였다.

둘째, 울산지역에서의 채용 규모는 기업규모가 클수록 더 많다. 종업원 100인 이하 사업체에서는 평균 9.7명 채용했던 반면, 300명 이상 사업체에서는 더 많은 인력을 채용하였다. 또한 구직자의 전공을 기준으로 하면, 공학계열 전공인력 채용규모도 대규모 사업체에서 더 많다([표 4-5]). 응답 업체 전체적으로 볼 때, 채용인력 가운데 63.3%가 공학계열 인력이며, 인문사회계열 출신 구직자를 채용하는 경우는 5%에도 못 미친다. 특히 대기업일수록 공학계열 졸업생을 채용하는 경우가 더 많고, 100인 이하 사업체에서는 전공과 무관하게 채용하는 경우가 더 많다. 중화학공업을 지역 주력산업으로 하는 경제구조적 특징에 따라서 공학계열 전공자에 대한 노동력 수요가 대기업을 중심으로 높게 형성되고 있음을 확인할 수 있다.

[표 4-5] 최근 1년간 신입사원의 전공별 채용 현황 : 기업규모별 비교

(단위: %)

사업체 구분		공학 계열	상경 계열	이학 계열	인문사 회계열	전공 무관
전체		63.3	7.7	2.8	3.5	22.5
규모	100인 이하	33.3	7.8	2.0	7.8	48.1
	101~299인	76.5	7.8	2.0	7.0	9.8
	300인 이상	80.0	5.0	5.0	2.5	7.5

울산지역 기업체들의 인력선발 방식도 기업규모별로 상이하다. 울산의 주요 기업체들은 본사를 서울 등 수도권에 두는 경우와 울산에 두는 경우로 구분되는데, 본사가 서울에 있고 전국적인 차원에서 기업활동을 하는 경우에는 인력채용도 전국적인 차원에서 진행되지만, 울산에 본사를 두고 대기업과 거래하는 중소기업 등은 울산지역을 중심으로 인력을 채용한다. 전자의 경우에 해당하는 Ⓐ사 인사담당자는 "매년 10명 정도의 대졸공채를 진행하는데, 서울본사에서 서류전형으로 뽑고 공장에서는 실무자가 면접을 보고, 마지막으로 임원들이 최종면접을 보는 형식"을 취한다고 설명한다.

이 기업의 인사담당자는 이러한 현상을 다음과 같이 설명한다.

> "본사에서 인원을 선정하다 보니까, 서울경기권 대졸자들이 많이 들어오는 것 같다. 현장사원의 경우 울산지역 사람들이 주로 지원을 하고 최근에는 부산·대구권 사람들까지 지원자가 확대된다. 과거에는 울산지역에만 채용공고를 냈는데 부산이나 대구로 늘려가고 있다."

표적집단 심층면접에 참여한 다른 기업도 생산현장인력을 채용할 경우에는 울산지역 출신자를 다수 선발한다. 중소규모업체 Ⓑ사 인사담당자는 "직업훈련원이라는 제도를 이용해서 20명을 선발하였고, 이 가운데 13명이 울산 출신"이며, 자동차 부품업체 Ⓒ사가 선발한 신규인력은 "울산출신 70%, 부산출신 20%, 타 지역 출신 10%"로 구성된다.

울산지역 사업체들이 울산지역, 혹은 울산과 가까운 부산 등의 출신자를 다수 선호하는 가장 큰 이유는 '장기근속 가능성'이다. 울산지역에 특별한 연고가 없는 구직자들은 이 지역에서 채용기회가 있더라고 장기간 근무할 가능성이 낮은 반면, 울산 출신자들은 가족과 친구가 생활하는 울산에서 일자리를 구할 경우에 장기간 근무할 가능성이 높다. 인력이 다른 기업으로 이직한다면 생산과정이 원활하지 못하고 인력양성에 투입된 시간과 재정 자원 등의 손실이 발생하기 때문에, 중소기업들은 이러한 문제를 미연에 방지하기 위하여 장기적으로 근무할 수 있는 구직자들을 선호한다.

> "오래 근무할 수 있는 사람을 굉장히 선호하거든요 물론 이력서상으로는 알 수가 없습니다. 그래서 면접 볼 때 그런 부분을 유심히 살펴보는데 너무 성적이 뛰어나면 오히려 '이 사람은 오래 못 다니겠네'라고 생각하거든요"(Ⓓ사 인사담당자)

특히 지역 중소기업체들은 비슷한 능력을 갖춘 경우라면 장기적으로 근무할 수 있는 사람을 더욱 선호하며, 지역적으로는 울산지역 출신자들이 이러한 점에서 우선순위가 될 가능성이 높다. 앞에서 울산지역 기업체들이 비슷한 인적 자원 가운데 이 지역 학교를 졸업한 인력을 더 많이 충원하는 것은 이러한 장기근속 가능성이 높다는 사실과 일맥상통한다.

그러나 울산지역 기업들이 인력선발과정에서 개인적 능력을 경시하는 것은 아니다. 설문조사에서도 대규모 사업체는 인성뿐만 아니라 전문지식, 어학능력, 학점 등 개인의 업무능력을 판단할 수 있는 요인들을 중소기업보다 더욱 중요한 기준으로 생각한다([표 4-6]). 300인미만 중소기업들이 '장기근속여부'를 강조하는 반면, 300인이상 기업들은 인력채용 기준으로서 '업무능력'을 더욱 강조하고 있다.

[표 4-6] 울산지역 사업체의 인력채용 기준

(단위: 점)

사업체 구분		전문 지식	어학 능력	자격증	학점	출신 대학	장기 근속 여부	인성
전체		3.8	3.3	3.8	3.3	2.9	3.9	4.5
규모	100인 이하	3.5	3.0	3.8	3.1	2.9	4.0	4.4
	101~299인	3.8	3.3	3.8	3.4	2.8	4.1	4.6
	300인 이상	4.1	3.8	3.7	3.7	3.2	3.5	4.6

주) 5점 만점의 평균값이며, 점수가 높을수록 '채용기준으로서 중요함'을 의미.

또한 심층 면접에 참여한 인사담당자들도 학점, 어학능력, 출신대학 등 소위 '스펙'이라 불리는 항목들이 중요한 인력채용 기준이라는 점을 인정하였다. 앞에서 소개한 기업(본사와 공장이 분리된 기업체의 경우)에서도 "본사에서 특정 기준을 가지고 입사지원자를 선정하여 지사로 내려 보내주고, 1차 선정된 지원자를 대상으로 면접을 실시하고 최종 채용하기 때문에," 적정 수준의 스펙은 서류전형 통과의 기본조건이다. 특히 아래의 Ⓐ사의 인사담당자가 설명하듯이, 비교적 전문적인 생산공정을 기초로 하는 기업체는 학점이나 어학능력 뿐만 아니라, 관련 분야 전문능력 및 성장가능성을 파악하기 위하여 자격증 등을 중요한 채용기준으로 활용한다.

> "현장사원을 뽑을 때 까다롭게 보는 것 중에 하나가 고등학교 생활기록부, 개근상 수상경력, 고등학교 때 성적 등이며, 대학성적은 중요하게 보지 않는 대신, 관련 분야 자격증(화공분야 혹은 산업안전분야 등의 산업기사 이상 자격증)을 가진 사람 위주로 채용하고 있다."

2) 중소기업 고용문제

울산지역 중소기업은 대부분 인력난을 경험하고 있다. 이들은 원활한 생산활동을 위하여 다수의 인력을 채용하려고 하지만, 업무능력을 갖춘 지원자가 부족하여 인력난을 경험한다. 설문조사 당시 부족한 인원은 응답업체 1개 당 평균 6.6명이었으며, 직종별로는 울산지역의 주요 생산시설에 필요한 기술·기능직 분야에서 인력부족이 심각하였다.

울산지역 사업체 인사담당자들은 인력채용의 어려움이 '지원자의 부족'(58.8%), '중소기업에 대한 편견(42.7%)'과 '열악한 근무여건(41.2%)' 때문에 발생한다고 인식한다([표 4-7]). 특히 '지원자 부족' 및 '중소기업에 대한 편견' 등을 이유로 인력부족 현상이 나타나는 사업체는 300인이하 사업체에서 더 높다. 따라서 '근무여건이 열악하여 우수한 인력이 지원하지 않는' 악순환이 중소기업에서 특히 심화되고 있다.

[표 4-7] 울산지역 사업체의 인력채용 어려움의 원인

(단위: %)

사업체 구분		중소기업에 대한 편견	근무여건	지원자 부족	구직자에 대한 정보부족	장기발전 가능성 낮음	기타
전체		42.7	41.2	58.8	15.3	6.1	28.2
규모	100인 이하	39.6	52.8	54.7	18.9	7.5	22.6
	101~299인	55.3	29.8	68.0	8.5	4.3	21.3
	300인 이상	29.0	38.7	51.6	19.4	6.5	48.4

주) 중복(2개) 응답 결과이므로 %의 합계는 100을 넘음

울산지역 사업체는 중소기업의 고용문제가 거시적으로 대기업과 중소기업의 관계, 정부정책 등 기업외부 요인과도 밀접히 관련된다고 인식하고 있다. 자동차부품을 제조하는 한 사업체 인사담당자들은 완성차업체와 하도급업체의 수직적 관계로 인하여 중소기업의 근무여건이 나빠지고, 우수한 인력이 중소기업을 기피한다고 설명한다.

> "대기업들은 하도급 단가는 낮추고, 품질제일주의를 외치면서 (우리 회사의 생산에 대해서) 지도해 준다는 미명 하에 많이 개입한다. 적정한 단가만 주어진다면 중소기업도 자체적으로 기술이 있어 얼마든지 할 수 있다고 생각한다"(Ⓓ사 인사담당자)

> "하청업체들한테 주는 용역대금 등을 정상적으로 지급하고, 정부는 그것을 잘하는지 감독을 하고. 이것부터 해결되지 않으면 중소기업 인력문제는 절대 해결되지 않을 것 같다" (Ⓑ사 인사담당자)

울산지역 중소기업 인사담당자들은 중소기업의 인력난 해소를 위하여 정부와 대기업의 지원 등이 필요함을 강조한다. 중소기업의 낮은 임금수준으로 인하여 인력채용이 어려울 경우에 해결방안 1순위는 '임금이나 복지, 보상이외의 부분에서 만족도 고취'이지만, '정부지원 확대'를 기대하는 응답 업체도 27.6%에 이른다. 현재 정부는 중소기업 지원제도를 확대한다고 하지만, 울산지역 기업들이 정부지원제도에 참여한 경험은 많지 않다. 설문조사 응답 업체 가운데 38%가 '정부지원제도를 활용한 경험이 없다'고 할 정도로 공공제도 활용도는 낮은 수준이다. 또한 최근 1년간 가장 많은 울산지역 중소기업이 참여하거나 활용한 정부지원제도(복수응답 결과)는 '통근버스지원'과 같은 사내복지제도, '신규채용 인건비 보조제도'와 '재직자 직업훈련 지원제도이다([표 4-8]). 따라서 중소기업들은 직접적인 인건비 보조 뿐 만 아니라, 직원의 숙련도 향상과 기업복지에 대한 공공지원제도를 통하여 인력난 문제를 해결하기 희망한다.

[표 4-8] 최근 1년간 참여/활용한 정부 인력지원 시책

(단위: %)

사업체 구분		없음	있음					
			신규 채용 인건비 보조	재직자 직업 훈련 지원	산업 기능 요원 제도	외국 인력 제도	통근 버스 기숙사	일자리 창출지 원,훈련 /채용 연계
전체		38	26.7	22.0	18.0	16.0	29.3	17.3
규모	100인 이하	43.1	24.1	22.4	15.5	20.7	25.9	13.8
	101~299인	25.0	32.7	21.2	19.2	17.3	30.8	17.3
	300인 이상	47.5	22.5	22.5	20.0	7.5	32.5	22.5

한편, 울산지역의 향후 고용문제는 경기하락으로 인하여 낙관적으로 전망하기 어렵고, 기업의 경력직 선호도 증가로 인하여 대졸 청년층과 같은 신규 인력의 고용문제는 더욱 어려워질 것으로 예상된다. 자동차부품 및 완성차 업체의 판매실적에 따라서 채용규모가 달라지는 자동차산업의 인사담당자는 경기가 불안정함에 따라서 채용규모를 줄이고 경력자를 선호하는 현상이 강화되고 있음을 설명하고 있다.

"경기가 좋은 편이 아니다 보니까 근래는 채용을 안 하는 편이고, 꼭 필요한 인원 극소수만 채용했습니다. 과거에는 경기가 좋을 때

신입사원 위주로 많이 뽑았으나, 불황기를 심하게 겪은 후에는 소수 정예로 가자는 것으로 회사방침이 정해져 신입사원 채용은 꺼리게 됩니다. 또한 인력 채용시에는 입사하자마자 투입할 수 있는 경력자를 선호하게 되고."(Ⓒ사 인사담당자)

또한 이들은 인력이 필요한 경우에는 간접고용이나 비정규직 고용이 늘어날 것으로 예상한다. 대기업들은 필요한 인력을 채용하기도 하지만, 하도급업체를 활용하는 사례도 늘어나고 있다. 기계업종의 경우 "관리직은 거의 대졸직을 쓰고 현장직 기능직은 고졸과 전문대졸을 동시에 채용하며, 그 외에 인력은 대부분 하도급업체를 활용하는 방식"이 최근에 많이 활용된다. 따라서 경영여건이 악화될수록 기업은 인건비 등 비용절감을 위하여 노력할 것이며, 불황이 지속될수록 하도급업체를 통한 인력활용도 더욱 늘어날 것이다.

3. 구직자의 고용의식

1) 대학생의 일자리 수요

취업 의욕

울산지역 대학생들은 노동시장의 신규 인력으로서 학교 졸업 후 취업하려는 의욕이 매우 높다. 이들은 희망하는 직종, 일자리의 임금과 고용안정성 등을 고려하여 구직행위를 하며, 청년실업률이 계속 높아지는 노동시장 상황을 고려하여 차선의 근무여건을 제공하는 일자리에 취업하려는 의지도 높은 편이다.

설문지의 5가지 문항을 통하여 '취업의욕'을 측정한 결과, 4점 만점에 평균 2.7점을 기록하였다([표 4-9]). 청년구직자들의 동의 정도가 가장 높은 항목은 '중소기업이라도 취업할 것이다' 혹은 '울산 이외 지역이라도 취업할 것이다'이며, 이 문항에 대한 응답 결과에서 응답자의 전공별 차이는 없다. 그러나 '원하는 직종이 아니라도 취업할 것이' 혹은 '임금수준이 낮더라도 취업할 것이다'는 의견에 대한 동의정도는 낮은 편이다.

[표 4-9] 울산지역 대학생들의 취업 의욕

(단위: 점)

응답자 구분		5개 문항 합계	①임금 수준이 낮더라도 취업할 것이다	②원하는 직종이 아니라도 취업할 것이다	③교통이 불편해도 취업할 것이다	④중소기업이라도 취업할 것이다	⑤울산 이외지역이라도 취업할 것이다
전체		2.7	2.5	2.3	2.7	3.1	3.0
성별	남성	2.7	2.5	2.3	2.6	3.2	3.1
	여성	2.7	2.5	2.4	2.7	3.0	2.9
전공별	인문계열	2.7	2.3	1.9	2.7	3.3	3.1
	사회과학·경영계열	2.8	2.6	2.4	2.9	3.0	3.0
	자연·생활과학계열	2.7	2.5	2.2	2.4	3.0	3.3
	공학계열	2.8	2.6	2.4	2.6	3.1	3.0
	기타	2.5	2.4	2.3	2.5	2.9	2.5

주) 4점 만점의 평균값이며, 점수가 높을수록 '채용기준으로서 중요함' 을 의미.

일자리 선택 기준

대학생들의 일자리 선택에서 임금·고용안정성·기업복지 등은 매우 중요한 기준이다. 설문조사에서 '일자리 여건'이 가장 중요한 취업결정 기준이라는 응답자는 33.8%에 이르며, '일자리의 임금 등 보수'와 '일자리의 고용안정성'을 강조하는 응답자도 높은 비중을 차지한다([표 4-10]). 일자리의 여건(근로시간, 복리후생 등)과 임금은 일을 통한 경제적 보상, 개인의 노동력에 대한 보상, 사회적 지위, 기업복지수준 등을 포함하기 때문에 가장 중요한 일자리 선택 기준이 된다. 또한 최근 노동시장에서 임시·일용직 등 불안정 고용형태가 증가하면서 고용안정성이 임금만큼 중요한 일자리 선택 기준이 된다.

[표 4-10] 울산지역 대학생들의 일자리 선택 기준

(단위: %)

응답자 구분		일자리여건 (근로시간, 복리후생)	고용 안정성 (정규직 등)	임금 등 보수	전문성 (전공적합성,능력개발 등)	자아실현 (적성,흥미 등)	여건 (위치 등)
전체		33.8	18.5	17.2	17.2	12.7	0.6
성별	남성	32.9	22.8	13.9	17.7	11.4	1.3
	여성	34.6	14.1	20.5	16.7	14.1	0
전공별	인문 계열	40.0	0	13.3	13.3	33.3	0
	사회과학, 경영 계열	29.4	32.4	17.6	12.1	14.7	0
	자연·생활 과학 계열	23.2	7.7	15.4	53.8	18.2	0
	공학 계열	27.7	21.3	23.4	21.3	4.3	2.1
	기타	26.9	26.9	23.1	7.7	15.4	0

울산지역 대학생들이 희망하는 연봉은 평균 2,673만원이며, 남성이 희망하는 임금이 여성보다 약간 더 높다. 전공별로는 인문사회계열보다는 자연과학 및 생활과학 계열과 공학계열이 더 높다.

이러한 최소 희망 연봉수준을 기업체 인사담당자 조사결과와 비교하면, 응답 업체 전체 평균인 2,969만원 보다는 낮지만, 종업원 수 100명 이하인 사업체 평균인 2,622만원보다 높고, 종업원 수 100~299명 사업체 평균인 2,951만원에 가까운 금액이다.

또한 울산지역 대학생 가운데 가장 많은 사람들이 희망하는 직종은 사무·관리직이며, 기술·기능직이 2순위를 기록하였다. 성별로 구분하면, 사무·관리직, 판매·서비스직 희망 비율은 남학생에 비하여 여학생에서 훨씬 높으며, 기술·기능직 희망자 비중은 남학생에서 더 높다([표 4-11]). 희망 직종은 대학생들의 전공에 따라서 상이하게 나타났는데, 문과계열에서는 판매·서비스직과 사무·관리직, 자연·생활과학 계열에서는 사무·관리직과 연구·개발직, 공대계열에서는 기술·기능직이 높은 비중을 차지한다.

이러한 일자리 선택 기준은 청년 구직자의 중소기업 일자리 선택에서도 중요한 시사점을 제공한다. 앞에서 '대학생들은 중소기업이라도 취업할 의사가 매우 높고' '희망하는 직종이 아니면 구직의욕이 낮다'는 사실을 정리하였는데, 실제 심층면접에 참석한 대학생 Ⓐ도 "원하는 직종과 직위가 중요할 것 같아요. 하고 싶은 일을 하면 중소기업이라도 미래를 생각하면서 열심히 할 수 있을 것 같아요"라며 중소기업 취업에 긍정적인 의견을 제시하였다. 따라서 '중소기업'이라는 기업 규모 보다는 '중소기업에서 제공하는 일자리의 종류 및 근무여건, 직종'이 청년 구직자의 취업 선택 과정에서 중요한 변수로 작용할 것이다.

[표 4-11] 울산지역 대학생의 구직 희망 직종

(단위: %)

<table>
<tr><th colspan="2">응답자 구분</th><th>사무·
관리직</th><th>기능·
기술직</th><th>판매·
서비스직</th><th>연구·
개발직</th><th>기타</th></tr>
<tr><td colspan="2">전체</td><td>49.0</td><td>28.0</td><td>14.6</td><td>6.4</td><td>1.9</td></tr>
<tr><td rowspan="2">성별</td><td>남성</td><td>36.7</td><td>44.3</td><td>8.9</td><td>7.6</td><td>2.5</td></tr>
<tr><td>여성</td><td>61.5</td><td>11.5</td><td>20.5</td><td>5.1</td><td>1.3</td></tr>
<tr><td rowspan="5">전공별</td><td>인문계열</td><td>40.0</td><td>6.7</td><td>46.7</td><td>6.7</td><td>0</td></tr>
<tr><td>사회과학,
경영계열</td><td>61.8</td><td>2.9</td><td>23.5</td><td>2.9</td><td>8.8</td></tr>
<tr><td>자연·생활
과학계열</td><td>51.8</td><td>0</td><td>11.7</td><td>36.5</td><td>0</td></tr>
<tr><td>공학계열</td><td>25.5</td><td>68.1</td><td>2.1</td><td>4.3</td><td>0</td></tr>
<tr><td>기타</td><td>46.2</td><td>38.5</td><td>11.5</td><td>3.8</td><td>0</td></tr>
</table>

한편 이들의 구직 희망지역을 보면, 대학생들의 고용의식이 지역 경제구조와 노동력 수요의 특성을 반영하고 있음을 알 수 있다. 대학생 전체적으로는 69.4%가 울산지역에서, 17.8%가 수도권지역에서 일자리를 찾으려 하며, 공대계열은 울산에서의 구직을 희망하는 비중(80.9%)이 높지만, 자연·생활과학 계열과 인문계열은 수도권 구직 희망 비율이 각각 33.3%, 46.2%로서 다른 전공계열에 비하여 높다. 제조업을 중심으로 하는 울산지역이 공학계열 졸업자들에게 많은 일자리 기회를 제공하지만, 자연계열이나 인문계열 졸업자들에게는 적은 일자리를 제공하는 현실이 대학생들의 구직 희망지역에서 나타나고 있다. 경영학을 전공하는 한 4년제 대학생은 다음과 같이 중화학공업 중심 산업도시의 특성을 설명한다.

"저는 경영학과인데 확실히 문과 쪽은 회사에 들어갈 때 기회가 굉장히 적더라고요. (이 지역에서 취업 잘되는 전공을) 보통 '전화기'라고 하잖아요. 전기전자, 화학, 기계. 저 같은 경우에는 문이 좁아요." (대학생 Ⓓ의 면담내용)

청년 일자리문제에 대한 인식

울산지역 대학생들은 지역노동시장의 고용현실을 어느 정도 인식하고 있다. 학교 선배들의 구직과정과 취업률 등을 간접적으로 체험하고 청년고용문제에 대한 언론보도가 확산됨에 따라서, 대학생들도 청년실업문제의 원인으로서 다양한 요인을 고려하고 있다. 설문조사 결과([표 4-12]), 울산지역 대학생이 생각하는 실업문제의 가장 큰 원인은 '대졸자의 눈높이 미스매치로 취업지원자가 없어서'와 '근무여건이 열악해서'이다. 대기업체와 같은 안정적이고 높은 임금을 제공하는 일자리에 대한 기대수준도 높지만, 동시에 지역노동시장이 제공하는 다수의 중소기업체 일자리의 근무여건에 대한 문제점도 동시에 인식하고 있다.

또한 대학생들의 고용의식은 울산지역의 고도성장기 특성을 반영하고 있다. 학생들은 '가족과 친지 등 주변의 많은 사람들이 대기업에 종사하는 현실'을 고려하여 대기업 취업을 당연한 것으로 받아들이며, '대기업 생산직 종사자들도 상대적으로 높은 임금을 받는 현실'에 따라서 기대수준도 높다.

"친구 아버지들 보면 다 대기업에 근무하니까, 우리도 다 대기업에 갈 수 있을 것 같은 느낌이 있어요. 울산에 있는 사람들이 다 눈이 좀 높은 것 같아요. (연봉) 3천만원 정도는 기본으로 두는 것 같아요. 타지에 있는 사람들은 그렇게 생각을 하지 않는 것 같은데, 울산에 좋은 기업이 많아서 그런 것 같아요."(대학생 Ⓔ의 면담내용)

[표 4-12] 울산지역 대학생이 일자리를 구하지 못하는 원인

(단위: %)

응답자 구분		미스 매치 (대졸자 눈높이)	근무 여건 열악 해서	적합한 직무 능력자 부족	중소 기업에 대한 편견	구직자 정보부족	장기 발전가 능성이 낮아서	기타
전체		30.1	28.2	12.8	12.8	6.4	5.1	4.4
성별	남성	31.6	30.4	11.4	13.9	3.8	5.1	3.8
	여성	28.6	26.0	14.3	11.7	9.1	5.2	5.2
전공별	인문계열	26.7	26.7	6.7	33.3	0	6.7	0
	사회과학 경영계열	36.9	28.4	11.2	10.6	9.3	3.7	0
	자연·생활 과학계열	30.8	23.1	38.5	7.7	0	0	0
	공학계열	27.7	27.7	10.6	12.8	8.5	4.3	8.5
	기타	24.0	32.0	12.0	4.0	4.0	12.0	0

한편 채용결정 요인에 대한 구인업체와 대학생들의 인식 차이도 청년실업 문제를 더욱 악화시키고 있다. 전반적으로 볼 때, 대학생들이 생각하는 채용기준과 구인업체가 생각하는 기준은 크게 다르지 않다. 울사지역 기업체 인사담당자들은 신규인력 채용시 '인성' '자격증'의 중요성을 많이 강조하였으며, 학생들도 '전문지식(37.6%)'과 '인성'(24.8%)이 인력채용의 주요 요인으로 생각한다. 그러나 채용기준으로서의 '장기근속 여부'의 중요성에 대한 생각은 구인업체와 구직자 사이에 명확한 차이가 있다. 기업체 인사담당자를 대상으로 한 설문조사 결과, 많은 기업들은 '장기근속 여부'의 중요성을 강조하였으나, 대학생들은 장기근속(3.8%)을 주요 채용기준으로 생각하지 않는다. 따라서 대학생들이 '중소기업

이라도 취업하겠다'는 의지는 높지만, 중소기업들이 강조하는 '장기근속' 가능성에 대해서는 많은 비중을 두지 않는 것이 현실이다.

학생들이 장기근속 문제에 대해서 소극적인 이유는 중소기업의 열악한 일자리 조건 때문이다. [표 4-10]에서 일자리 선택기준으로서 일자리 여건을 중시한다는 사실을 소개하였는데, 앞에서 인용한 경영학 전공학생도 "중소기업은 복지도 안 좋고 급여도 낮으니까 막상 들어가도 자기만족을 못하고 나올 것 같아서" 중소기업 지원을 기피하며, 채용 후에도 장기근속 가능성이 낮음을 지적하였다. 결국 중소기업의 근무여건 개선 정도에 따라서 청년 구직자들의 취업가능성이 달라질 것이다.

2) 중장년층 남성의 일자리 수요

취업 의욕

울산지역 중장년층 남성 구직자들의 취업욕구는 대학생보다 더 높다. 이들은 대부분 부양가족이 있는 가장으로서 경제적 책임의식이 높기 때문에, 부양가족이 없는 대학생 청년집단보다는 좀 더 적극적으로 일자리를 찾는다. '취업의욕'을 파악하는 5가지 문항에 대한 중장년층의 평균점수는 3.1점(4점 만점)으로 대학생의 취업의욕 평균점수(2.7점) 보다 더 높은 수준이다. 세부 항목별로 살펴보면, '울산 이외 타지라도 취업'하려는 의욕은 낮지만, '교통이 불편해도 취업할 것' 혹은 '중소기업이라도 취업할 것' 등에 대해서는 적극적인 태도를 보인다. 또한 중장년층과 청년층을 비교하면, '임금이 낮더라도 취업할 것' 혹은 '원하는 직종이 아니라도 취업할 것'에 대해서는 중장년층에서 더 높은 수준의 취업의지를 확인할 수 있다([표 4-13]).

[표 4-13] 울산지역 중장년층 남성 구직자의 취업의욕

(단위: 점)

응답자 구분		5개 문항 합계	①임금 수준 낮더라도 취업할 것이다	②원하는 직종 아니라도 취업할 것이다	③교통이 불편해도 취업할 것이다	④중소기업이라도 취업할 것이다	⑤울산 이외 지역도 취업할 것이다
전체		3.1	3.3	3.2	3.4	3.3	2.1
연령별	45~50세	2.7	2.8	2.8	3.1	3.0	2.0
	51~55세	3.3	3.4	3.4	3.6	3.8	2.1
	56~60세	2.9	3.1	3.0	3.1	3.1	2.0
	61세 이상	3.2	3.8	3.6	3.5	3.3	1.9

주) 4점 만점의 평균값이며, 점수가 높을수록 '채용기준으로서 중요함'을 의미.

또한 중장년층의 취업의욕은 가구소득이 낮을수록 더 높다. 대기업에서 오랫동안 근무한 퇴직자 가운데 재산을 모아 온 일부 중장년층을 제외하면, 대부분의 중장년층은 자녀교육비, 가족 생활비, 노후대비 등을 위하여 근로소득이 필요한 상황이다. 소득수준이 낮은 중장년층일수록 이러한 재정부담이 더 높아 구직욕구가 더 높아지는데, 심층면접에 참석한 중장년층 구직자들은 이러한 경제적 부담과 구직 필요성을 다음과 같이 설명한다.

> "큰 아이가 대학 졸업후에도 취업을 못했고, 둘째아들은 고등학교 2학년 올라가기 때문에 돈이 엄청나게 들어가는 상황입니다. (내가 취업해서 버는) 150만원도 안 되는 돈과 집사람 조금 버는 것을 합해도 가계부채가 오히려 늘어나요" (중장년층 Ⓐ의 면담내용)

희망하는 일자리 조건

울산지역 중장년층의 다수는 과거에 취업경험이 있다는 점에

서 청년층과 다르다. 중장년층 응답자 가운데 67.9%는 과거 제조업체에서 근무한 경험이 있으며, 61세 연령층 가운데 제조업체 경력자는 82.1%에 이른다. 또한 이들의 연령에서 알 수 있듯이 응답자의 36%는 21년이상의 취업경력자이다.

그러나 직장 경력자들이 희망하는 일자리 분야가 반드시 과거와 동일한 분야는 아니다. 중장년층 응답자의 47.4%가 과거 근무경력과 동일한 분야의 일자리를 찾으며, 이러한 동일분야 구직자들은 56~60세 연령층에서, 또한 가구소득이 높을수록 높았다. 반면 구직기간이 늘어날수록 동일한 분야의 일자리를 찾는 경향은 줄어든다. 구직기간에 경제적 여유가 있는 사람들일수록 동일한 분야에서 일을 찾지만, 이들이 오랜 동안 구직활동을 수행할수록 희망하는 일자리를 찾기 어렵다는 점을 인식하고 동일한 분야가 아니더라도 취업을 희망한다.

중장년층이 희망하는 일자리를 보면, '직종구분 없이 아무 일자리'나 희망하는 중장년층 구직자는 48.1%에 이른다([표 4-14]). 제조업분야 일자리를 찾는 중장년층은 32%에 불과하며, 운수·통신·유통업 및 개인서비스업 등 서비스분야 일자리를 희망하는 중장년층은 이보다 더 적다. 연령별로는 50세 이하 연령층에서는 서비스부문의 일자리 희망자가 상당 규모 존재하지만, 61세이상 노년층일수록 '직종 및 부문에 상관없이 아무 일자리'에 취업하려는 사람들의 비중이 높다.

중장년층 일자리문제에 대한 인식

중장년층의 취업의욕이 높고 취업경력이 있음에도 불구하고, 이들의 재취업은 현실적으로 쉽지 않다. 중장년층 응답자 가운데 구직을 희망하는 사람들은 평균 8.7개월간 구직활동을 경험하였으며, 61세이상 중장년층의 경우에는 구직기간이 11.9개월에 이를 정도로 일자리를 찾기 어려운 것이 현실이다.

[표 4-14] 울산지역 중장년층(남성)구직자의 희망 일자리분야

(단위: %)

응답자 구분		모든 일자리 가능	제조업	운수·통신·유통업	개인 서비스업	사회 서비스업
전체		48.1	32.1	10.3	5.1	4.5
연령별	45~50세	40.6	21.9	15.6	9.4	12.6
	51~55세	63.6	22.7	11.4	–	2.3
	56~60세	24.4	53.7	9.8	7.3	4.9
	61세 이상	61.5	28.2	5.1	5.1	–

이들이 일자리를 찾는 데 가장 어려운 점은 '기업체의 고령자 구인거부(41.7%)'이며, '일자리의 부족'이 그 뒤를 이었다. 또한 '일자리 부족' 혹은 '불안정한 고용관계'로 인한 취업의 어려움을 지적하는 응답자 비율은 50세 미만 연령층에서 더 높고, 기업체의 고령자 구인거부로 인한 취업의 어려움을 지적하는 응답자 비율은 50세이상 연령층에서 더 높다([표 4-15]).

[표 4-15] 울산지역 중장년층(남성)의 취업이 어려운 이유

(단위: %)

응답자 구분		기업의 고령자 거부	일자리 부족	불안정한 고용관계	낮은 임금
전체		41.7	25.6	18.6	14.1
연령별	45~50세	9.4	37.4	34.4	18.8
	51~55세	29.5	22.7	22.7	25.0
	56~60세	65.9	19.5	9.8	4.9
	61세이상	56.4	25.6	10.3	7.7

중장년층 구직 어려움에 대한 의견은 55세를 기준으로 명확히 구분된다. '기업의 고령자 거부'로 인하여 일자리를 찾는데 어려움이 있다는 의견은 56세이상 연령층에서 더 높고, '낮은 임금' 혹은 '불안정한 고용관계' '일자리 부족' 으로 인하여 취업이 어렵다는 의견은 55세이하 연령층에서 더 높다. 일반적으로 50대 후반기는 '퇴직' 연령층이라는 인식이 있기 때문에, 55세이후 연령층은 '높은 연령'이 큰 장애요인이 되고 있다. 반면 55세이전 연령층은 중장년 구직자 가운데 상대적으로 젊은 연령층으로서 일자리의 특성이나 근무여건을 더욱 중요한 요인으로 생각한다.

이러한 의견은 심층면담에 참석한 중장년층에서도 확인된다. 50대 후반의 중장년층 면담자 Ⓑ는 "취업박람회에 가보니까, 대개 50세이하를 원하고 55세를 원하는 기업은 한 군데 있어요. 우리는 기회가 없는 거지요"라고 자신의 경험을 설명한다. 반면 심층면접에 참석한 또 다른 50대 초반의 구직자 Ⓒ는 중소기업의 열악한 고용조건이 일자리 선택을 지연시킨다고 설명한다. "최저임금 다 받아봐야 110만원입니다. 연장수당, 시간외수당, 근속수당을 받을 경우에 겨우 150만원을 넘을 정도이지요." 더구나 저임금의 불안정한 일자리는 중소기업일수록 많아, 이들이 이러한 일자리를 선택할 가능성도 많지 않다.

> "50대이상이 취업을 할 데는 대기업의 협력업체 단순노동 같은 일 밖에 없어요. 거의 주야 2교대로 근무해서 150만원 정도 벌겠죠. 12시간 근무하는데 근무조건도 많이 열악하고."(중장년층 Ⓓ의 면담 내용)

또한 일부 면담참석자는 중소기업의 일자리 문제를 '대기업과의 관계'에서 설명한다. 이들은 과거 오랜 기간 직장생활을 하면서 대기업과 중소 하청업체의 관계를 직접 경험하였기 때문에, 대기업-중소기업의 하도급관계에 대해서 잘 알고 있다.

> "대기업이 문제라고 봅니다. 흔한 예로 자동차에서 중소기업 1차 벤더에 내려가면 단가가 줄어듭니다. 또 소기업으로 내려가면 또 단가가 낮아집니다. 대기업에서 단가를 넉넉히 주면 임금을 더 줍니다. 그러면 저희들도 취업할 수 있는 여건이 생깁니다." (중장년층 Ⓔ의 면담 내용)

결국 중장년층 남성 구직자들은 생계유지와 가족 부양 등을 위하여 일자리를 찾으려는 욕구가 청년층보다 더 높으며 특히 50대 후반 연령층일수록 저임금의 불안정한 일자리라도 찾으려는 욕구가 높다. 그러나 노동시장이 이들에게 제공하는 일자리는 임금수준이나 근무여건 등에서 기대수준에 못 미치는 것이 현실이다. 또한 과거 직장경력을 토대로 울산의 대기업과 중소기업 관계가 중소기업의 일자리 질이나 근무여건을 악화시킨다는 점도 인식하고 있어 중소기업의 일자리 문제를 해결하는데 시사점을 제공한다.

3) 경력단절 여성의 일자리 수요

취업 의욕

울산지역 경력단절 여성은 과거 취업경험이 있으나 임신, 출산, 보육 등 가정내 역할로 인하여 취업생활을 중단한 경험이 있으며, 자녀의 성장으로 가정내 역할 부담이 줄어든 시기에는 다시 노동시장에서 일자리를 찾는 경우가 많다. 실제로 설문조사 결과 응답자 가운데 90% 정도가 취업(및 창업) 의향이 있다는 사실은 이러한 경력단절 여성의 구직 욕구를 잘 나타낸다.

[표 4-16] 울산지역 경력단절 여성의 취업의욕

(단위: 점)

응답자 구분		5개 문항 합계	①임금 수준이 낮더라도 취업할 것이다	②원하는 직종이 아니라도 취업할 것이다	③교통이 불편해도 취업할 것이다	④중소기업이라도 취업할 것이다	⑤울산 이외지역이라도 취업할 것이다
전체		2.7	2.9	2.7	2.8	3.3	1.8
연령별	30~34세	2.5	2.8	2.3	2.5	3.3	1.6
	35~39세	2.6	2.8	2.6	2.6	3.4	1.7
	40~44세	2.8	2.9	3.0	3.1	3.4	1.9
	45~49세	2.7	2.9	2.7	2.9	3.2	1.9
자녀수	없음	2.4	2.7	2.8	2.4	3.2	2.1
	1명	2.7	2.8	2.6	2.8	3.4	1.7
	2명 이상	2.8	2.8	2.8	2.9	3.3	1.8

주) 4점 만점의 평균값이며, 점수가 높을수록 '채용기준으로서 중요함' 을 의미.

그러나 이들의 '취업의욕'을 다른 구직집단과 비교하면, '경력단절 여성'이라는 현실적 조건이 취업욕구에도 영향을 미치고 있음을 알 수 있다. 앞의 두 집단과 마찬가지로 5가지 문항을 활용하여 '취업의욕'을 측정한 결과, 경력단절 여성 구직자들의 평균 점수는 2.7점으로 청년 대학생 집단과 비슷하지만, 중장년층 평균 점수(3.1점)에는 못 미친다. 항목별로 비교하면 경력단절 여성이 가장 동의하기 어려운 문항은 '울산이외 지역이라도 취업하겠다'이다([표 4-16]). 여성의 일자리 선택은 배우자 등 가족의 의사를 반영하므로, 여성이 가족과 떨어져 타지에서 일자리를 찾는 것은 현실적으로 어려운 일이다. 그러나 취업의욕과 관련한 나머지 4개 문항에 대한 취업의사는 청년층과 비슷한 수준이며, 특히 '중소기업이라도 취업할 것이다' 혹은 '임금수준이 낮더라도 취업할 것이다'는 항목에 대해서는 대학생 청년층만큼 적극적이다.

희망하는 일자리 조건

가장 많은 경력단절 여성이 희망하는 직종은 사무직(38.4%)이며, 생산직(20.5%)에 대한 수요도 비교적 높은 편이다. 연령별로 비교하면, 사무직 일자리 희망비율은 30~34세 경력단절 여성(66.7%)에서 가장 높고, 생산직 일자리 희망비율은 40~44세 연령층(42.4%)에서, 영업판매직 희망비율은 45~49세 연령층(24.5%)에서 가장 높다. 경력단절 여성이라도 젊은 연령층에서는 사무직을 희망하며, 연령이 높아질수록 생산직이나 영업판매직에 대한 수요가 높다고 할 수 있다.

[표 4-17] 울산지역 경력단절 여성의 취업선택 기준

(단위: 점)

응답자 구분		수입	가정생활 유지가능	고용 안정	자신의 적성	출 · 퇴근 편의	장래발전 가능성
전체		61.4	46.4	34.4	23.8	17.2	14.6
연령별	30~34세	59.3	37.0	29.6	33.3	25.9	14.8
	35~39세	47.6	61.9	31.0	14.3	21.4	16.7
	40~44세	60.6	39.4	36.4	27.3	27.3	9.1
	45~49세	75.5	42.9	38.8	24.5	20.0	6.3
자녀수	없음	60.0	20.0	20.0	40.0	30.0	30.0
	1명	58.3	52.8	36.1	22.2	22.2	5.6
	2명 이상	61.7	43.9	33.2	14.0	14.0	20.6

주) 복수(2가지) 응답의 결과로서 합계는 100%가 넘음.

또한 이들의 일자리 선택 기준에서 가장 중요한 것은 '수입'이며, '가정생활 유지를 위한 근무여건'도 중요한 기준이다. '수입'은 다른 구직집단에서와 마찬가지로 일자리선택의 가장 중요한 기준이지만, '가정생활 유지'가 경력단절 여성의 일자리 선택의 중요 기준이라는 점은 이들이 일-가정 역할을 동시에 수행할 수 있는 일자리를 희망한다는 점을 의미한다. 특히 35~39세 혹은 자녀가 1인 있는 여성의 경우에 '가정생활 유지를 위한 근무여건'이 매우 중요한 기준이라는 점을 고려할 때([표 4-17]), 경력단절 여성 가운데 자녀보육 부담이 가장 많은 연령층이 일과 가정의 양립이 가능한 일자리를 희망한다는 점을 알 수 있다.

[표 4-18] 울산지역 경력단절 여성이 일자리를 그만둔 이유

(단위: %)

응답자 구분		일-가정 양립이 어려운 직장 분위기	회사의 퇴직압력 (권고사직 등)	과중한 업무 (장시간 근로 등)	임금, 승진 등의 차별	직장생활에 대한 가족의 반대	기타
전체		36.3	16.6	8.6	7.9	6.6	4.0
연령별	30~34세	62.9	14.8	–	3.7	7.4	11.1
	35~39세	62.0	14.3	11.9	7.1	–	4.8
	40~44세	45.5	24.0	12.1	12.1	3.0	3.0
	45~49세	55.1	14.3	8.2	8.2	14.3	–

주) 복수(2가지) 응답의 결과로서 합계는 100%가 넘음.

이러한 사실은 '여성이 취업생활을 그만두는 이유'에서도 나타난다. 응답자 가운데 36.3%는 '일-가정 양립이 어려운 직장 분위기' 때문에 여성이 직장생활을 지속할 수 없다고 생각한다([표 4-18]).

정부 통계에 의하면, 울산 경력단절 여성들의 절반 정도가 노동

시장의 성차별을 경험하고 구직활동을 포기한 비경제활동인구가 되며, 일부는 가계경제 및 개인적 필요에 의하여 노동시장에서 계속 일자리를 찾는 실업자가 되고 있다. 울산지역의 경우에도 일-가정 양립의 여건이 마련되지 않아 취업생활을 지속하지 못하고 있다.

경력단절 여성이 희망하는 일자리의 종류(전일제, 시간제)도 여성의 가정 내 역할 등과 관련되어 있다. 이들의 절반이상은 전일제 일자리를 희망하지만, 42%에 이르는 경력단절 여성은 시간제를 희망한다. 특히 자녀의 수가 많은 여성에서 시간제 근로형태를 원하는 비율이 높다. 시간제 일자리를 원하는 응답자의 대부분은 자녀 보육 및 가사역할 때문에 이러한 일자리를 희망하며, 35~39세 연령층 혹은 자녀수가 많은 여성에서 시간제 일자리 희망 비율이 높다.

반면 자녀가 청소년으로 성장하여 가정내 역할에서 상대적으로 여유가 있는 40대 후반의 여성에서는 '학업 및 취미생활과 병행하고자' 시간제를 원한다는 응답이 50%에 이른다. 심층면담(FGI)에 참여한 경력단절 여성들은 본인의 취업경력, 연령, 경혼상태, 가정내 지위 등을 고려한 현실적 선택에 대하여 다음과 같이 설명한다.

> "많이 쉬었으니까 처음에는 파트타임으로 100~120만원 정도로 시작하고, 계속 근무하면서 경력을 쌓고 좀 더 많이 받기 희망해요. 내가 일한만큼 더 받을 수 있으면 좋지요." (경력단절 여성Ⓐ의 면담 내용)

> "저는 전일제보다도 파트타임을 구하거든요. 파트타임은 임금수준이 어느 정도 정해져 있어서 많은 임금을 요구할 수 없어요. 제가 일한 만큼 가지고 간다는 생각이에요" (경력단절 여성Ⓑ의 면담 내용)

또한 경력단절 여성이 희망하는 수입은 대졸 청년층에 비해서는 높지 않다. 이들이 희망하는 최소 수입은 월평균 177만원이며, 다른 직종의 일자리 희망자의 경우에도 이와 크게 다르지 않다.

특히 고학력 청년 일자리 구직자 혹은 40대 경력직 남성 가구주에 비교하면, 경력단절 여성이 희망하는 임금수준은 높지 않다.

경력단절 여성의 일자리문제에 대한 인식

그러나 이들이 울산지역에서 실제로 일자리를 찾는 일은 쉽지 않다. 경력단절 여성 가운데 최근 1년간 적극적으로 구직활동을 해 본 응답자는 54%이며, 절반 정도는 취업을 희망할 뿐 구체적인 구직행위 혹은 직업훈련 등을 통하여 적극적으로 노력한 것은 아니었다. 이들이 실제로 취업하기 어려운 이유는 매우 다양하다. 먼저 '가정내 역할 수행을 위한 경력단절 여성'이라는 사실 자체가 재취업에 부정적인 영향을 미친다.

> "결혼해서 10년 동안 주부생활을 해서 취업에 관한 생각이 없었다가 아이들이 다 크고 이제 경제적으로도 활동을 좀 해야 되고 그래서 취업을 하러 나왔는데, 쉬었던 게 갭이 크니까 너무 힘든 거예요. 영어강사를 했었는데 영어학원에 제가 가르칠 수 있을 만한 곳 세 곳에 전화를 했는데 결혼한 사람은 원하지 않는다고 하더라구요" (경력단절 여성Ⓒ의 면담 내용)

더구나 중화학공업 생산직 일자리 비중이 높은 지역적 특성이 경력단절 여성의 일자리 부족의 원인이 된다. 구직 여성 Ⓓ는 "울산은 여자들이 취업할 곳이 전혀 없어요. 제가 면접을 보러 갔는데, 샷시·창문·유리·철근 같은 걸로 일해야 하고, 울산이 여성이 취업하기에는 굉장히 힘들어요. 여성들이 갈 수 있는 데가 거의 없는 것 같아요"라며, 지역 일자리구조로 인하여 여성 취업기회가 적은 현실을 설명한다.

이들은 여성의 취업지원정책으로서 실시되고 있는 직업훈련제도에 대해서도 긍정적으로 인식하지 않는다. "일자리를 얻기 위하여 직업교육을 받을 의향"이 있는 여성은 응답자 가운데 58%에 이르지만, 이들은 직업훈련의 효과에 대해서 부정적으로 평가한다. 심지어 여성친화적인 직업훈련 분야에 대해서도 취업에 도움이 되지 않는다고 생각하는 사례도 있다. 한 경력단절여성 구직자는 "요리학원에 가서 요리를 배웠다 치더라도 집에서나 해먹지 그것을 가지고 사업을 할 것도 못되고."(경력단절 여성 Ⓔ의 면담 내용)라며 이러한 훈련의 결과에 대해서 부정적으로 인식한다.

3. 결론

울산지역 사업체들은 매년 일정 규모의 인력을 채용하며, 이들의 인력선발방식은 기업이 울산에서 담당하는 기능적 특성에 따라서 상이하다. 본사가 수도권에 있는 대기업의 경우에는 인력채용도 전국적인 차원에서 진행되지만, 대기업과 하청관계에 있는 중소기업 등은 울산지역을 중심으로 인력을 채용한다. 제품기획, 재정, 연구개발 등 이른바 '구상기능'은 수도권 본사를 중심으로, '실행기능'은 울산지역을 중심으로 진행되는 공간적 분업에 따라서, 기업체의 인력선발방식도 상이하게 나타난 것이다.

설문조사와 심층면담 결과, 울산의 일자리 문제가 지속적으로 발생하며 특히 중소기업 일자리를 중심으로 구인업체·구직자 미스매치가 명확히 발생한 것으로 나타났다. 중소규모 구인업체들은 구직자의 눈높이와 열악한 근무여건이 인력난을 낳는다고 인식하며, 청년 구직자들은 '중소기업이라도 취업할 의사'가 있음에도 불구하고 적정 수준의 임금과 고용안정성을 보장하지 않는 중소기업 일자리를 선뜻 선택하지 못한다. 경력단절 여성들은 일부 중장년층과 마찬가지로 지역노동시장의 구인 현실이나 일-가정 양립의 현실을 고려하여 눈높이를 낮추고 있음에도 불구하고, 생산직 중심의 일자리 공급구조에서는 취업에 많은 어려움이 있다.

이러한 설문조사 결과는 고용의식이 지역노동시장의 기업규모별 분절구조상의 특성을 반영하고 있음을 잘 나타낸다. '하청구조'로 지칭되는 기업간 관계와 '중화학공업 중심'이라는 산업구조의 특성으로 인하여 지역노동시장이 제공하는 일자리는 특정한 산업과 직종 등에 제한되어 있다. 특히 중소기업은 구직자들이 희망하는 임금수준과 고용안정성을 보장하기 어렵기 때문에, 구직자들의 기피대상이 되고 있다. 이러한 기업규모별 분절화는 노동시장에 처음 진입하는 청년 구직자, 새로운 일자리를 찾아서 노동시장에 재진입하는 중장년층, 일-가정 양립을 희망하는 경력단절 여성들의 고용의식에도 영향을 미치고 일자리 선택을 제한하여 울산지역의 실업문제를 확대하고 있다.

울산지역 노동시장 분석

제 5 장. 노동시장의 일자리 질(質)
제 6 장. 노동시장의 구조적 미스매치
제 7 장. 청년의 구직시기별 취업 현황
제 8 장. 성별 분절화와 여성의 노동시장 지위
제 9 장. 중장년층의 퇴직후 재취업 욕구

제 5 장

노동시장의 일자리 질(質)

1. 서론

울산의 고용문제를 이해할 때 제기되는 문제는 일자리의 질적 특성이다. 제4장에서 확인한 바와 같이, 울산지역 구직자들은 일자리의 질적 특성을 고려하여 취업생활을 선택하거나 구직행위를 포기하는 경향이 있기 때문에, 실업문제 해결을 위해서는 일자리의 질적 특성을 파악할 필요가 있다. 현재 시장과 국가를 통하여 많은 일자리가 창출되지만, 최소한의 생계를 유지하거나 평균적인 가족생활을 유지하기 힘든 임금을 제공하는 한시적 일자리가 다수를 차지한다면 울산지역의 실업문제는 쉽게 해결되지 않을 것이다.

그러나 우리는 울산 등 지역노동시장 일자리의 질적 측면을 구체적으로 알지 못한다. 통계청이나 사회과학자, 그리고 언론들이 지역노동시장의 고용문제를 설명하기 위하여 사용하는 지표인 '고용률'이나 '실업률'은 일자리의 양적 특성을 나타내는 통계량이므로(이상록·백학영, 2008; 최영출, 2006), 일자리의 임금 및 고용안정성을 기준으로 하는 질적 측면을 파악하기 어렵다. 지역별 '고용률'은 15세이상 인구 가운데 취업자를 의미하므로, 특정 지역이 다른 지역보다 고용률이 높다는 점은 "15세이상 인구 가운데 취업자 비율이 높다"는 점을 의미할 뿐이다. "이들이 어떤 일자리에 취업한 것인지, 그리고 해당 지역의 일자리 전체 가운데 경제적으로 빈곤상태를 벗어날 정도의 임금을 받을 수 있는 일자리는 어느 정도 비중을 차지하는가?"와 같은 의문에 대해서는 구체적인 설명이 없다.

이 글은 '좋은 일자리'라는 개념을 활용하여 울산지역 노동시장 일자리의 질적 특성을 파악한다. 이 개념은 "생계를 보장하고 평등하고 안전한 조건에서 생산적 노동을 수행하는 일자리"(방하남·이상호, 2004)라는 의미를 가지며, 학자들 사이에 고용의 질적 측면을 분석하는 기준으로 활용되어 왔다. 따라서 이 글에서는 임금수준과 고용안정성을 기준으로 좋은 일자리를 파악하고, 좋은 일자리를 기준으로 울산과 전국을 비교하여 울산지역 노동시장의 특성을 설명한다. 또한 지역별로 취업자의 인적 특성이나 일자리 특성이 좋은 일자리 취업에 미치는 영향을 실증적으로 분석한다. 울산지역 노동시장에서 좋은 일자리 비중이 전국 평균과 다르다면, 그 이유가 산업 혹은 직업구조와 어떻게 관련되는지 분석한다.

2. 이론적 시각

노동시장의 질적 특성 혹은 일자리의 질적 분화를 설명하는 가장 전통적인 입장은 노동시장분절론이다. 제1장에서 간략히 설명한 바와 같이, 이 이론은 노동시장이 기업규모·성·직업·산업·계급별로 분화되어 있으며, 고임금의 안정적 일자리부문과 저임금의 불안정 일자리부문이 노동시장 하위부문으로 공존한다는 점을 설명한다(정이환, 2006; Doeringer and Piore, 1971). 이러한 이론적 시각은 '분절'(segmentation)이라는 개념을 통하여 하위부문간 격차를 설명한다는 점에서 일자리의 질적 차이와 특성을 이해하는데 유효하다.

또한 최근에는 노동유연화가 확대되면서 고용형태에 따른 일자리의 질적 격차가 쟁점이 되고 있다. 많은 기업은 경영환경의 불안정성에 대응하여 다양한 생산방식과 고용형태를 도입하였으며, 핵심·비핵심 인력에 대하여 상이한 방식으로 보상하고 있다. 경영관리직과 전문직 등 핵심 직무 종사자에게는 숙련형성을 위한 인적자원개발과 높은 보상체계를, 주변부 미숙련 노동력에게는 상대적으로 적은 직업훈련기회와 저임금체계를 적용한다(이성균, 2004). 노동 유연화에 관한 이론은 노동시장의 구조적 특성을 설명하면서, 취업자 가운데 저소득층이 다수 존재하는 현실을 설명한다는 점에서 일자리의 질적 측면을 파악하는데 유용한 시각을 제공한다.

한편 일자리의 질적 수준을 좀 더 구체적으로 파악하는 개념은 국제노동기구(ILO)가 제시한 '좋은 일자리(good job)'이다.[10] 국제노동기구는 고용기회, 적절한 임금과 생산적 노동, 적절한 시간, 노동의 보장과 지속성 등을 기준으로 좋은 일자리와 나쁜 일자리를 구분한다(Anker, Chernyshev, Egger, Mehran and Ritter, 2000). 학자들이 '좋은' 일자리에 관심을 갖는 이유는 정부정책이나 시장을

10) 일자리의 질적 성격과 관련하여 많은 학자들은 "괜찮은 일자리" 개념을 사용한다. 이 개념은 ILO(2001) 등이 사용하는 "decent work" 혹은 "good job"을 번역한 것이다. 그러나 이 글에서는 '좋은' 일자리라는 개념이 일상적으로 이해하기 쉬운 의미를 갖는다는 점에서 이 용어를 사용한다. 이 개념에 대한 소개는 이성균(2009)을 참고.

통하여 창출되는 일자라기 모두 좋은 일자리는 아니기 때문이다. 최근 전 세계적으로 실업문제가 심화되고 실업문제 해결을 위하여 다양한 고용정책이 실시되지만, 공공정책을 통한 일자리가 모두 경제사회적 안정을 가져오는 것은 아니다. 서비스직 혹은 비정규직 고용이 확산되면서, 생계를 유지할 수 없을 정도의 저임금 한시적 일자리가 양산된다는 비판이 제기되고 있는 것이 현실이다. 따라서 학자들은 일자리의 질적 측면을 고려하여, '좋은'(good) 혹은 '괜찮은'(decent) 일자리 개념으로 고용상황을 분석해 왔으며, 이러한 시도는 단순한 취업이 아니라 적절한 일자리 취업이 중요하다는 점을 강조함으로써 지역일자리정책 수립에도 중요한 시사점을 제공한다.

한국의 경우에도 일부 학자들이 이 개념을 활용하여 고용의 질을 분석한 바 있다(최옥금, 2007; 문경옥, 2006; 방하남 · 이상호, 2004).

이들은 중위임금의 50% 수준, 전일제 및 상용직 고용, 사회보험 적용 등을 기준으로 일자리를 구분하였고, 실증분석을 통하여 학력, 정규직 경력, 종사상 지위 경험이 좋은 일자리 취업률에 영향을 미친다고 설명한다. 이들의 연구에 의하면, 좋은 일자리는 취업자 개인의 특성 뿐만 아니라 비정규직 문제와 밀접히 관련된다. 한국사회에서 노동유연화가 확대되면서 비정규직 고용 자체가 임금 및 고용기간 등에 직접적인 영향을 미치기 때문에(McCall, 1997; 성지미 · 안주엽, 2006; 전병유 · 신동균 · 신관호 · 이성균 · 남기곤, 2006; 이성균, 2004; 정진호 · 최강식, 2000), 임금수준도 낮고 고용상태도 불안정한 일자리가 늘어난다고 설명한다.

따라서 울산지역의 일자리 문제를 좋은 일자리의 개념으로 파악하고 이를 전국적인 현황과 비교한다면, 지역노동시장의 구조적 특성과 일자리의 질적 측면의 연관성을 이해하는데 많은 도움이 된다.

3. 연구방법

1) 실증분석 방법

이 글은 지역별 고용구조를 좋은 일자리의 기준으로 재구성하고, 이러한 일자리에 영향을 미치는 요인들을 실증적으로 규명한다. 좋은 일자리의 변수화 작업은 학자들의 이론적 시각과 자료의 정보 등에 따라서 다양할 수 있으나, 이 연구는 자료가 제공하는 정보의 한계로 인하여 임금과 고용안정성을 기준으로 좋은 일자리를 파악한다. 또한 한국 사회를 연구한 기존 성과를 고려하여 인적 특성과 경제구조적 특징을 좋은 일자리 결정요인으로 변수화 한다.

먼저 다음과 같은 2가지를 모두 충족시키는 일자리를 좋은 일자리로 정의한다. 첫째, 종사상지위와 노동시간제를 기준으로 고용안정성이 있는 일자리를 구분한다. 설문지는 취업자의 종사상지위와 관련하여 상용직·임시직·일용직을, 노동시간과 관련하여 총근로시간을 제시하는데, 본문에서는 "주40시간 이상 근무하면서 동시에 상용직인 일자리"를 안정적 일자리로 정의한다.

둘째, 월평균 임금소득을 기준으로 소득집단을 4개 집단(지난 3개월 평균임금의 60% 미만 집단, 60~100%, 100~140%, 140% 이상 집단)으로 구분하고, 평균소득 60%와 100%를 좋은 일자리의 기준으로 정한다. 평균소득 기준선은 일반적으로 상대적 빈곤상태를 구분하는 기준이다. 전통사회에서의 빈곤이 '의·식·주 등 최저 생계도 유지할 수 없을 정도로 가난한 절대빈곤'을 중심으로 하였다면, 현대사회의 빈곤은 '생존 유지를 위하여 필요한 자원은 확보하였으나, 한 사회의 평균적 삶을 유지하기는 어려운 상대적 빈곤'의 성격이 강하다. 이러한 상대적 빈곤을 측정하는 방법은 국가·시기별로 다양하지만, 많은 학자들이나 국제기구는 중위소득 혹은 평균소득의 60%를 기준으로 구분한다. 또한 한국사회의 소득분포 현실을 고려하면, 중위소득 60% 이상의 집단이 너무 많기 때문에 좀 더 세분화된 임금집단구분이 필요하며, 평균소득의 100%를 임금기준선으로 정하여 일자지의 질적 측면을 파악하는 것도 현실적인 방법이 될 수 있다.

임금과 관련한 두 가지 기준과 고용안정성 기준을 적용하면, 좁은 의미의 좋은 일자리는 '평균소득 이상의 안정적 일자리(40시간 이상 근무하며 상용직으로 종사하는 사람)', 넓은 의미의 좋은 일자리는 '평균소득 60% 이상의 안정적 일자리'를 의미한다. 전자가 "평균적 경제생활을 유지하는 안정적 고용상태"를 의미한다면, 후자는 "상대적 빈곤상태를 벗어나는 비교적 안정적 일자리"를 의미한다고 해석할 수 있다.

여기에서 지적할 것은 '사회보험 가입여부'를 좋은 일자리의 구분 기준으로 삼는 문제이다. 기존 연구에서는 종사상 지위와 임금수준 이외에도 사회보험 가입여부 등을 기준으로 '좋은'(good) 일자리와 '나쁜'(bad) 일자리를 구분하는 경향이 있으나, 이 글에서는 사회보험 가입여부를 기준으로 사용하지 않는다. 왜냐하면, 한국의 4대 사회보험 가운데 고용보험이나 산재보험은 공공부문 특정 직종에서 가입자체가 불가능하기 때문이다. '제도 자체의 규정상 가입이 불가능한 경우'와 '고용주가 가입하지 않는 경우' 가운데 어느 것인지 명확히 구분하기 어렵기 때문에, 사회보험 적용을 기준으로 좋은 일자리를 구분하는 것은 적절하지 않다.

한편 좋은 일자리 결정요인과 관련하여, 인적 특성(성, 연령, 학력 등)과 일자리 특성(산업, 직업, 현 일자리 취업기간)을 변수로 사용한다. 연령은 30세미만, 45세미만, 46세이상으로, 학력은 중졸이하, 고졸이하, 대학(전문대학 및 종합대학교)이상으로 구분한다. 또한 직업은 일반적인 화이트칼라 직업(행정·관리·사무·전문직), 판매서비스직, 생산관련직(농어업 종사자 포함)으로, 현 일자리 취업기간은 2년이하, 2~5년, 6~10년, 10년이상, 산업은 1차산업(농림어업 및 광업), 제조업, 전기·가스·건설·환경관련 산업, 도소매·음식·숙박업, 후기서비스산업(사업서비스업, 정보서비스업, 금융업 등)으로 구분한다.

이 글은 이러한 변수들이 좋은 일자리 취업에 미치는 영향을 분석하기 위하여 이분형 로지스틱 회귀분석 기법을 활용한다. 이 기법은 종속변수가 2개 범주로 구성될 경우에, 응답자가 특정 범주에 해당할 가능성을 독립변수에 따라서 계산하고 종속 변수와 독립변수간의 통계적 인과성을 파악하는 것이다. 이 글에서는 종속변수를 좋은 일자리(=1)와 기타 일자리(=0)로 구분하고, 앞에서 설명한 인적 특성과 고용관련 특성이 좋은 일자리 취업에 미치는 순(net) 효과를 분석한다. 각 회귀분석에서 종속변수를 좋은 일자리와 나쁜 일자리로 양분하였기 때문에, 회귀계수 값은 독립변수의 값이 변화함에 따라서 좋은 일자리에 취업할 가능성(확률, Odds)이 어떻게 달라지는가를 나타낸다. 예를 들어서, 연령을 세 집단으로 구분하고(30세이하, 31~45세, 46세이상) 첫 번째 범주를 기준범주로 한다면, 기준범주가 아닌 연령집단의 회귀계수 값은 "각 연령집단이 좋은 일자리에 취업할 가능성이 30세이하 연령층에 비하여 어느 정도 높은가"를 설명한다. 이 경우 회귀계수값이 정의 부호(+)를 갖고 통계적으로도 유의미한 수준이라면, 각 연령집단이 좋은 일자리에서 종사할 확률이 기준집단인 30세이하 연령층에 비하여 어느 정도 높은지 나타낸다. 반대로 회귀계수값이 부의 부호(-)를 갖고 통계적으로도 유의미한 수준이라면, 어느 정도 낮은가를 나타내는 것이다.

이 글의 분석대상은 임금근로자이다. 좋은 일자리에 대한 개념이 임금과 고용안정성을 근거로 할 경우, 자영업자와 고용주 등 비임금근로자의 고용안정성을 객관적으로 파악하기 어렵고 임금근로자와 비임금근로자를 동일한 기준으로 변수화하기 어렵다. 따라서 분석의 명확성과 일관성을 위해서는 고용안정성과 임금수준을 적용할 수 있는 집단인 임금근로자만을 대상으로 하는 것이 타당하다.

2) 자료

이 글은 정부가 공개한 고용관련 조사자료 가운데 가장 많은 지역단위 응답자를 포함한 "지역고용조사" 원자료를 활용하여 좋은 일자리의 지역별 현황을 파악한다. 최근 정부는 전국단위 조사와 별도로 지역차원의 노동시장 현황을 파악하는 자료를 구축하기 시작하였는데, 가장 대표적인 것이 "지역고용조사"이다. 2008년에 10월에 제1회 2008년 시군구고용통계조사를 실시하고, 2008년 10월 27일에 지역별고용조사로 명칭을 변경한 후 2009년 10월부터 현재까지 지역별고용조사를 실시하고 있다. 이 자료의 장점은 충분한 응답자 규모(N)와 많은 고용관련 변수를 포함한다는 점이다. 응답자는 전국 19만 9천 표본가구에 상주하는 만 15세이상 가구원으로서, 전국 395,006명, 울산 7,262명이다. 또한 이 자료는 응답자의 인적사항(6개 문항), 일에 관한 사항(13개 문항), 구직사항(4개 문항), 기타 구직관련 활동사항(4개 문항) 등 많은 변수를 포함한다.

이 자료의 울산지역 분석대상자는 2015년 기준으로 임금근로자 지위에 있는 3,692명이며, 이들의 변수별 분포는 [표 5-1]과 같다. 성별로는 남성 65.3%, 여성 34.7%, 학력별로는 중졸이하 11.8%, 고졸이하 45.2%, 대학이상 43.0%, 연령별로는 30세미만 15.5%, 45세

미만 39.5%, 46세이상 44.9%이다. 이러한 구성비를 전국평균과 비교하면, 남성 취업자의 비중과 고졸자의 비중이 전국평균보다 울산에서 더 높은데, 이것은 앞에서 설명한 바와 같이 "울산의 취업자들이 1970년대 이후 남성 생산직으로서 취업한 사람들"이라는 울산지역 고용구조의 특징을 반영한 결과이다.

[표 5-1] 응답자 구성 : 울산과 전국의 비교

(단위 : 명, %)

인적 구분		울산	전국
임금근로자 합계		3,218 (100)	136,043 (100)
성별	남성	2,102 (65.3)	76,186 (56.0)
	여성	1,116 (34.7)	59,857 (44.0)
학력별	중졸 이하	380 (11.8)	24,240 (17.8)
	고졸 이하	1,455 (45.2)	51,980 (38.2)
	대학 이상	1,383 (43.0)	59,823 (44.0)
연령별	30세 이하	500 (15.5)	21,323 (15.7)
	31~45세	1,272 (39.5)	51,571 (37.9)
	46세 이상	1,446 (44.9)	63,149 (46.4)
직업별	행정 · 사무 · 전문직	1,248 (38.8)	56,600 (41.6)
	판매서비스직	394 (12.2)	23,017 (16.9)
	생산관련직	1,576 (49.0)	56,426 (41.5)
산업별	농림어업	4 (0.1)	3,044 (2.2)
	제조업	1,324 (41.1)	28,604 (21.0)
	전기 · 가스 · 건설 등	275 (8.5)	11,911 (8.8)
	도소매 · 음식 · 숙박업	494 (15.4)	26,882 (19.8)
	기타 후기서비스산업	1,121 (34.8)	65,602 (48.2)
현 일자리 취업기간	2년 이하	227 (7.1)	9,901 (7.3)
	2~5년	121 (3.8)	5,249 (3.9)
	6~10년	68 (2.1)	2,072 (1.5)
	10년 이상	2,802 (87.1)	11,882 (87.3)

이러한 점은 직업 및 산업별 구성비에서 명확히 나타난다. 울산지역 임금근로자를 직업별로 구분하면, 일반적인 화이트칼라 직

업(행정·관리·사무·전문직)과 판매서비스직의 비중은 전국평균보다 낮지만, 생산관련직의 비중은 전국평균보다 높다(울산 49%, 전국 41.5%). 또한 산업별로 구분하면, 울산의 제조업 임금근로자 비중은 41.1%로서 전국 평균(21%)의 두 배에 이른다. 그러나 사업서비스업, 정보서비스업, 금융업 등으로 구성된 후기서비스산업의 비중은 전국평균보다 훨씬 낮다(울산 34.8%, 전국 48.2%). 이러한 분포는 제2장에서 "경제활동인구조사"를 기초로 정리한 취업자 구성과 수치상으로는 약간 상이할 수 있으나, 직업·산업·성별 분포 등 지역적 특성을 잘 나타낸다는 점에서 분석에 큰 문제는 없다.

4. 분석결과

1) 좋은 일자리 비중

한국의 임금근로자는 다수의 저임금층과 소수의 고임금층으로 이루어진다. 전체 임금근로자의 지난 3개월 평균 근로소득은 221만 4천원이며, 하위소득계층(평균임금의 60% 이하 집단)은 응답자의 28.4%, 상위소득계층(평균임금의 140% 이상 집단)은 18.6%이다([표 5-2]). 또한 지역별로 구분하면, 고임금 근로자 비중은 전국평균보다는 울산에서 더 높다. 좋은 일자리의 임금기준선인 평균임금의 60% 이상 소득집단의 비중은 전국에서 71.6%인데 반하여, 울산에서는 84.2%이며, 평균임금의 100% 이상 집단의 비중도 울산에서 훨씬 더 많다. 특히 울산지역 임금근로자 가운데 평균임금의 140% 이상 집단의 비중은 전국 평균의 2배에 이른다. 따라서 고용주나 자영업자를 제외한 임금근로자만을 대상으로 할 경우에, 평균이상의 임금계층뿐만 아니라 빈곤상태를 벗어나는 취업자 비중이 전국 평균보다는 울산에서 더 높다.

좋은 일자리의 또 다른 기준인 고용안정성을 기준으로 할 때, 안정적 일자리 비중도 울산에서 더 높다. 임금근로자 가운데 상용직의 구성비는 전국에서 70%에도 못 미치는데 반하여, 울산에서는 76%에 이르며, 41시간이상 근무하는 임금근로자 비중도 울산에서 약간 더 높다([표 5-2]). 일반적으로 임시일용직보다는 상용직 종사자가 안정적으로 취업한 임금근로자로 해석하는데 이견이 없으므로 고용상태가 비교적 안정적인 취업자가 울산에서 더 높은 비중을 차지한다고 할 수 있다.

[표 5-2] 임금근로자의 임금 및 고용안정성 구성비 : 울산과 전국의 비교

(단위: 명, %)

인적 구분		울산	전국
임금근로자 합계		3,218 (100)	136,043 (100)
임금분포	평균임금의 60% 이하	510 (15.8)	38,609 (28.4)
	평균임금의 60~100%	886 (27.5)	46,550 (34.2)
	평균임금의 100~140%	642 (20.0)	25,525 (18.8)
	평균임금의 140% 이상	1,180 (36.7)	25,359 (18.6)
종사상지위	상용직	2,446 (76.0)	92,322 (67.9)
	임시 · 일용직	772 (24.0)	43,721 (32.1)
근로시간구분	40시간 이하	2,863 (89.0)	113,611 (83.5)
	41시간 이상	355 (11.0)	22,432 (16.5)

개념적으로 볼 때, 좋은 일자리를 구성하는 두 가지 기준(임금수준과 고용안정성)은 현실적으로 밀접히 관련되어 있다. 저임금 빈곤층(평균임금의 60% 이하) 집단은 전국적으로 상용직의 12.7%, 40시

간이상 취업자의 18.3%인데 반하여, 임시 · 일용직의 61.6%, 40시간 이하 취업자의 79.4%이다. 반면 평균소득 140% 이상의 소득계층 비중은 상용직의 26.7%이지만, 임시 · 일용직에서는 1.7%에 불과하다([표 5-3]). 이러한 노동시장 지위상의 차이는 울산에서도 마찬가지이다. 저소득 빈곤층(평균임금의 60% 이하) 집단은 울산지역 상용직의 6.5%, 40시간이상 취업자의 9.2%인데 반하여, 임시 · 일용직의 45.5%, 40시간이하 취업자의 69.9%이다. 반면 평균소득 140% 이상의 고소득층이 울산지역 임금근로자에서 차지하는 비중은 상용직의 47.1%, 40시간이상 취업자의 40.7%이다.

[표 5-3] 고용형태와 지역별 임금소득집단 구성비 : 울산과 전국의 비교

(단위: 명, %)

구분			합계	평균 임금의 60% 이하	평균 임금의 60~100%	평균 임금의 100~140%	평균 임금의 140% 이상
울산	종사상지위	상용직	2,446 (100)	159 (65.5)	596 (24.4)	540 (22.1)	1,151 (47.1)
		임시·일용직	772 (100)	351 (45.5)	290 (37.6)	102 (13.2)	29 (3.8)
	근로시간구분	40시간 이상	2,863 (100)	262 (9.2)	809 (28.3)	627 (21.9)	1,165 (40.7)
		41시간 이하	355 (100)	248 (69.9)	77 (21.7)	15 (4.2)	15 (4.2)
전국	종사상지위	상용직	92,332 (100)	11,686 (12.7)	33247 (36.0)	22,764 (24.7)	24,625 (26.7)
		임시·일용직	43,721 (100)	26,923 (61.6)	13,303 (30.4)	2,761 (6.3)	734 (1.7)
	근로시간구분	40시간 이상	113,611 (100)	20,803 (18.3)	43,252 (38.1)	24,736 (21.8)	24,820 (21.0)
		41시간 이하	22,432 (100)	7,806 (79.4)	3,298 (14.7)	789 (3.5)	539 (2.4)

종사상 지위별 임금수준을 울산과 전국으로 구분하여 비교하면, 울산에서도 임시·일용직과 40시간이하 취업자들이 상용직 혹은 41시간 이상 취업자보다는 빈곤가능성이 높은 것은 사실이지만, 빈곤 가능성 자체는 전국평균보다 낮다. 예를 들어서 울산지역의 경우에는 상용직 가운데 절반정도가 평균임금의 140%이상 소득계층이지만, 전국적으로는 이들의 비중이 27%에 불과하다.

전국 혹은 지역차원의 좋은 일자리 비중은 임금수준과 고용안정성을 종합하면 알 수 있다. [표 5-4]에 의하면, 좁은 의미의 좋은 일자리(평균임금 이상이며 안정적 임금근로자)는 전체 임금근로자의 34%이며, 넓은 의미의 좋은 일자리(평균임금의 60%이상이며 안정적 임금근로자)는 전체 임금근로자의 57% 이다. 또한 울산의 경우에는 임금근로자의 52%가 전자의 의미에서 좋은 일자리에 취업하였으며, 69%는 넓은 의미에서 좋은 일자리에 취업한 임금근로자이다. 따라서 전국적으로 평균임금보다 낮은 수준의 임금근로자가 다수를 차지하며 고용불안정계층이 절반이상 이지만, 저임금근로자와 불안정 취업자 비중이 낮은 울산지역에서 좋은 일자리가 좀 더 많다.

[표 5-4] 임금근로자의 지역별 좋은 일자리 구성비 : 울산과 전국의 비교

(단위: 명, %)

구분	울산	전국
좋은 일자리 (광의)	2,240 (69.6)	78,394 (57.6)
좋은 일자리 (협의)	1,672 (52.0)	46,427 (34.1)

그러나 동일한 고용형태임에도 불구하고 취업자의 임금수준은 학력과 같은 인적 자본, 성, 연령, 직업 등 다양한 요인에 의하여 결정되기 때문에, 상용직이 모두 고소득층이라고 할 수는 없다.

전국적으로 상용직 가운데 50% 정도는 여전히 평균임금이하의 집단이며, 고소득층 상용직이 많은 울산에서도 평균이하의 임금으로 생활하는 사람들이 많다([표 5-5]). 또한 직업을 기준으로 임금수준을 비교하면, 판매서비스직과 2년이하 근속연수 취업자에서 저임금 계층(평균임금의 60%이하 집단)이 높은 비중을 차지한다. 울산의 경우에도 화이트칼라 종사자 가운데 이러한 저소득층의 비중이 8.7%인데 반하여, 판매서비스직의 경우에는 39.3%, 생산관력직의 경우에는 15.7%에 이른다. 이러한 경향이 전국적으로도 동일하게 나타난다는 점을 고려하면, 좋은 일자리를 구성하는 임금수준이 직업이나 근속연수 등 노동시장 변수에 따라서 상이함을 알 수 있다.

[표 5-5] 고용형태와 지역별 임금소득집단 구성비 : 울산과 전국의 비교

(단위: 명, %)

직업		합계	평균 임금의 60%이하	평균 임금의 60~100%	평균 임금의 100~140%	평균 임금의 140%이상
울산	화이트칼라	1,248 (100)	108 (8.7)	337 (27.0)	257 (20.6)	546 (43.8)
	판매 서비스직	394 (100)	155 (39.3)	153 (38.8)	49 (12.4)	37 (9.4)
	생산 관련직	1,576 (100)	247 (15.7)	396 (25.1)	336 (21.3)	597 (37.9)
전국	화이트칼라	56,600 (100)	7,324 (12.9)	17,565 (31.0)	13,285 (23.5)	18,425 (32.6)
	판매 서비스직	23,017 (100)	10,139 (44.1)	8,275 (36.0)	2,575 (11.2)	2,028 (8.8)
	생산 관련직	56,426 (100)	21,146 (37.5)	20,709 (36.7)	9,665 (17.1)	4,906 (8.7)

2) 좋은 일자리 결정요인

[표 5-6]과 [표 5-7]은 울산 및 전국 취업자의 인적 특성과 고용상의 특성이 좋은 일자리에 미치는 영향을 실증적으로 분석한 결과이다. 회귀분석결과에 의하면, 취업자 개인의 인적 특성이나 직업경력, 일자리의 특성 등이 울산과 전국의 좋은 일자리에 영향을 미친다. 취업자 가운데 남성의 좋은 일자리 취업확률은 여성보다 훨씬 높고, 대졸이상 학력층이 고졸이하보다 더 높다. 취업이 주로 학력과 같은 인적 자본과 밀접히 관련된다는 점에서, 좋은 일자리 취업 가능성도 이러한 인적 자본과 밀접히 관련된다.

또한 임금근로자의 일자리 특성(직업 및 산업 등)도 울산과 전국에서 좋은 일자리를 결정하는 주요 요인이다.[11] 성이나 연령, 학력 등 개인적 특성이 동일한 경우에도, 직업별로는 행정·관리·사무·전문직의 일자리 질이 가장 높고, 판매서비스직의 일자리 질이 낮은 편이다. 또한 임금근로자들의 근무기간(경력)이 좋은 일자리에 유의미한 영향을 미친다. 전국적으로 볼 때, '근무기간 2년이하'인 경우를 기준으로 할 경우에, 2년이상 근무한 세 집단의 '좋은 일자리' 취업 가능성은 기준집단보다 2배 이상 높다. 연공적 성격의 임

11) 필자의 또 다른 연구에 의하면, 한국의 지역을 수도권, 영남권, 기타 지역 등으로 구분해도 취업자의 인적 특성과 고용특성이 '좋은' 일자리에 미치는 효과가 지역별로 공통적이다. '좋은' 일자리 취업 가능성은 여성보다 남성에서, 과거 비정규직 취업 경력자보다 정규직 경력자에서 훨씬 높다. 또한 직업과 같은 다른 변수들은 두 가지 기준으로 '좋은' 일자리를 구분할 경우에 일자리에 미치는 효과가 불안정하게 나타난다. 물론 지역별로 비교하면, 성과 사업체규모, 그리고 과거 고용형태의 일자리 효과는 수도권과 영남권에서 정도의 차이가 있다. '좋은' 일자리(협의와 광의) 취업 가능성의 남녀 격차는 수도권보다는 영남지역에서 약간 더 높아, 여성의 '좋은' 일자리와 관련한 불이익은 영남권에서 높음을 알 수 있다. 이에 대한 자세한 논의는 이성균(2011)을 참고.

금구조를 갖는 한국의 경우에는 근무기간이 많아지면 임금수준이 높아지므로, 경력 2년을 기준으로 좋은 일자리에 종사할 가능성이 크게 달라진다고 할 수 있다.

분석결과에서 눈에 띄는 것은 직업이 좋은 일자리에 미치는 영향이 전국과 울산에서 차이를 나타낸다는 사실이다. 사무·관리·전문직 등 이른바 화이트칼라 종사자를 기준집단으로 할 경우에, 생산직 종사자의 좋은 일자리 가능성은 울산에서 0.3배이지만 전국적으로는 0.2배이다. 다시 말하면, 화이트칼라와 생산직의 좋은 일자리 취업 가능성 격차는 존재하지만, 격차의 정도가 산업도시 울산에서 더 적게 나타난다.

또한 1차 산업을 기준집단으로 하는 산업별 격차에서도, 울산과 전국은 다른 결과를 나타낸다. 울산의 경우, '좋은' 일자리는 제조업과 비제조업에서 격차를 보이며 1차 산업과 서비스산업 일자리 비중은 통계적 차이가 없다. 반면 전국적으로는 1차 산업, 제조업, 도소매음식숙박업, 후기서비스업 등 모든 산업에서 좋은 일자리의 격차가 존재한다. 또한 산업별 계수 값을 보면, 제조업과 1차 산업의 격차는 전국보다 울산에서 훨씬 더 크고, 도소매·음식·숙박업과 1차 산업의 격차는 울산에서 적다. 다시 말하면, 도소매·음식·숙박업의 좋은 일자리는 울산에서는 1차 산업의 경우와 다르지 않지만, 전국적으로는 1차 산업보다 더 많다. 울산의 제조업은 다른 모든 산업보다 더 많은 좋은 일자리를 제공하지만, 도소매·음식·숙박업은 소규모사업체 저임금 일자리, 혹은 임시일용직 등 불안정 일자리를 중심으로 하기 때문에, 이러한 서비스산업에서의 좋은 일자리 비중이 1차 산업과 비슷한 수준이다.

[표 5-6] 좋은 일자리(협의) 결정요인 : 이분형 로지스틱 회귀계수

구분		울산	전국
인적 특성 관련 변수	• 성(남성)		
	• 연령(기준범주=30세 이하)	2.53** (12.5)	2.05** (7.8)
	↳ 31~45세	1.74** (5.7)	1.36** (3.9)
	↳ 46세 이상	1.75** (5.8)	1.34** (3.8)
	• 교육수준(기준범주=대학이상)		
	↳ 중졸이하	−1.96** (.1)	−2.21** (.1)
	↳ 고졸이하	−.71** (.5)	−.91** (.4)
고용 관련 관련 변수	• 직업(기준범주=사무·관리·행정직)		
	↳ 판매서비스직	−1.52** (.2)	−1.29** (.3)
	↳ 생산 관련직	−1.32** (.3)	−1.55** (.2)
	• 산업(기준범주=1차 산업)		
	↳ 제조업	1.85** (6.3)	1.14** (3.2)
	↳ 도소매·음식·숙박업	−.06 (.9)	.09** (1.1)
	↳ 후기서비스산업	.24 (1.3)	.19** (1.2)
	• 근무기간(기준범주=2년 이하)		
	↳ 2~5년	.78** (2.2)	.79** (2.2)
	↳ 6~10년	.80** (2.2)	1.41** (4.1)
	↳ 10년 이상	.76** (2.0)	.92** (2.5)
통계량	• 2 Log	2690.71	119617.30
	• Cox & Snell R2	.42	.37
	• Nagelkerke R2	.56	.47

주) 괄호안의 수치는 exp(b). * $p<0.05$, ** $p<0.01$

한편, 좋은 일자리의 성별 격차는 울산에서 좀 더 크다. 남성이 협의의 좋은 일자리에 취업할 가능성이 여성보다 더 높다는 점은 한국의 공통적인 현상이지만, 이러한 격차는 전국보다는 울산에서 더 크다. 일반적으로 남성고용 비중이 높은 일자리는 여성비중이 높은 일자리 혹은 양성혼합형의 일자리에 비하여 임금수준과 고용안정성이 높은데, 학자들은 이러한 결과가 남성성(性)에 대한

사회문화적 관념, 즉 남성친화적인 것으로 해석되는 일자리에 남성을, 여성친화적인 것으로 해석되는 일자리에 여성을 배치시키는 성(性) 분리적 관념에서 기인한다고 설명한다(Charles, 2005; Charles and Grusky, 2005). 따라서 영남권의 일부 지역인 울산에서 존재하는 남성중심의 산업구조와 '남성친화적' 관념이 좋은 일자리의 성별 격차를 낳는다고 할 수 있다.

[표 5-7] 좋은 일자리(광의) 결정요인 : 이분형 로지스틱 회귀계수

구분		울산	전국
인적 특성 관련 변수	• 성(남성)	1.48** (4.4)	1.45** (4.3)
	• 연령(기준범주=30세 이하)		
	↳ 31~45세	.32** (1.4)	.48** (1.6)
	↳ 46세 이상	.17 (1.2)	.21 (1.2)
	• 교육수준(기준범주=대학이상)		
	↳ 중졸이하	−1.68** (.2)	−1.66** (.2)
	↳ 고졸이하	−.79** (.5)	−.78** (.5)
고용 관련 관련 변수	• 직업		
	↳ 판매서비스직	−1.60** (.2)	−1.43** (.2)
	↳ 생산 관련직	−1.24** (.3)	−1.62** (.2)
	• 산업(기준범주=1차 산업)		
	↳ 제조업	2.31** (10.1)	2.05** (7.8)
	↳ 도소매·음식·숙박업	.44 (1.7)	.61** (1.8)
	↳ 후기서비스산업	.54 (1.7)	.47** (1.6)
	• 근무기간(기준범주=2년 이하)		
	↳ 2~5년	1.11** (3.0)	.94** (2.5)
	↳ 6~10년	.50 (1.6)	1.22** (3.4)
	↳ 10년 이상	.25 (1.3)	.47** (1.6)
통계량	• 2 Log	2730.88	132,710.93
	• Cox & Snell R2	.32	.32
	• Nagelkerke R2	.45	.43

주) 괄호안의 수치는 exp(b). * $p<0.05$, ** $p<0.01$

연령별 격차를 볼 때에도, 울산에서 30세이하 연령층 보다 좋은 일자리 취업 가능성이 높은 집단은 31~45세 연령층이며, 특히 협의의 좋은 일자리 취업 가능성의 연령별 격차는 전국보다 울산에서 더 크다. 예를 들어서, 전국적으로 31세이상 연령층이 (협의의) 좋은 일자리에 취업할 가능성은 30세이하 청년층에 비하여 3.8배 정도 높은데 반하여, 울산에서는 5.7배 이상 높아진다. 이것은 장기근속 취업자와 신규 취업자의 근무조건 격차가 울산에서 좀 더 크다는 점을 의미한다. 울산의 활발했던 산업 활동이 장기간 높은 임금과 고용안정성을 보장하였으나, 최근 반복되는 경기변동은 신규 취업자들에게 이러한 근무여건을 보장하지 못하고 있다. 따라서 좋은 일자리도 주로 30대 이상의 기존 노동력에게 해당될 가능성이 높을 뿐, 20대 청년층에게는 해당되지 않는다.

5. 결론

현재 임금근로자들의 좋은 일자리는 전국 혹은 지역의 노동시장에서 절반에도 못 미친다. 많은 임금근로자들이 저임금의 불안정 고용상태에서 취업하고 있으며, 저학력층 여성 서비스관련 직종 종사자들은 좋은 일자리에 취업할 가능성이 현저히 낮다. 또한 경제위기 이후 강화되는 고용유연화 추세는 임금근로자들의 고용의 질적 악화를 낳는다. 과거 비정규직으로 취업한 경력이 있다고 하더라도 현재 좋은 일자리에 취업할 가능성은 정규직 경력에 비하여 낮다. 이러한 점에서 비정규직으로서의 취업경력은 '정규직'으로 이동하는 기회가 아니라 비정규직으로 고착화되는 '함정'과도 같다.

울산과 전국의 좋은 일자리 구성 및 결정요인을 비교하면, 울산지역 노동시장의 특성을 확인할 수 있다. 임금수준이 상대적으로 높은 울산지역 노동시장에서는 전국 평균임금의 60% 혹은 평균임금 수준보다 낮은 임금근로자의 비중이 적으며, 임시일용직 혹은 단시간 근무 종사자들의 비중은 전국 평균보다 더 적다. 따라서 협의 혹은 광의의 좋은 일자리 비중은 울산에서 더 높다. 그러나 울산의 모든 임금근로자들이 동일한 혜택을 받는 것은 아니다. 노동시장에서 임시일용직과 저임금층이 증가하면, 좋은 일자리 비중은 점차로 하락할 것이다. 조선업 위기이후 불안정 취업자들이 줄어드는 울산지역 노동시장 변동은 이러한 변화 가능성을 잘 나타낸다.

한편, 이분형 로지스틱 회귀분석을 통하여 '좋은' 일자리 결정요인을 정리하면, 취업자 개인의 학력이 일자리 질에 미치는 영향은 울산과 전국에서 비슷하게 나타나지만, 산업과 직업, 성이 미치는 효과는 울산에서 더 크다. 제조업과 비제조업의 격차, 생산직과 다른 산업의 '좋은' 일자리 비중 격차가 울산지역에서 좀 더 명확히 나타난다.

이러한 분석결과는 규모·산업·직업·성별로 분화된 하위노동시장의 분절적 특성이 울산지역의 좋은 일자리 규모를 결정하고 있음을 의미한다. 거대규모 중화학공업이 지역 핵심 산업으로 정착되었고 장기근속 생산직이 높은 비중을 차지함에 따라서 평균이상의 임금을 받는 좋은 일자리 비중도 울산지역 제조업에서 높다. 또한 아이러니컬하게도 울산지역 서비스산업의 취약성도 지역의 좋은 일자리 비중에 영향을 미친다. 전국적으로는 서비스산업 일자리의 질이 1차산업보다는 높은 수준이지만, 울산에서는 서비스산업이 취약하기 때문에, 1차산업 일자리와 서비스산업 일자리는 질적으로 다르지 않다. 반면, 좋은 일자리의 성별 차이는 울산에서 더 크다. 한국사회에서 여성은 임신과 출산 등으로 인하여 직업생활을 지속하기 힘들지만, 울산에서는 여성의 사회활동에 대한 전통적 인식이 여전히 강하게 남아있고 산업구조가 남성중심의 일자리형태를 특징으로 하기 때문에, 여성의 좋은 일자리 취업 가능성은 수도권보다 더 낮다.

울산지역 일자리의 질에 대한 비교분석은 일자리정책 수립에 중요한 시사점을 제공한다. 현재 일자리의 질적 측면을 고려하면, 울산에서의 고용문제는 노동시장의 수량적 지표가 나타내는 이미지와는 다른 특징을 보인다. 고용사정이 악화됨에 따라서, 정부의 일자리정책은 '취업자 증가' 혹은 '실업률 감소' 등과 같은 양적 증가 현상을 일차적인 목표로 하지만, 일자리의 질이 낮을 경우에 구직자들의 기피현상이 지속되어 실업정책이 소기의 목적을 달성할 것으로 낙관할 수 없다. 일자리 정책의 목표는 '많은' 일자리가 아니라 '좋은' 일자리를 더 많이 창출하는 것이다.

제 6 장

노동시장의 구조적 미스매치

1. 서론

최근 들어서 실업문제의 주요 원인으로서 노동시장에서의 일자리 미스매치 문제를 지적하는 학자들이 증가하고 있다. 정책연구기관들은 한국 노동시장 전체를 대상으로 일자리 미스매치의 현황과 해결방안을 설명하고 있으며(류기락, 2014; 채창균·오호영·윤형한·정재호·신동준·이인재. 2013; 한국직업능력개발원, 2011), 일부 학자들은 인구집단별 특성 등을 고려하여 노동시장에서의 인력수급 불일치현실을 실증적으로 분석하였다(김을식, 2013; 배진한, 2012; 양준석, 2012; 박강우, 2011; 이상호, 2011; 정영근·장민수·김혜정. 2011). 이러한 연구는 '한편에서는 본인이 희망하는 일자리를 찾지 못하는 구직자가 다수 존재하며, 다른 한편에서는 적절한 업무수행 능력과 자격을 갖춘 인력을 구하지 못하는 기업들이 존재하는' 노동시장 미스매치의 현실을 구체적으로 설명한다.

그러나 노동시장 미스매치 문제를 지역차원에서 구체적으로 분석한 연구는 많지 않으며, 울산지역의 일자리 미스매치에 대한 비교사회과학적 실증연구도 없다. 한국은행 지역본부의 동향보고서가 해당 지역(경기지역, 제주도) 일자리 미스매치의 원인과 대책을 설명하고(김을식·정원경, 2012; 조강철·윤대혁, 2012), 일부 연구자들이 광역경제권 혹은 광역자치단체 수준에서 지역노동시장 미스매치 현황을 비교하였으나(김영근·김민정, 2015; 김을식. 2013; 양준석, 2012; 장재호·홍현균, 2008), 지역차원의 노동시장 미스매치에 대한 관심은 전국차원의 관심보다 적은 것이 현실이다.

이 글은 울산의 일자리 미스매치 현실을 실증적으로 분석하고 울산과 서울의 사례를 비교함으로써, 울산지역 노동시장의 특성 및 실업발생 요인을 파악하고자 한다. 노동시장 미스매치가 구인자와 구직자의 미결합(mis-matching)을 의미한다면, 이를 구체적으로 분석하기 위해서는 구인자와 구직자 규모가 일정 정도 존재해야 하며, 노동력 수요·공급량이 많은 지역일수록 일자리를 둘러싼 구인자와 구직자의 미결합 규모가 명확할 것이다. 주지하다시피 울산과 서울은 한국에서 가장 활발한 경제활동이 진행되는 도시로서 지역노동시장에서 다수의 일자리 수요·공급량이 존재하며, 산업·직업 등 지역경제구조의 특성으로 인하여 미스매치 유형 등이 상이할 것이다.

이 글은 노동시장 미스매치 구성요인 가운데 구조적 미스매치를 중심으로 설명한다. 학자들에 의하면, 노동시장 미스매치는 구직에서 취업에 이르는 기간에 발생하는 일시적 미스매치, 마찰적 미스매치, 구조적 미스매치 등 다양한 유형으로 발생한다(Ashenfelter and Card, 1999). 전자의 두 가지가 일자리 탐색과정에서 단기간에 발생하는 일자리 미스매치 현상이라면, 구조적 미스매치는 지역노동시장의 일자리 수요·공급 구조에 의하여 장기적으로 발생하는 현상이다. 따라서 구조적 미스매치를 중심으로 일자리 미결합 현상을 설명한다면, 지역 노동시장의 구조적 특성과 실업발생의 연관성을 파악할 수 있다.

2. 이론적 시각

노동시장 미스매치에 관한 이론적 관심은 베버리지(William Beveridge)가 고용과 실업을 설명하던 1940년대에 처음 시작되었으며, 이에 대한 실증연구는 주요 자본주의 국가의 '경기회복과 실업문제의 연관성'을 규명하던 1980년대 이후 본격화 되었다(Rodenburg, 2011, 2010; Brown, 1976). 1970년대 석유위기를 극복한 유럽과 미국의 사회과학자들은 경기가 회복됨에 따라서 일자리도 늘어나 실업률이 하락할 것으로 기대하였다. 그러나 1980년대 들어서도 실업률은 크게 변화하지 않았으며, 최근까지도 많은 국가에서 경기활성화에도 불구하고 고용사정이 회복되지 않는 경향을 보여 왔다. 이른바 '고용 없는 성장'이라는 용어는 이러한 상황을 잘 나타낸다(Faberman and Mazumder, 2012).

일부 학자들은 이러한 현상이 노동시장 경직성으로 인하여 발생한다고 설명하였다(OECD, 1994). 높은 노동조합 조직률, 고임금과 기업복지가 존재하고 노동시장 유연성이 부족하기 때문에, 경기회복에도 불구하고 실업문제가 해결되지 않는다는 것이다. 그러나 이러한 주장은 미국과 유럽의 실업문제에 대한 비교연구, 실업률과 노동시장 유연성의 연관성에 대한 국가별 실증연구가 진행되면서 논쟁의 대상이 되었다(Sahin, Song, Topa and Violante, 2010).

한편 OECD 국가들의 실업문제를 노동시장 내부 메커니즘으로 분석하려는 시도가 진행되었으며, 일군의 학자들은 베버리지의 UV-Curve (Unemployment and Vacancy Curve) 모델을 기초로 실업발생을 설명하였다(Rodenburg, 2011). 이들은 노동시장이 기본적으로 '노동력 수요자와 공급자의 결합(matching) 메커니즘'으로 작동된다고 정의하며, 현실에서 일자리 정보교환의 불확실성 혹은 일자리창출의 변동 등에 따라서 노동력 공급과 수요가 원활하게 '결합'되지 않고 빈 일자리가 발생한다고 설명하였다(Barro and Grilli, 1994).

노동시장 미스매치론에 의하면, 실업문제는 기본적으로 노동시장의 일자리 공급량이 수요량에 비하여 적을 경우에 발생하지만('수요부족에 의한 실업'), 노동시장 변동에 따른 '일자리 미스매치' 등에 의하여 발생한다(Jackman and Roger, 1987). 경기회복에 따라서 일자리가 있음에도 불구하고 실업문제가 쉽게 해결되지 않는 것은 '수요부족에 의한 실업' 보다는 노동시장 미스매치의 결과라고 해석할 수 있다. 또한 미스매치는 전반적인 경제 여건에 따라서 발생하는 경기순환적(cyclic) 유형, 구인자와 구직자 간에 일자리 탐색과정에서 정보 불확실성 등으로 발생하는 마찰적(frictional) 유형, 일자리를 잃은 사람들의 기술능력과 새로 창출되는 일자리가 요구하는 기술능력의 차이(skill gap between job losers and job openings)로 인하여 발생하는 숙련(skill mismatch) 미스매치, 노동력 수요·공급의 구조가 변화할 경우에 주로 발생하는 구조적(structural) 유형 등 다양한 유형이 존재한다(Shimer, 2007).12)

이 글에서 지역노동시장의 실업과 미스매치 현상을 설명하는데 중요하게 생각하는 것은 구조적 미스매치이다. 산업구조와 직

---

12) 기술능력의 차이에 의한 일자리 미스매치는 이른바 '스킬 미스매치(skill mismatch)'로 지칭되는 실업발생 요인으로서 현재도 주요한 노동시장 정책과제로 부각되고 있다. 미국의 경우 제조업 경영진의 84%가 기업이 원하는 기술능력을 갖춘 구직자를 찾지 못한다는 조사결과가 발표되어 노동시장에서의 구인자-구직자간 기술능력의 격차 해소 정책이 시급한 일자리정책과제로 제기되었다. 자세한 논의는 Buckley and Majumdar(2015)를 참고

업구조가 변화하면 노동력 수요도 변화할 수밖에 없으며, 이러한 상황에서 구직자와 구인자간 일자리 결합이 원활하지 않을 경우에 구조적 미스매치가 발생한다. 예를 들어서 공장자동화가 진행되면 전통적 산업·직종에서의 노동력 수요가 줄어들고 새로운 노동력 수요가 발생하는데, 구직자들이 이러한 노동력 수요 변화에 대응하지 못할 경우에는 구조적 미스매치가 발생한다.

구조적 미스매치에 대한 관심은 1990년대 들어서 산업구조조정이 본격화되면서 일자리 창출이나 소멸이 직업·산업별로 상이하게 발생하던 탈산업화의 사회적 맥락을 반영하고 있다. 미국이나 유럽의 경우 불황기에 소멸한 일자리 분야는 대부분 제조업이나 건설업과 같은 전통산업이었으나, 경기가 회복되면서 생성된 일자리의 다수는 서비스산업이었다. 선진자본주의 국가의 주요 제조업체들이 생산시설을 저임금 국가로 이전하고 금융산업이나 문화산업 등 서비스산업을 육성함으로써, 제조업 생산직 일자리는 줄어들고 서비스 전문인력 수요는 증가하였다(Mortensen and Pissarides, 1994). 노동시장 미스매치론에 의하면, 이러한 탈산업화 경향에서 직업·산업별 노동력 수요-공급 격차가 확대되어 일자리 결합 가능성이 줄어들고 미충원(vacancy) 문제를 낳는다.

한편 구직자의 학력구조와 같은 노동력 공급 측면이 변화하지만 노동력 수요가 변화하지 않을 경우에도 수요·공급의 불일치 현상이 발생한다. 최근에 고등교육기관 졸업자 비중이 증가하고 '고학력화(overeducation)' 경향이 확대되자, 이들의 일자리 미스매치가 확대되고 있다(Groot, 1996; Halaby, 1994). 고학력층은 자신의 지식과 지적능력, 혹은 대학이라는 '고등교육을 이수한 자'라는 사회적 이미지에 맞는 일자리를 찾지만, 노동시장이 이러한 일자리를 충분히 공급하지 못하거나 고용주가 이들의 대학졸업장을 전문업무수행 자격증

(credentials)으로 인정하지 않을 경우에는 대졸자의 일자리 미스매치가 더욱 심화된다(Kovic, 2014). 특히 구인업체들이 고학력층 구직자들 가운데 적절한 업무능력 소유자를 찾기 어려울 경우, 혹은 고학력 구직자들이 희망하는 특정한 직업의 일자리가 경기침체나 산업구조 등으로 충분히 제공되지 않는 경우에는 직업별 노동력 수요·공급이 불일치하면서 구조적 미스매치도 고착화될 가능성이 높다.

따라서 구조적 미스매치에 관한 강조는 기본적으로 노동시장의 단일성 보다는 분절성을 전제한다.13) 노동시장 미스매치를 분석하는 일부 학자들은 산업, 직업 등 다차원적으로 '분절된(segmented)' 노동시장 부문이 존재한다는 점을 강조하고(Sahin, Song, Topa and Violante, 2010), 노동력 수요·공급의 직업 및 산업별 분화가 '구조적' 미스매치를 발생시킨다고 설명한다. 또한 학력집단별로 직업에 대한 선호도와 노동력 공급량이 달라진다는 점도 기본적으로 직업별 고용조건과 임금, 인적자원개발 기회 등이 상이하다는 점을 전제한다. 일자리를 둘러싼 구인·구직자 결합과정은 이처럼 산업과 직업 등으로 분절화 된 노동력 수요구조와 학력별로 분화된 노동력 공급구조에서 발생하기 때문에, 지역별로 노동시장 특성에 따라서 상이한 미스매치가 발생할 것이다.

13) 고전경제학에 기초한 인적자본론은 노동력 수요-공급이 장기적으로 균형을 이루면서 실업문제가 해결된다고 설명한다. 그러나 일자리 정보가 완전 공유된다거나 노동력 수요-공급이 균형을 이룬다는 이론적 시각은 많은 국가에서 장기간 발생하는 실업문제의 현실을 설명하지 못한다(Ashenfelter and Card, 1990).

3. 연구방법

1) 분석방법론

노동시장 미스매치에 대한 분석은 개인적 접근과 총량적 접근으로 구분된다. 전자가 구직자 등 개인수준의 자료를 통하여 노동시장 성과를 분석한다면, 후자는 노동시장 총량에 대한 자료를 기초로 노동시장을 분석하는 것이다. 노동시장 미스매치에 대한 연구에서도, 개인적 접근은 학력, 경력 등 인적 특성과 취업/실업 문제를 연결시켜 설명하며, 총량적 접근은 전국, 지역, 직업, 산업 등 집단별로 구인규모와 구직규모를 비교하며 설명한다.

한국의 경우에도 고등교육기관 졸업자를 대상으로 전공과 기업수요의 불일치(전공단위 양적 미스매치), 구직자의 기업수요 대비 부족(학력단위 양적 미스매치) 등을 분석하는 연구결과가 발표되었다(Cho and Lee, 2014; 류기락, 2014; 김세움·김진영·조영준, 2011, 송부용, 2011; 신선미·손유미, 2008; 김주섭, 2005). 이러한 연구는 구인자와 구직자가 체감하는 일자리 미스매치 현실을 분석한다는 장점이 있으나, 특정 집단의 사례를 연구함으로써 조사대상자(sampling)의 대표성 문제를 해결하지 못하거나 지역 및 전국차원에서 미스매치가 발생하는 구조적 특성을 설명하지 못한다는 한계가 있다.

미스매치 현실을 파악하기 위한 새로운 방법론은 총량적 접근법이다. 일부 학자들은 노동시장의 산업·직업별 특성과 노동시장 미스매치의 연관성에 주목하며, 노동시장의 노동력 수요·공급량 격차가 직업이나 산업별 일자리 미스매치에 미치는 영향을 분석하였다(Jackman and Rogers, 1987; Armstrong and Taylor, 1981). 따라서 이 글은 지역노동시장의 구조적 특성 및 미스매치의 연관성을 설명하기 위하여 총량적 접근방식을 선택하며, 분석시기를 2000~2013년으로 확대하여 최근 미스매치의 변화를 설명하고자 한다. 이 논문의 총량적 미스매치 분석방법론은 다음의 두 가지다.14)

먼저 Armstrong and Taylor(1981) 등의 실업분해 방법론에 따라서 구조적 미스매치의 양적 변화를 연도별로 파악한다. 이들의 방법론에서, 실업발생요인은 노동력 수요부족(Ud)과 구조적 미스매치 요인(Us) 등으로 구분된다. 노동력 수요부족(Ud)은 해당 지역의 노동력 수요 총량 혹은 특정 직업에서의 노동력 수요량이 공급량에 비하여 부족한 경우를 의미하며, 구조적 미스매치는 구직자가 희망 일자리 부문(산업, 직업 등)을 변경할 경우에 해소될 수 있는 일자리 총량을 의미한다. 예를 들어서 "구직자가 희망하는 '직업'의 일자리 총량이 부족하여 다른 직업의 빈 일자리를 선택할 경우에" 해소될 수 있는 일자리 총량을 의미하는데, 이를 수식화하면 "Us = 전체 취업가능건수 - ∑직업i의 취업가능건수"이다. 여기에서 '취업가능건수'는 구인규모와 구직규모 가운데 적은 수치를 의미하므로, 구조적(직업간) 미스매치는 각 직업별 구인·구직 규모에 따라서 결정된다.

지역노동시장의 구조적 미스매치를 분석하는 두 번째 방법은 Jackman and Rogers(1987)의 구조적 미스매치 지수화 작업이다. 이들은 노동시장의 특성에 따라서 직업별 구인·구직 규모와 비중이 결

14) Armstrong and Taylor(1981)의 방법론은 본문에서 인용한 장재호·홍현균(2008)의 실증분석에서도 활용되었다. 따라서 이 연구방법의 실증분석 결과는 기존의 연구에서 나타난 미스매치 경향이 2000년대 후반기에도 지속되는지 판단하는 근거가 된다. 또한 Jackman and Roger(1987)의 공식도 김영근·김민정(2015)의 초대광역권 지역비교 연구에서 활용되었다. 이 글은 수도권(서울, 경기, 인천)과 동남권(부산, 울산, 경남)이라는 초대 광역권이 아니라 서울과 울산의 도시별 미스매치 현실을 구체적으로 설명한다.

정된다는 점을 강조하고 구조적 미스매치 지수 계산방식을 제시하였다. 이 방법론은 경기변동에 따라서 연도별로 상이하게 나타나는 구인·구직 규모의 총량 보다는 각 직업별 '비중'을 중심으로 지수화 작업을 시도한 점에서 실업분해 방법론과 다른 접근 방식이다.

Jackman and Rogers(1987)는 직업별 구인비율과 구직비율이 동일한 경우를 '가장 효율적인(efficient) 노동시장 작동'으로 가정하고, 이러한 '효율적 상태'와 현실에서의 구인·구직비율의 격차를 구조적 미스매치로 설명한다. 즉 구조적 미스매치는 직업별 실제 구인·구직비율의 차이에 비례하여 결정되며, 미스매치 지수(I)는 "1/2 (∑ | Ui −Vi |) X 100" 으로 계산된다. 여기에서 Ui는 '전체 구직규모 가운데 직업i 구직규모의 비중'을, Vi는 '전체 구인규모 가운데 직업i 구인규모의 비중'을 의미한다.

따라서 노동시장 미스매치 지수화 작업은 각 직업이 구조적 미스매치에 미치는 비중을 보여준다. 미스매치 총량 자체가 직업별 구인비율과 구직비율의 차이를 기초로 계산되기 때문에, 직업i에서의 구직-구인비율 차이(| Ui -Vi |)가 미스매치 총량(I)에서 차지하는 비중을 계산하면 각 직업이 미스매치에서 차지하는 비중을 파악할 수 있다. 이러한 직업별 비중은 노동력 수요·공급구조의 지역적 특성이 구조적 미스매치에 어떻게 연관되는지 잘 나타낼 것이다.

2) 자료

이 연구의 실증분석에서 활용할 자료는 정부가 구직·구인동향을 파악한 WORKNET 지역 자료이다. 원래 지역 노동시장 미스매치에 대한 총량적 분석을 위해서는 지역별 구인·구직 자료가 존재해야 하는데, 한국의 경우에 전국 광역자치단체의 구직·구인동향 및 실제 취업인원을 직업소분류 방식으로 집계하는 유일한 자료가 WORKNET 일자리 통계이다. 이 자료는 전국 각 지역의 고용지원센터에 등록한 모든 구직자와 구인업체를 정리한 것으로, 일부 구직자 혹은 구인업체를 표본으로 설문조사한 자료보다 훨씬 광범한 정보를 제공하는 장점이 있다. 최근 일부 연구자들이 노동시장 미스매치를 분석하기 위하여 이 자료를 본격적으로 사용한 바 있는데(김영근·김민정, 2015; 장재호·홍현균, 2008), 이 글도 앞에서 설명한 두 가지 방법론을 활용하여 미스매치의 시기별 변화 및 주요 직업별 비중 등을 실증적으로 파악한다.

본문의 실증분석과정에서는 WORKNET의 26개 직업을 다음과 같이 4개 직업군으로 재구성한다. '사무·관리·전문 직업군'은 원자료 가운데 관리직, 금융·보험관련직, 경영·회계·사무관련직, 교육·연구직, 보건·의료관련직, 복지·종교관련직, 문화·예술·디자인·방송관련직, 법률·경찰·소방관련직을, '판매·서비스 직업군'은 음식서비스 관련직, 미용·숙박·여행·오락 및 스포츠 관련직, 영업·판매관련직)을, '생산·기능관련 직업군'은 기계관련직, 재료관련직, 화학관련직, 섬유관련직, 전기전자관련직, 정보통신관련직, 식품가공관련직을, '단순노무 직업군'은 환경 등 단순 생산직, 경비·청소관련직, 운전·운송직을 포함한다.

4. 지역노동시장의 특징 비교

지역차원의 실업문제가 노동력 수요부족 요인과 미스매치 요인에 의하여 발생한다고 가정한다면, 지역별 현실을 파악하기 위해서는 노동력 수요와 공급에 영향을 미치는 지역노동시장의 구조적 특성을 먼저 이해할 필요가 있다. 이와 관련하여 우리가 주목할 것은 일자리 공급측면에 영향을 미치는 '지역고용구조'와 직업별 일자리 수요에 영향을 미치는 '고학력화 경향' 등이다.

주지하다시피 서울은 기획·연구·재정활동과 같은 '구상기능' 집중지역이며, 울산은 생산·기능활동을 중심으로 하는 '실행기능' 집중지역이다. 이러한 지역간 차이는 직업별 고용구조에서 명확히 나타난다. 울산은 기능·기계조작·조립 등 '블루칼라 중심'의 특성을 나타낸다. 생산관련직(기능원, 조립원 등)의 2013년 고용비중은 37.5%로서 전국 평균(20.8%) 뿐만 아니라 서울지역의 2배 이상을 차지하였으나, 판매·서비스직 혹은 사무·관리·전문직의 비중은 주요 도시에 비하여 훨씬 낮다.[15] 반면 서울은 화이트칼라 중심의 고용구조를 나타낸다. 2000년대 중반에 40%에 불과하였던 사무·관리·전문직 종사자 비중은 2013년에 전체 고용의 절반을 차지할 정도로 증가하였으나, 판매서비스 및 기능·기계조작·조립·단순노무 종사자 비중은 최근 들어서 지속적으로 하락하였다.

노동시장 미스매치의 관점에서 본다면, 울산과 서울의 산업구조가 2000년대 들어서 급격히 변화한 것은 아니라는 점을 확인할 필요가 있다. 서울은 과거와 마찬가지로 제조업 비중이 하락하고 금융산업·IT산업·문화산업 등 서비스산업의 비중이 증가하였다. 또한 제2장에서 간략히 설명한 바와 같이, 2000년대 울산의 주요 산업활동은 여전히 자동차, 조선, 석유화학 등 중화학공업 중심이며,

---

15) 두 도시의 고용구조상의 특성은 전국평균과 비교하면 좀 더 명확하다. 2000년대 전국의 고용구조는 사무관련 직종 비중 증가 및 생산관련 기능직 비중 하락의 특징을 나타낸다. 2013년을 예로 들면, 사무·관리·전문직 종사자 비중은 38.2%, 판매서비스직 비중은 22.4%, 기능·기계조작·조립·단순노무 종사자 비중은 20.8%를 차지한다. 따라서 서울은 전국평균보다 화이트칼라 종사자 비중이 높은 지역이며, 울산은 전국평균보다 블루칼라 종사자 비중이 높은 지역이다. 자세한 통계는 KOSIS 참고

울산의 직종별 고용구조에서도 생산관련직 비중이 더욱 증가하였다. 선진자본주의 국가의 구조적 미스매치를 낳은 주요 요인으로서의 '탈산업화' 경향(생산직 일자리 감소와 전문·서비스 일자리 증가)은 서울에서 좀 더 명확하며, 제조업 생산직 중심의 전통적인 '산업화' 경향은 울산에서 여전히 지속되고 있다.

한편, 울산과 서울의 노동력 공급량은 최근 들어서 계속 증가하고 있으며, 특히 경제활동인구 가운데 고학력층이 대폭 확대되었다. 한국사회의 전반적인 고학력화 경향은 두 도시에서도 확인되는데, 고등학교 졸업이하 학력층 규모가 감소하였고 대학졸업자 규모는 계속 증가하였다. 또한 경제활동인구의 연도별 격차를 보면, 고학력층이 매년 경제활동인구에 신규 편입되어 고학력층 구직자가 저학력층보다 더 많이 증가하고 있음을 알 수 있다.

두 도시를 비교하면, 경제활동인구 가운데 대학졸업이상 학력자의 비중은 서울에서 더 높지만, 2000년대의 고학력층 비중 증가율은 울산에서 더 높다. 전통적으로 고학력층이 높은 비중을 차지하던 서울에서는 2013년에도 경제활동인구의 절반이상이 고학력층으로 구성되어 있다. 또한 울산의 경우에 1980년대이후 대학 졸업자 수도 가파르게 증가하였고, 이들이 경제활동인구에서 차지하는 비중은 서울보다 더 빠르게 증가하였다. 2000년을 기준으로 한 2013년의 대졸자 비중은 서울의 경우 1.7배, 울산의 경우에는 2.2배 증가하여, 고학력층 노동력 비중이 서울보다는 울산에서 더욱 빠른 속도로 증가하고 있음을 알 수 있다([표 6-1]). 대졸이상 학력층은 대부분 청년층에 해당되므로, '고학력층 증가 속도가 울산에서 더 빠르다'는 사실은 청년층 고학력자 증가율이 울산에서 더 높다는 점을 의미한다.

지역노동시장에서의 고학력층 증가는 직업별 일자리 수요량에 많은 영향을 미칠 것이다. 한국의 대학졸업자들은 사무·행정·(준)전문직과 같은 특정한 직업을 선호하며 임금수준이나 고용안정성, 기업복지 혜택이 높은 '괜찮은 일자리(decent work)'를 찾는 경향이 있기 때문에(채창균·오호영·윤형한·정재호·신동준·이인재. 2013), 두 도시에서의 고학력층 증가로 인하여 이러한 일자리에 대한 수요가 증가할 것이다. 지역노동시장에서 사무·관리·전문직 종사자의 비중이 높은 서울지역 뿐만 아니라, 이러한 일자리가 부족했던 울산지역에서도 이러한 경향이 명확히 나타날 것으로 예상할 수 있다.

[표 6-1] 울산과 서울 경제활동인구의 학력구조(2000~2013)

(단위: 천명, %)

학력별	2000	2005	2010	2013
서울 : 경제활동인구 계	4,904(100)	5,129(100)	5,170(100)	5,297(100)
고졸이하 학력층	3,328(67.9)	3,076(59.9)	2,772(53.6)	2,544(48.0)
대졸이상 학력층	1,576(32.1)	2,053(40.1)	2,397(46.4)	2,753(52.0)
울산 : 경제활동인구 계	454(100)	509(100)	550(100)	557(100)
고졸이하 학력층	356(78.4)	364(71.5)	359(65.2)	341(61.2)
대졸이상 학력층	98(21.6)	145(28.5)	191(34.8)	216(38.8)

출처: KOSIS(경제활동인구조사)

5. 분석결과

1) 지역별 구인·구직 현황

울산과 서울지역 노동시장에는 매년 많은 일자리가 공급되며 신규인력이나 취업경력자 등 새로운 일자리를 찾는 사람들도 증가하고 있다. 노동력 수요량을 나타내는 구인규모는 2000~2005년에 감소하였으나, 2010년을 전후하여 2000년 수준을 회복하였고 2013년에는 조사 기간 가운데 가장 높은 수치를 기록하였다. 서울의 경우 2013년의 구인규모는 2000년에 비하여 23% 증가하였고, 울산에서는 동 기간에 서울보다 훨씬 더 높은 증가율(157%)을 기록하였다([표 6-2]).

이러한 구인규모의 양적 변화는 한국의 전반적인 경기 변동과 밀접히 관련되었다. 한국경제는 미국의 금융위기 등에 따라서 2000년대 전반기에 불황을 경험하였으며 이후 수출·내수 등에서 회복세를 나타낸 바 있다. 한국은행의 "국민계정"에 의하면, 2010년에 8.9%를 기록하였던 국내총생산 실질성장률은 2005년 들어서 3.9%로 하락하였으나, 이후 5% 수준으로 회복되었고 2012년에는 6.5%를 기록하였다(KOSIS). 울산과 서울의 구인규모도 이러한 경기변동에 따라서 2005년에 일시적으로 감소하였으나 2000년대 후반기부터 다시 증가하였다. 특히 울산의 경우에는 지역경제의 핵심 분야인 기계·운송관련 산업활동이 확대되고 인력수요도 증가하여 서울보다 더 높은 일자리 공급증가율을 기록하였다.

두 도시의 노동력 공급량을 나타내는 구직규모도 경기변동 등에 따라서 시기별로 변화하였다. 경기가 위축되었던 2005년에는 대학졸업 유예자가 증가하고 구직자 규모도 감소하였으나, 경기가 회복되면서 구직규모도 증가하였다. 또한 최근에는 주요 기업에서 정년퇴직한 50대후반 연령층이 노동시장에 대거 유입되면서 두 도시 노동시장의 구직규모가 더욱 증가하였다. 울산의 2013년 구직규모는 2000년에 비하여 13% 증가하였으며, 서울의 경우에는 동 시기에 울산보다 더 높은 증가율(40%)을 기록하였다.

구직·구직 규모를 지역별로 비교하면, 울산과 서울의 노동시장은 서로 다른 특징을 나타낸다. 울산은 시기별로 노동력 초과공급기(2000~2010년)와 노동력 초과수요기(2011~2013년)로 구분된다.

2010년 전에는 구직규모가 구인규모보다 더 많았으나, 2012년부터 구인규모가 구직규모를 초과하여 2013년의 경우 1만 여개의 초과량을 기록하였다. 그러나 서울은 노동력 초과공급 현상이 매년 심화된 지역이다. 2000년에는 구인규모가 구직규모의 절반 정도에 불과하였고, 2013년에는 45%에 불과할 정도로 노동력 초과공급 현상이 심화되었다. 따라서 서울은 일자리 공급량이 부족한 도시이며, 울산은 일자리 수요가 부족한 도시이다.

[표 6-2] 울산과 서울 노동시장의 미스매치 관련 기본 지표와 실업률(2000~2013년)

기본 지표	2000	2005	2010	2013
〈서울〉				
구인 규모 (A, 건)	301,393	168,713	376,099	372,457
구직 규모 (B, 건)	592,806	374,749	721,074	832,249
실제 취업자 (C, 명)	120,363	103,338	198,633	258,969
일자리 부족량 (A–B, 건)	**–291,413**	**–206,036**	**–344,975**	**–459,792**
일자리 충원률 (C/A, %)	**39.9**	**61.3**	**52.8**	**69.5**
공식 실업률(%)*	5.1	4.8	4.7	4.0
〈울산〉				
구인 규모 (A, 건)	30,269	20,102	48,278	77,822
구직 규모 (B, 건)	59,731	33,839	73,168	67,701
실제 취업자 (C, 명)	15,982	9,202	19,238	43,025
일자리 부족량 (A–B, 건)	**–29,462**	**–13,737**	**–24,890**	**+10,121**
일자리 충원률 (C/A, %)	**52.8**	**45.9**	**39.8**	**55.3**
공식 실업률(%)*	4.2	3.5	3.6	2.1

주) 공식실업률은 통계청 발표(KOSIS)에 의함.

이러한 사실은 두 도시의 실업발생 요인이 시기별로 상이할 것임을 시사한다. 실업문제가 '노동력 수요부족'과 '미스매치 요인'에 의하여 발생한다고 가정한다면, 서울의 경우 '노동력수요 부족'이 2000년대 전 기간에 실업발생의 주요 요인 가운데 한가지라고 설명할 수 있다. 그러나 울산의 경우에는 2010년까지는 서울과 마찬가지로 '노동력수요 부족'이 실업발생 요인 가운데 한가지이지만, 구직규모가 구인규모보다 더 적은 시기(2013년)에는 단순히 "노동력수요 부족 때문에 실업이 발생한다"고 단정할 수 없다.

실제로 두 도시의 실업률과 일자리 충원률을 보면, 울산과 서울의 실업발생 요인을 단순한 노동력 수요 부족의 문제로 설명하기는 어렵다는 점을 확인할 수 있다. 먼저 실업률을 보면, 울산의 경우 2013년에 2.1%이지만, 이 시기 청년층(15~29세)과 중년층(30~59세) 실업률은 각각 8%, 7%를 기록하였다. 또한 서울의 경우에도 실업률은 2000년대 들어서 4% 이상을 지속하여 울산보다 더 높은 수준이다. 그럼에도 불구하고 두 도시에서 제공되는 일자리 가운데 상당한 규모가 적절한 인력을 찾지 못하고 '빈 일자리'로 남아 있다. 두 도시의 일자리 충원률은 과거보다는 최근에 더 높아지는 경향을 보이지만, 모든 일자리에 구직자들이 충원된 것은 아니다. 서울의 경우에 구직자가 가장 많았던 2013년에도 일자리 충원률은 70%이하 이며, 울산의 경우에도 충원률이 가장 높은 시기에도 50%를 약간 상회하였다. 특히 울산의 경우 2013년에 구직규모가 구인규모보다 부족함에도 불구하고 여전히 낮은 일자리 충원률을 기록하고 있다.

2) 구조적 미스매치

미스매치 총량 변화

울산과 서울의 구조적 미스매치 총량은 시기별로 상이한 추이를 나타낸다. 2000~2005년에는 일자리 수요·공급량이 하락함에 따라서 구조적 미스매치 총량도 하락하였다는 점은 두 도시에서 공통적으로 나타났다. 그러나 일자리 수요·공급량이 동시에 증가한 2005년 이후에, 서울에서는 구조적 미스매치 총량의 '증가'와 '감소' 현상이, 울산에서는 미스매치의 지속적인 '증가' 추세가 나타났다([그림 6-1]). 일자리 공급량 자체가 일자리 수요량에 못 미치는 서울지역의 경우에는 미결합되는 일자리 총량이 많지 않았으며, 일자리 공급량이 수요량에 비하여 많은 울산의 경우에는 미결합되는 일자리 규모도 더 많아졌다. 그 결과 2000년에 서울보다 낮았던 울산의 구조적 미스매치 총량은 2000년대 들어서 계속 증가하여 2013년에는 서울보다 훨씬 높은 수준이다.

[그림 6-1] 울산과 서울의 구조적 미스매치 총량 변화(2000~2013년)

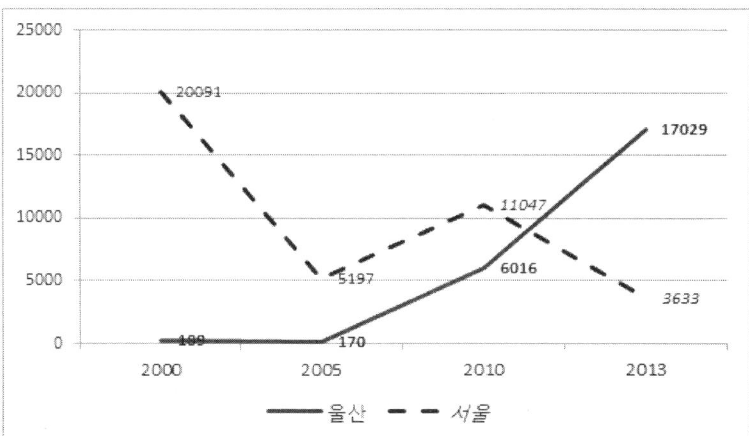

또한 두 지역의 구조적 미스매치는 일자리 수요·공급 총량 보다는 직업별 수요·공급 격차에 더 많은 영향을 받았다. 개념적으로 볼 때, 구조적 미스매치가 '구직자가 희망하는 직업의 일자리 총량이 부족하여 다른 직업의 빈 일자리를 선택할 경우에 해소될 수 있는 일자리'를 의미하므로, 일자리 수요·공급 격차가 많이 발생하는 직업을 중심으로 울산과 서울의 구조적 미스매치가 발생하였다.

서울지역 노동시장에서 일자리 부족량이 가장 많은 직업군은 사무·관리·전문직이었다([표 6-3]). 2000년에 일자리 부족량이 가장 많았던 단순노무직의 구직규모가 2000년대 중반부터 감소한 반면, 사무·관리·전문직 일자리 부족량은 동 시기에 계속 증가하여 2013년에 27만 여개의 일자리가 부족한 상황이었다. 한편 서울에서 일자리 부족량이 가장 적은 직업군은 판매·서비스직이었으며, 이 가운데 영업·판매 관련직에서는 구인초과 현상이 나타났다. 원자료(WORKNET)의 26개 직업 가운데 25개 직업에서 일자리가 부족하였으나, 영업·판매직에서는 2010년이후 구인규모가 구직규모보다 더 많고 2013년에는 3,000여개의 초과량을 기록하였다.[16] 따라서 일자리 총량 자체가 부족한 서울의 경우에, 25개 직업을 희망하는 구인자들이 판매·서비스직 일자리를 희망할 경우에는 구조적 미스매치도 양적으로 하락할 가능성이 있다.

직업별 구직·구인규모의 차이는 서울보다 울산에서 좀 더 명확하다. 울산의 경우에는 4개 직업군이 '일자리 부족'과 '일자리 초

16) 영업·판매직 일자리 변화는 동 시기 도·소매, 음식·숙박업체 증가의 결과로 해석할 수 있다. 통계청 자료에 의하면, 2006년에 86만여 개였던 도·소매 사업체 수는 2013년에 96만여 개로 증가하였고, 음식·숙박업체도 동 기간에 6만 4천여 개가 증가하였다. 따라서 이러한 사업체에서 근무할 노동력에 대한 수요도 증가하였다는 점을 쉽게 알 수 있다. 자세한 논의는 통계청(2015)을 참고.

과' 직업군으로 양분되었다([표 6-3]). 사무·관리·전문 직업군과 판매·서비스 직업군은 일자리를 찾는 사람은 많지만 일자리 공급량이 부족한 분야이다. 특히 사무·관리·전문 직업군은 2013년 일자리 부족량이 1만여 건을 상회하며 조사기간 가운데 가장 높은 수준이었으며 이러한 직업군에서의 구직경쟁률도 2.17:1에 이른다.

[표 6-3] 울산과 서울의 직업군별 일자리 부족량(2000~2013년)

일자리 부족량	2000	2005	2010	2013
〈서울 합계〉	-291,413	-206,036	-344,975	-459,792
• 사무·관리·전문직	-108,701	-122,057	-202,583	-271,744
↳ 사무·관리 관련직	-85,543	-84,482	-120,069	-156,245
• 판매·서비스직	3,533	-2,760	-19,933	-37,904
↳ 영업·판매 관련직	11,509	-3,656	10,757	3,112
• 생산관련 기능직	-40,361	-41,226	-32,810	-68,096
• 단순노무직	-145,884	-39,987	-89,038	-81,356
〈울산 합계〉	-29,462	-13,737	-24,890	+10,121
• 사무·관리·전문직	-7,147	-6,386	-19,236	-10,557
↳ 사무·관리 관련직	-6,059	-4,519	-13,124	-9,825
• 판매·서비스직	-950	-1,357	-3,244	-2,931
• 생산관련 기능직	-4,482	-2,642	1,082	17,134
↳ 기계 관련직	576	977	3,480	4,950
↳ 재료 관련직	1,128	846	265	6,053
• 단순노무직	-16,883	-3,352	-3,490	6,476

주) 일자리 부족량은 '구인규모-구직규모'

반면 기계·재료관련 일자리 등 생산관련 직업군에서는 구인난이 매년 확대되었다. 이 직업군의 구인규모는 2000~2012년에 5배 증가하였으나 구직규모 증가율은 2배에 불과하였고 2010년에는 구인규모가 구직규모보다 1만여 건 이상 많아 심각한 '일자리 수요부족' 상태에 있다. 이러한 구인초과 현상은 비록 규모는 생산관련직에 비하여 적지만 단순노무직에서도 나타났으며, 두 직업군에서의 구인초과 현상이 울산지역 노동시장 전체의 일자리 공급초과를 낳았다고 해도 과언이 아니다.

미스매치 지수 변화

울산과 서울의 구조적 미스매치 변화는 Jackman and Rogers(1987)의 미스매치 지수를 통해서도 확인된다. 총 인구수 및 경제규모가 다른 두 도시는 매년 구인·구직규모 값에서도 크게 차이나기 때문에, 이를 표준화 한 미스매치 지수는 두 도시의 현실을 좀 더 명확히 보여준다. 분석결과를 보면([표 6-4]), 두 도시의 구조적 미스매치 지수 변화는 총량적 변화와 크게 다르지 않다. 서울의 경우 지수가 가장 높았던 시기는 2000년이었으며, 이후 감소추세를 나타냈고, 울산의 경우에는 2000년 이후 매년 지수값이 증가하여 2013년에는 서울보다 더 높은 구조적 미스매치를 기록하였다.

최근 두 도시에서 구조적 미스매치 지수에 가장 많은 영향을 미친 직업군도 사무·관리·전문직이다. 서울의 경우에 사무·관리·전문 직업군이 구조적 미스매치에서 차지하는 비중은 17%(2000년)에서 54%(2013년)로 증가하였고, 울산의 경우에도 이러한 비중이 각 각 10%와 41.9%를 차지하였다. 반면 두 도시에서 2000년에 가장 높은 수준을 보이던 단순노무직의 비중은 2013년까지 계속 하락하여 가장 낮은 수준이다. 특히 원 자료의 26개 직업을 기준으로 비교하면, 최근 들어서 울산과 서울의 구조적 미스매치에서 차지하는 비중이 가장 높은 직업은 사무관리직(일반 관리직 및 경영·회계·사무관련 직종)이다.

[표 6-4] 울산과 서울의 구조적 미스매치 지수 변화(2000~2013년)

미스매치 지수	2000	2005	2010	2013
〈서울 총 지수〉	20.7 (100)	19.2 (100)	15.7 (100)	16.3 (100)
• 사무·관리·전문직	3.6 (17.2)	6.9 (35.6)	5.5 (33.4)	8.9 (54.7)
↳ 사무·관리 관련직	2.7 (13.0)	3.8 (19.8)	1.7 (10.8)	4.2 (25.2)
• 판매·서비스직	5.7 (27.7)	6.6 (34.2)	5.4 (34.6)	5.1 (31.2)
↳ 영업·판매 관련직	4.9 (23.7)	2.9 (15.1)	3.8 (24.2)	3.2 (19.6)
• 생산관련 기능직	2.7 (13.1)	2.4 (12.5)	3.2 (20.6)	1.9 (12.1)
• 단순노무직	8.7 (41.9)	3.3 (17.5)	1.8 (11.4)	0.3 (2.1)
〈울산 총 지수〉	9.8 (100)	14.5 (100)	26.9 (100)	28.6 (100)
• 사무·관리·전문직	1.0 (10.6)	4.4 (30.1)	9.2 (34.0)	11.9 (41.9)
↳ 사무·관리 관련직	0.2 (2.1)	2.6 (18.6)	6.2 (23.0)	8.1 (28.3)
• 판매·서비스직	1.7 (17.1)	1.8 (12.3)	1.9 (6.9)	2.5 (8.7)
• 생산관련 기능직	3.1 (31.9)	4.8 (33.0)	10.3 (38.1)	9.9 (34.6)
↳ 기계 관련직	1.5 (15.3)	2.3 (15.8)	5.0 (18.6)	2.8 (9.8)
↳ 재료 관련직	0.8 (8.2)	0.1 (0.7)	2.1 (7.8)	3.6 (12.6)
• 단순노무직	3.9 (40.4)	3.6 (24.5)	5.6 (20.9)	4.2 (14.8)

주) 구조적 미스매치 지수는 Jackman and Rogers(1987)의 미스매치 지수 값

또한 두 도시의 구조적 미스매치가 판매서비스직(서울)과 생산관련 기능직(울산)에 많은 영향을 받는다는 점도 확인할 수 있다. 서울의 경우에 판매서비스 직업군의 미스매치 비중이 30%로서, 생산관련 기능직이나 단순노무직에 비하여 더 높은 수준이며, 울산의 경우에는 생산관련 기능직의 미스매치 비중이 34.6%로서, 과거 높은 비중을 차지하던 단순노무직에 비해서 더 높은 수준이다. 26개 직업별로 비교해도, 서울의 경우 영업·판매직은 19.6%, 울산의 경우 기계·재료관련 기능직은 22.4%의 비중을 차지할 정도로 구조적 미스매치에 미치는 영향이 크다.

두 지역 노동시장 미스매치 지수의 시기별 변화도 주요 직업군의 구인·구직 비중 격차변화를 통해서 확인할 수 있다([그림 6-2]와 [그림 6-3] 참고). 2005년과 2013년을 비교하면, 서울의 구조적 미스매치 지수는 감소하고 울산의 지수는 대폭 증가하였는데, 이러한 지역별 차이는 사무·관리·전문 직업군 등 주요 직업군에서의 구인·구직 비중 격차 변화와 일치한다. 해당 지역의 구인(혹은 구직) 규모 전체에서 각 직업군 구인(혹은 구직) 규모가 차지하는 비중을 기준으로 하면, 서울의 사무·관리·전문 직업군 비중 격차는 2005년보다 2013년에 더욱 감소한 반면, 울산의 경우에는 이 직업군의 비중 격차가 증가하였다(2005년 구인비중 27%, 구직 비중 35% ; 2013년 구인비중 24%, 구직비중 43%). 또한 이러한 시기별 증감 추이는 지역노동시장의 일자리 초과공급 직업군에 해당하는 판매·서비스 직업군(서울)과 생산관련 기능직(울산)에서도 동일하게 나타났다. 서울에서의 판매·서비스직업군 비중 격차는 2005~2013년에 하락한 반면, 울산에서의 생산관련 기능직 비중 격차는 오히려 증가하였다.

[그림 6-2] 서울의 구인·구직 비중의 격차
(직업군별 구인비중 – 구직비중)

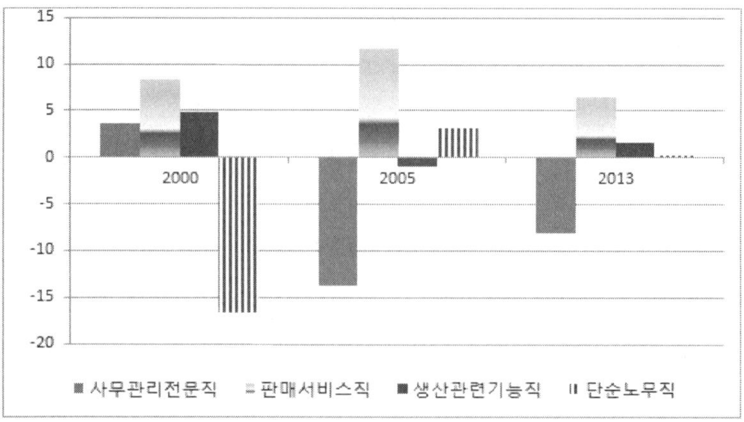

결국 미스매치에 대한 총량적 분석이나 지수를 활용한 분석에서 공통적으로 나타난 결과는 대학 졸업자 등 고학력층의 일자리 수요 증가와 일자리 공급량의 괴리가 지역별 미스매치의 핵심이라는 점이다. 또한 두 도시를 비교하면, 사무·관리·전문 직업군 등 주요 직업의 구인·구직 격차가 서울보다 울산에서 더욱 확대됨에 따라서 구조적 미스매치가 울산에서 더 많이 발생하였다.

[그림 6-3] 울산의 구인 · 구직 비중의 격차
(직업군별 구인비중 - 구직비중)

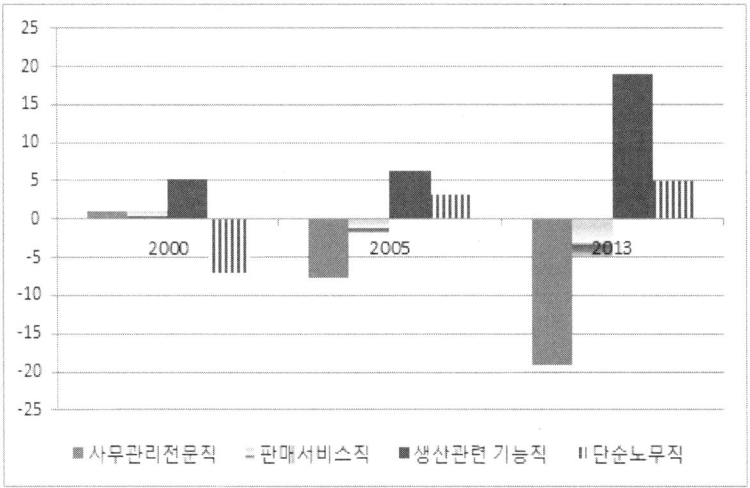

이러한 결과는 최근 고학력층의 실업문제가 두 지역에서 서로 상이함을 의미한다. 사무·관리·전문 직업군 등 고학력층 선호 직업군에서의 구인·구직 격차가 서울보다는 울산에서 더 크고 지속적으로 확대된다는 점을 볼 때, 고학력층이 체감하는 실업문제는 서울보다 울산에서 더욱 심각하다. 실제로 2013년 실업자의 학력분포를 보면, 서울의 실업자 가운데 16%가 대졸이상 학력층이며, 울산의 경우에는 이러한 학력층의 비중이 44%를 차지한다.[17] 따라서 사무·관리·전문 직업군을 중심으로 하는 일자리 미스매치 문제가 해결되지 않으면, 지역노동시장에서 일자리 공급량이 수요량에 비하여 많은 경우에도 고학력층의 실업문제가 쉽게 해결되지 않을 것이다.

6. 결론

2000년 이후 울산과 서울의 사례 연구는 노동시장 미스매치가 '탈산업화'와 같은 경제구조의 질적 변화보다는 직업별 일자리 수요·공급의 '양적 변화'에 의하여 확대될 수 있다는 이론적 시사점을 제공한다. 산업화가 강화되는 울산의 사례는 제조업 중심 노동력 수요와 고학력화 되는 노동력 공급의 격차가 구조적 미스매치를 확대한다는 사실을 보여주며, 탈산업화가 지속된 서울의 사례는 노동력 수요·공급의 시기별 차이에 따라서 구조적 미스매치가 증가 혹은 감소할 수 있음을 보여준다. 물론 '탈산업화'와 같은 지역경제 구조변동의 미스매치 효과를 분석하기 위해서는 '산업화에서 탈산업화로 경제구조가 변화하는 지역'을 선택하고 이 연구보다 더 장기간의 노동시장 변화를 분석해야 한다. 그럼에도 불구하고 두 도시의 사례는 노동시장의 부문(직업)별 수급구조 변화에 따라서 구조적 미스매치가 크게 변화할 수 있다는 이론적 시사점을 제공한다.

울산과 서울의 실업문제는 일자리 총량 부족뿐만 아니라 노동시장 미스매치에 의하여 발생한 것으로 해석할 수 있다. 서울은 2000년대에 일자리 공급량 자체가 수요량에 비하여 부족하고 대부분의 직업군에서 일자리 부족현상이 나타나 실업율도 울산에 비

17) 실업자의 학력별 구성에 대한 자세한 통계는 경제활동인구조사(KOSIS) 참고.

하여 더 높다. 반면 울산은 2000년대 초기만 해도 일자리가 부족하여 실업문제가 발생한 바 있으나 2010년 이후에는 구인규모가 구직규모보다 더 많아 일자리 부족문제는 상당히 해소되었고 실업률 자체는 서울보다 더 낮다고 할 수 있다. 그럼에도 불구하고 구인업체들이 적절한 업무능력을 갖는 인력을 찾지 못하여 울산의 일자리 충원률은 낮으며, 일부 구직자들은 희망하는 일자리를 찾지 못하고 있다. 따라서 일자리 총량의 부족보다는 지역노동시장 미스매치가 고도성장기 울산지역 실업문제의 주요 요인이다.

울산과 서울의 노동시장 미스매치는 구인자 혹은 구직자 등 개인차원의 일자리 미스매치 문제가 아니라, 지역노동시장의 노동력 수요·공급 구조를 반영한 결과이다. 두 도시에서 공통적으로 나타난 청년층 중심의 '고학력화 경향'은 직업별 노동력 공급량에 영향을 미쳤으며, 울산의 블루칼라 중심 고용구조와 서울의 화이트칼라 중심 고용구조는 직업별 노동력 수요량에 영향을 미쳤다. 두 도시의 구조적 미스매치는 이러한 지역별 중점 직업군의 일자리 수요·공급 격차에 의하여 필연적으로 발생한 결과이다. 전통적으로 사무·관리·전문직 일자리 비중이 낮았던 울산의 경우에는 서울보다 더 빠른 속도로 고학력층 노동력이 증가하였음에도 불구하고 이들이 선호하는 일자리 공급량이 적기 때문에, 구조적 미스매치 지수에 미치는 영향도 매년 높아졌다. 반면 각 지역 노동시장에서 많은 일자리를 제공하는 영업·판매 관련직이나 생산관련 기능직에 대한 노동력 공급량은 매년 줄어들고 있다. 결국 두 도시의 구조적 미스매치는 구상기능을 중심으로 하는 서울보다는 실행기능을 중심으로 하는 울산에서 더욱 확대된다.

이러한 결과는 조선업 위기와 전반적인 경기침체를 경험하는 최근 울산지역의 실업문제에 대해서도 많은 설명력을 갖는다. 실업문제가 '일자리 수요 부족'과 '일자리 수요·공급 격차'에 의하면 발생한다면, 울산은 2010년대 초반기까지만 해도 많은 일자리를 제공하였기 때문에, 전자(일자리 수요 부족) 보다는 '주요 직업군에서의 일자리 수요·공급 격차'가 실업문제의 주요 원인이었다. 그러나 제3장에서 자세히 설명한 바와 같이 2015년의 조선업 위기를 계기로 일자리 총량이 감소하고 '안정적 일자리 감소, 불안정 일자리 증가' 경향이 된다면, 노동시장에서 제공되는 일자리 자체가 줄어들어 '일자리 수요 총량 부족'에 의한 실업문제도 새롭게 발생한다. 따라서 지역노동시장이 생산직 중심의 고용구조를 그대로 유지하고 고학력층 선호 일자리를 확대하지 못한다면, 경제위기는 '주요 직업군에서의 일자리 수요·공급 격차' 뿐만 아니라 '일자리 수요 총량 부족'에 의한 실업문제를 더욱 확대할 것이다.

제 7 장

청년의 구직시기별 취업 현황

1. 서론

청년층은 울산지역 노동시장에서 매우 심각한 실업문제를 경험하고 있다. 제1장에서 소개하였듯이, 울산의 청년층(15~29세 연령층) 고용률은 2000년 이후 45%를 넘어선 경험이 없으며, 2005년 이후에 지속적으로 감소하여 최근에는 가장 낮은 수준을 기록하였다. 많은 청년들이 학교를 졸업한 후에도 원하는 일자리를 찾지 못하고 장기간 실업상태에 있으며 일부는 구직행위를 포기하거나 상급학교로 진학하는 경우도 많다. 또한 장기간 구직활동에도 불구하고 취업 가능성이 적어지자, 특별한 경제활동이나 교육활동에 참여하지 않는 청년층(NEET: Neither in Employment, Education or Training) 규모도 증가하고 있다. 경기변동에 따른 채용규모 감소, 기업의 채용방식 변경, 교육과 취업의 연계부족, 적절한 직업훈련 기회 부족 등 많은 요인들로 인하여 청년 실업문제는 심각한 지역

사회문제로 남아 있다.

그러나 우리가 울산지역 청년 실업문제와 관련하여 일반적으로 파악할 수 있는 것은 특정 시점에서의 고용관련 통계수치에 국한된다. 많은 언론이나 연구자들은 연령별 고용률 혹은 실업률 수치를 제시하지만, 이 수치는 기본적으로 횡단면 자료(cross-sectional data)의 결과이므로 청년의 고용률이나 실업률이 구직기간에 따라서 어떻게 변화하는지 알 수 없다.

청년고용의 현실을 파악할 때, 구직기간 혹은 실업기간과 같은 '시간'의 문제는 매우 중요하다. 노동시장에서 구직행위와 취업결과는 단시간에 이루어지지 않는다. 모든 구직자는 노동시장에서 일자리와 구인업체 정보를 확보하는데 일정한 시간이 필요하며, 사업체들도 구직자에 대한 인적 사항을 확인하고 채용과정을 마칠 때까지 몇 개월의 시간이 소요된다. 특히 취업경험이 부족한 청년 구직자들의 경우에는 일자리 탐색(searching) 기간이 취업경력자에 비하여 더 길 것으로 예상할 수 있다. 공무원시험을 준비하는 청년은 시험 준비부터 최종선발에 이르기까지 많은 시간이 필요하며, 학원을 다니면서 취업에 필요한 준비를 하거나 희망 기업체의 입사시기를 기다리느라 일정한 시간이 경과되는 경우도 많다. 따라서 청년 고용문제를 좀 더 명확히 파악하기 위해서는 청년층의 '구직에서 취업에 이르는 기간'을 함께 고려해야 한다.

다행히 일부 연구자들이 한국사회 청년층의 고용문제를 '시간'의 관점에서 본격적으로 분석하고 있다(김혜원, 2008, 정인수, 2003). 김혜원(2008)은 경제활동인인구조사 원자료의 각 연도별 실업자가 다음 시기에 취업자가 될 확률을 계산하고, 청년의 구직확률은 장년 및 중고령층과 크게 차이나지 않는다고 설명한다.

또한 한국사회 청년층에 대한 패널자료 연구결과도 발표되었다. 한국고용정보원은 종합대학과 전문대학 졸업자를 대상으로 '대졸자 직업이동 경로조사' 자료를 구축하고 졸업 후 취업여부 등을 조사하였다. 이 자료에 의하면, 2005년 대학졸업 후 1년 6개월이 지난 시점에서 취업한 학생은 60.1%이며(남기곤, 2008), 2009년 9월 1차 조사당시 대졸 미취업자 가운데 2년 후 실시한 추적조사 당시(2011년 9월) 취업한 사람은 전체의 67.2%이다(한국고용정보원, 2012). 또한 일부 학자들은 교육수준이나 직업수준이 높을수록 자녀 스스로 본인의 직업을 통한 사회경제적 지위상승에 대한 기대수준은 높지만, 현실적으로 이에 상응하는 일자리가 없을 경우에는 선택하지 않는 일자리 '지연(遲延)' 현상이 나타난다고 설명한다(장기영, 2008). 그러나 아쉽게도 이러한 연구들에서 지역차원의 청년층 고용문제를 파악할 수 없다.

이 글은 '구직활동에서 취업에 이르는 기간'을 고려하여, 울산지역의 청년 고용문제를 실증적으로 분석한다. 울산지역 청년층의 취업(혹은 실업) 가능성이 구직기간이 지남에 따라서 어떻게 변화하는지 파악하고, 청년층의 인적 특성이나 직업 등을 기준으로 구직시기별 취업확률을 분석한다. 또한 울산 청년층의 고용현황을 다른 집단과 비교한다. 울산지역 청년층의 현실을 전국 청년층과 비교하여, 동일한 연령층임에도 불구하고 청년층 고용문제가 갖는 '지역적' 특성을 설명한다. 그리고 울산지역 청년층을 동지역 중장년층과 비교하여, 동일한 지역임에도 불구하고 청년층 고용문제가 갖는 '연령별' 특성을 설명한다. 이러한 작업은 '지역'과 '연령'의 특성이 청년고용에 미치는 영향을 설명하는데 많은 시사점을 제공할 것이다.

2. 이론 및 연구방법

1) 이론

전 세계적으로 경기불황이 확산되고 일자리가 축소되는 상황에서 가장 큰 타격을 입은 연령층은 청년층이다. 2012년 미국의 청년 실업률은 16.3%에 이르며, 유럽 주요 국가들의 청년 실업률은 평균 23.3%로서 전 연령층 실업률(10.6%)의 2배 이상에 이른다(Eurostat, 2014). 청년 실업률은 과거에도 전 연령층의 실업률보다 높은 경향을 보였으나, 최근 들어서 더욱 악화되는 경향을 보인다(Kovic, 2014).

따라서 주요 국가별로 거시적 혹은 미시적 차원에서 청년 실업문제를 연구하고 정책을 제시하는 일이 많아졌다. 먼저 거시적 차원의 연구는 OECD 국가에서의 청년실업률 문제를 국가별 노동시장제도, 실업자 지원제도, 노동력 수요공급 구조 등과 관련하여 설명한다. 학자들은 OECD 국가 가운데 미국과 유럽, 혹은 유럽 내 국가별로 청년실업률이 상이하다는 점을 설명하기 위하여 적극적 노동시장 정책, 청년실업자 지원을 위한 복지제도, 조세제도, 연령별 인구구조 및 노동시장 구조 등을 비교하였다. 2008년 이후 유럽에서 경기불황이 지속됨에 따라서 프랑스, 그리스, 이탈리아, 스페인 등 유럽 대부분의 국가에서 청년실업률이 증가하였으나, 적극적 노동시장정책, 현장연계형 직업교육제도 등이 활성화된 독일의 경우에는 청년 실업률이 하락하였다(Cahuc, Carcillo, Rinne and Zimmermann, 2013).

미시적 차원에서는 1970년대 등장한 직업탐색이론(job search theory) 등이 구직행위에 대한 동태적 방법론으로 청년들의 취업 문제를 설명한다. 구직자는 특정 시점(t)에 최적의 일자리를 선택하고 '구직행위를 멈추는 경우'(optimal stopping rule, 취업)도 있지만, 자신에게 최선의 일자리가 아니라고 판단하면 이를 선택하지 않고 다음 시점(t+1)에서 비슷한 구직과정을 반복한다(Faggin, 2014). 이러한 논리는 구직과정이 시간의 흐름(t, t+1 등)에 따라서 이루어지는 일련의 역동적인 과정(a dynamic sequential process)이라고 설명함으로써, 구직기간별 취업가능성 혹은 장기 실업과 같은 문제를 파악하는데 많은 시사점을 제공한다.

이러한 시각은 청년 구직자 개인 단위의 분석에 유용하다. 구직행위가 시작된 후 실제 취업하기까지의 과정은 개인적 특성에 따라서 달라지는데, "연령, 교육, 직업경력 등이 구직자 개인의 유보임금(reservation wage)에 영향을 미치며 특정 시점에서의 일자리 선택에 영향을 미친다."(Blau, 1992). 직업탐색 비용이 임금수준과 불일치할 경우 청년 구직자들은 구직활동을 포기하거나 해당 일자리를 선택하지 않아 시간이 더욱 소요된다. 또한 현재의 청년세대는 구직 경험이 부족하기 때문에 직업의 세계에 대한 정확한 정보가 부족하다. 특히 인력충원방식이 기존 노동력의 사회적 연줄망을 활용하거나 경력직 네트워크를 활용하는 방식으로 진행된다면, 학교를 졸업한 청년 구직자들은 이러한 사회적 자본이 부족하여 채용에 실패한다. 따라서 청년층은 구직과정에서 상당히 많은 시간을 필요로 하며, 장기적으로는 구직·취업·실업·구직포기 등이 복합적으로 연계된 '일련의 역동적 과정'을 경험할 것이다.

구직에서 취업의 시기별 변동을 연구하는데 많이 활용되는 연구방법은 K-M 생존분석(Kaplan-Meier Survival Analysis)이다. 이 방법은 관심대상 모집단의 생존시간 즉, 특정 사건이 발생할 때까지의 시간(duration and timing of events)에 대한 통계적 추론을 위한 분석기법으로서, 사회과학 뿐 만 아니라 의학(예, 환자의 생존 가능성 분석)이나 경영학(예, 기업의 생존 가능성 분석) 등에서 많이 활용된다(Kaplan and Meier, 1958). 이 방법은 특정한 상태에서 다른 상태로 전환하는 것(transition)을 하나의 사건(event)이 발생한다고 정의하고, 시간의 흐름에 따라서 이러한 사건이 발생할 가능성을 생존함수 추정치(K-M survival estimates)로 계산하는 것이다.

이 글에서도 구직자의 '취업'을 하나의 '사건'으로 정의하고, 구직기간에 걸쳐 '취업'이라는 사건이 발생할 확률(취업확률)을 계산한다. 또한 취업확률은 시간의 흐름을 고려한 취업 가능성을 의미하므로, 이 연구는 해당기간 '내'에 취업할 가능성을 나타내는 순간취업률과 해당기간 '까지' 취업할 가능성을 의미하는 누적취업률을 제시하여 청년층 취업현실을 파악한다.

2) 자료

이 글은 국내의 노동시장에 관한 가장 오래된 종단면 자료인 한국노동패널(Korean Labor & Income Panel Study)의 2~13차 개인조사 원자료를 활용한다. 이 자료는 1998년에 전국 5,000가구를 표본으로 추출하여 개인의 인적 사항, 구직활동, 취업 상황, 임금 및 근로조건 등 노동시장에 관련된 많은 항목들을 반복하여 조사한 패널자료로서, 산업사회학 및 노동경제학 분야 등 다양한 사회과학 분야의 실증연구에 활용되어 왔다.

이 글은 한국노동패널 개인자료에서 구직활동이 있는 응답자를 선택한 후, 지역·연령·직업 등 구직자 개인 특성별로 취업여부(취업/미취업)를 정리하고 구직기간별로 취업확률을 분석한다. 먼저 한국노동패널 연도별(2~13) 개인조사 자료를 취합한 143,992개의 표본 가운데 구직활동 경험자 10,817개를 선택한다. 또한 구직기간은 조사대상자가 응답한 구직 시작시기(년, 월)와 종료 시기(년, 월)를 계산하여 월 단위로 환산한다. 최종 선정된 표본은 전국적으로 9,547개의 표본이며, 울산지역 표본은 144개이다. 이 가운데 울산지역 청년층(20~29세) 표본은 64개, 전국 청년층 표본은 3,476개이다.

울산지역 청년층의 표본 수가 많지 않음에 따라 분석결과가 울산지역의 특징으로 일반화하기에는 일정한 한계가 있을 수 있다. 그럼에도 불구하고 생존분석은 적은 표본 수를 통해서도 유의미한 결과를 얻을 수 있다는 장점이 있기 때문에, 울산과 전국의 청년층 혹은 울산 청년층과 다른 연령층의 시기별 취업결과를 집단별로 비교하는데 유용하다.

3. 울산 청년층의 취업기회 구조

청년층의 취업 가능성은 이들이 지원할 수 있는 일자리의 연령별 자격조건에 따라서 결정된다. 구인업체들이 직원을 채용할 때 연령을 제한할 경우에는 특정한 연령층에게 기회를 제공하는 것이지만, 연령제한 없이 채용할 경우에는 모든 연령층에게 기회를 제공하는 것이다. 전자를 특정한 연령층에게만 기회를 제공하는 '협의의 취업기회'라고 한다면, 후자는 모든 연령층에게 기회를 제공하는 '광의의 취업기회'라고 할 수 있다. 지역노동시장은 이처럼 연령 등으로 차별화되는 취업기회구조(employment opportunity structure)를 갖는다.

청년 구직자의 입장에서 볼 때, 두 가지 취업기회는 상이한 경쟁을 낳는다. 일자리 지원자격을 '20대' 등 청년층으로 한정하는 경우에는 청년층만 경쟁하지만, 일자리 지원자격을 전 연령층에게 허용할 경우에는 청년층과 중장년층이 경쟁해야 한다. 이러한 의미에서 취업기회의 연령별 구조는 청년층의 취업 가능성에 영향을 미치며, 이러한 구조의 지역별 혹은 전국적인 비중이 지역별 청년 취업가능성에 직접적인 영향을 미친다.

전국 각지의 고용지원센터에 등록된 신규채용 일자리 정보를 이러한 관점에서 정리하면, 협의의 청년취업기회와 광의의 청년 취업기회를 파악할 수 있다([표 7-1]). 2012년 울산과 전국의 청년층이 지원할 수 있는 협의의 취업기회를 보면, 20~29세 청년층만 신규 채용하려는 일자리 비중은 전국보다는 울산에서 좀 더 많다. 2012년 울산에서의 청년층 인력 수요는 574건으로 지역 내 신규 채용의 10.9%를 차지하지만, 전국적으로는 8.1%에 불과하다. 그러나 광의의 취업기회는 전국보다 울산에서 더 적은 비중을 차지한다. 연령과 무관하게 신규 채용하려는 일자리 비중은 울산에서 59.8%로서 전국 평균 비중(67.7%)보다 낮다.

물론 울산의 청년층도 전국의 일자리에 지원할 수 있으므로 울산 청년층의 취업기회가 반드시 울산지역내 취업기회에 의하여 결정된다고 단언할 수 없다. 그러나 제1장과 제4장에서 정리한 바와 같이, 지역의 청년구직자는 취업 후 생활여건, 가족 및 친구(사회적) 관계 등을 고려하여 일정한 공간에서 구직하며 최근에는 일자리가 많은 수도권에서의 높은 물가로 인하여 본인의 거주지역에서 일자리를 찾으려는 경향이 강하다. 따라서 울산지역 청년층에게 제공되는 광의의 일자리 비중이 70%에 이른다는 점은 청년층과 다른 연령층의 취업 경쟁이 울산에서도 상당한 수준으로 존재함을 시사한다.

[표 7-1]에서 흥미로운 것은 전체 신규채용 일자리 가운데 청년층보다는 30대이상 중장년층에게 취업기회를 제공하는 일자리가 더 많다는 점이다. 울산의 경우 전체 일자리 가운데 30% 정도는 30~64세 연령층에게만 지원 자격을 부여하며, 이러한 수치는 전국평균(24.1%)보다 더 많다.

[표 7-1] 청년층 취업기회 : 울산과 전국의 비교(2012년)

(단위: 명, %)

구분	전국	울산
신규채용 일자리 합계	207,868 (100)	5,260 (100)
연령별 구분 - 20~29세 (협의의 취업기회) - 30~64세 - 연령 무관	 16,786 (8.1) 50,250 (24.1) 140,832 (67.8)	 574 (10.9) 1,541 (29.3) 3,145 (59.8)
광의의 취업기회 (20대와 연령무관의 합계)	157,618(75.8)	3,719 (70.7)

이러한 사실은 경력직 채용확대 경향이 울산에서 좀 더 확대되었다는 점을 의미한다. 경제위기이후 한국의 많은 기업들은 단기적 비용절감 및 이윤 증가를 위하여, 재교육·훈련비용이 발생하는 신입직원 채용을 기피하고 해당분야의 실무 투입이 가능한 경력직 채용을 선호하였다.[18] 울산지역에서 30대 이상 연령층을 선호하는 일자리 비중이 20대 연령층을 선호하는 비중보다 더 높다는 것은 이러한 경력직 선호 현상이 지역노동시장에서 확대됨을 의미한다. 현재와 같은 경력직 선호의 채용관행이 존재하는 한 '연령무관' 일자리는 20대 청년층에게 '제한'된 취업기회이다. 경력이 상대적으로 적은 청년층 구직자는 30대 이상 중장년층에 비하여 취업에 유리한 조건이 아니며, 일자리 종류에 따라서는 취업 가능성이 더욱 낮아질 가능성도 존재한다.

또한 울산의 취업기회는 제조업 생산직 중심이다. 2012년에 전국적으로 생산관련직에서의 신규채용 일자리가 52.5%를 차지하

18) 경력직 선호 현상은 최근까지 지속되어, 2014년에 25.2% 이었던 기업의 경력직 채용비중은 2015년에도 27.1%로 증가하였다(한국경영자총협회. 2015).

지만, 울산에서는 이러한 직종의 일자리 비중은 65.3%에 이른다. 반면 사무관련직에서의 신규채용 일자리는 전국(26.3%)보다는 울산(20.3%)에서 적은 비중을 차지한다.

결국 울산지역 청년층의 입장에서 볼 때, 취업기회가 다른 지역보다 더 많다고 주장할 만한 근거는 없다. 고학력화 되는 울산지역 청년층이 도전할 수 있는 취업기회 자체가 전국보다는 울산에서 상대적으로 적으며, 울산지역에서 제공되는 일자리도 이들이 기피하는 생산직 중심이다. 현재 고학력 청년층이 민간기업보다는 공공부문, 중소기업보다는 대기업, 생산직보다는 사무직이나 전문기술직 일자리를 선호하는 경향이 있다는 점을 고려하면,[19] 지역에서 제공되는 일자리의 특성과 청년층의 실업문제가 밀접히 관련됨을 알 수 있다.

[표 7-2] 신규채용 일자리의 직종별 비중 : 울산과 전국의 비교(2012년)

(단위: 명, %)

직업군 구분	전국	울산
합계	207,868 (100)	5,260 (100)
직업군별		
- 사무관련직(사무·관리·전문·행정직 등)	54,692 (26.3)	1,066 (20.3)
- 서비스직(판매·서비스·운송직)	44,068 (21.2)	761 (14.5)
- 생산관련직(기계·재료·화학 기능직 등)	109,108 (52.5)	3,433 (65.3)

19) 한국고용정보원(2014)에 의하면, 대학 및 대학원 취업준비생이 가장 희망하는 기업유형은 대기업이며(37.9%)과 공공기관(공기업, 정부행정기관 포함, 35.6%)이다.

4. 구직기간별 취업 현황

1) 전 연령층의 구직기간별 취업률

이 글은 노동시장에서 '구직자가 취업자로 전환되는 사건이 발생하기 위해서는 일정한 시간이 필요하다'는 전제에서 시작하였으므로, 울산 청년층에 대한 분격적인 분석에 앞서 이러한 전제가 사실인가에 대하여 파악할 필요가 있다. 울산의 전 연령층을 대상으로 시기별 취업확률을 정리한 [표 7-3]은 울산지역 구직자의 시기별 취업 현실을 보여준다.

먼저 누적취업률('구직시작 시점부터 해당 구직기간까지' 취업할 가능성)을 보면, 울산에서 15~64세 연령층이 구직활동을 시작한지 1개월이 지나면 구직자의 20%가 취업에 성공하며, 3개월까지의 구직기간에는 48%, 구직 후 12개월이 지나면 72%가 최종적으로 '취업자'로 전환한다. 통계청의 경제활동인구 조사방식을 인용하면, 울산에서의 '4주간 구직활동 기준' 취업률은 20%이며, 구직기간이 장기화 될수록 취업률이 점차로 높아진다.

그러나 누적취업률 수치를 보면, 울산에서 구직자의 52%는 총 3개월의 구직활동에도 불구하고 취업에 성공하지 못하였으며, 28%는 12개월의 구직에도 불구하고 여전히 실업상태에 있다. 더구나 구직자의 10% 정도는 노동패널자료가 허용하는 총 기간(구직활동 시작 후 1년 이상) 동안 미취업 상태로 남아 있다. 취업기간이 장기화됨에 따라서 취업률이 높아지는 것은 사실이지만, 28%에 해당하는 구직자들이 12월의 구직활동에도 불구하고 여전히 실업상태에 있다.

또한 해당 구직기간별 순간취업률은 '구직기간 2개월'을 고비로 하락한다. 구직기간의 초기라고 할 수 있는 구직활동 시작후 2개월까지는 시기별 취업률이 점차로 증가하였으나, 2개월이 지난 후에는 순간취업률이 하락하였다. 특히 구직 후 6개월이 지난 시점에서는 각 시기별(6~12개월, 12개월 이상) 취업률이 10%에도 못 미친다. 이것은 울산에서 단기간에 취업에 성공하지 못한 구직자들은 구직기간이 장기화 될수록 순간 취업률도 하락하는 경향을 나타낸다.

울산의 구직자를 대상으로 한 이러한 결과는 전국의 모든 구직자를 대상으로 해도 크게 다르지 않다. 전국의 순간취업률과 누적취업률을 보면, 구직자들의 취업 성공 가능성은 시간이 지남에 따라서 지속적으로 높아지는 경향을 보이지만, 취업에 성공하기까지 오랜 동안 구직활동을 계속해야 한다. 또한 구직활동이 장기화 될수록 순간취업확률은 매우 낮아지며 일부 구직자는 1년 이상의 구직활동에도 불구하고 장기 실업상태로 남아 있다.

[표 7-3] 전 연령층(15~64세)의 구직기간별 취업확률 : 울산과 전국의 비교

	구직기간	전체 표본수	취업 사건수	중도절단 사례수	누적 취업확률	순간 취업확률
울산	1개월 이내	144	28	5	0.20	0.22
	1~2개월 이내	111	24	13	0.38	0.26
	2~3개월 이내	74	11	4	0.48	0.17
	3~6개월 이내	59	19	10	0.66	0.14
	6~12개월 이내	30	4	16	0.72	0.03
전국	1개월 이내	9,547	1,799	406	0.19	0.21
	1~2개월 이내	7,342	1,682	623	0.39	0.27
	2~3개월 이내	5,037	755	460	0.48	0.17
	3~6개월 이내	3,822	994	764	0.63	0.11
	6~12개월 이내	2,064	586	795	0.76	0.07

주) 전체는 1년 이상 구직활동 후 취업한 사람을 포함.

2) 울산지역 연령별 취업확률과 청년층의 고용문제

울산지역 구직자들이 단기적으로나 중장기적으로 취업에 어려움을 겪는 가운데, 취업난이 가장 심한 연령집단은 29세이하 청년층이다. 생존분석기법을 활용하여 연령별 취업률을 비교하면([표 7-4]), 울산지역에서 시기별 취업확률이 가장 높은 집단은 50대 연령층이며, 가장 낮은 집단은 청년층이다.

울산지역 청년층의 누적취업률은 전 구직기간에 걸쳐서 다른 연령층에 비하여 낮다. 총 구직기간 2개월 미만의 초기 취업률은 50세이상 구직자에서 가장 높고, 29세 이하 청년층에서 낮으며, 총 1년의 장기간 구직후 취업할 가능성도 29세이하 청년층에서 가장 낮다. 울산의 50세이상 연령층이 총 3개월의 구직기간에 취업할 가능성은 55%인데 반하여, 청년층의 경우에는 43%에 불과하다. 이러한 연령별 격차는 구직기간이 장기화 될수록 더욱 확대된다. 울산지역 50세이상 중장년층 가운데 86%가 구직 후 1년 이내에 취업에 성공하지만, 청년층 가운데 이러한 취업자 비중은 62%에 불과하다.

사실 울산에서 청년층과 다른 연령층의 취업률 격차는 구직활동 직후부터 시작되었다. 구직후 1개월 내 순간취업률은 50세 이상 연령층의 경우에 56%인데 반하여, 29세이하 청년층에서는 18.6%에 불과하다. 또한 구직후 2~3개월 기간의 순간취업률도 청년층의 경우에는 10% 수준에 머물러 있으나, 40대와 50대의 경우에는 이 보다 높다. 따라서 청년층은 구직활동 초기부터 다른 연령에 비하여 더 큰 취업난을 경험한 세대로서, 구직기간이 장기화될수록 40대 혹은 50대이상 구직자와의 취업률 격차가 더욱 확대된다.

결국 울산지역 청년의 장기 실업률은 횡단면자료에 기초한 통계청 분석결과보다 훨씬 심각하다. 청년층은 단기적으로 일자리를 찾지 못할 경우에 50세 이상 장년층보다 더 오랜 기간 실업상태로 남아 있다. 청년층 가운데 구직활동을 단념한(discouraged) 사람들이 많은 것은 다른 연령층에 비하여 높은 장기실업률의 결과라고 할 수 있다.

[표 7-4] 울산지역 구직자의 연령별 취업확률

	구직기간	전체 표본수	취업 사건수	중도절단 사례수	누적 취업확률	순간 취업확률
29세 이하	1개월 이내	66	11	3	0.17	0.18
	1~2개월 이내	52	8	8	0.31	0.18
	2~3개월 이내	36	6	2	0.43	0.19
	3~6개월 이내	28	8	8	0.62	0.13
	6~12개월 이내	12	0	6	0.62	-
30~39세	1개월 이내	33	6	0	0.18	0.20
	1~2개월 이내	27	7	3	0.41	0.32
	2~3개월 이내	17	2	0	0.47	0.13
	3~6개월 이내	15	3	1	0.59	0.08
	6~12개월 이내	11	3	5	0.73	0.07
40~49세	1개월 이내	24	2	1	0.09	0.09
	1~2개월 이내	21	7	0	0.39	0.40
	2~3개월 이내	14	3	1	0.53	0.25
	3~6개월 이내	10	6	0	0.81	0.29
	6~12개월 이내	4	0	3	0.81	-
50세 이상	1개월 이내	21	9	1	0.45	0.56
	1~2개월 이내	11	2	2	0.55	0.22
	2~3개월 이내	7	0	1	0.55	-
	3~6개월 이내	6	2	1	0.71	0.15
	6~12개월 이내	3	1	2	0.86	0.11

3) 울산 청년층과 전국 청년층의 취업확률 비교

울산지역 청년 취업난은 전국의 청년층 사례와 비교할 때에도 나타난다. 만약 청년 취업난이 다른 연령층에 비하여 '부족한 경력'에서 비롯된 것이라면, 연령별 취업률 격차는 전국이나 다른 지역에서 비슷한 결과를 나타낼 것이다. 그러나 청년층의 취업난이 경력직 선호 현상이외에도 다른 요인에 의한 결과라면, 울산과 전국의 청년 고용문제는 많은 차이를 나타낼 것이다.

[표 7-5]와 [그림 7-3]은 청년층 가운데 노동시장에 진입할 가능성이 더 높은 20대 연령층만을 선택하여 울산과 전국의 결과를 비교한 것이다. 누적취업률을 보면, 전국적으로 3개월 이내의 구직기간에 취업한 20대 청년층은 49%이지만 울산의 경우에는 43%이며, 구직 후 12개월내 취업한 20대 청년층은 전국적으로 78%인데 반하여, 울산에서는 62%에 불과하다. 또한 순간취업률을 비교하면, 울산과 전국은 6개월까지는 일정한 격차를 유지하지만, 6개월이후에는 매우 큰 차이를 보인다. 결국 1년간 구직행위를 하더라도 취업하지 못하고 실업자 혹은 비경제활동인구로 남아 있는 청년층이 전국 다른 지역보다는 울산에서 더 높은 비중을 차지한다.

[표 7-5] 울산지역 및 전국 청년(20~29세) 구직자의 취업확률

Interval (구직기간)	울산			전국		
	전체 표본수	누적 취업확률	순간 취업확률	전체 표본수	누적 취업확률	순간 취업확률
1개월 이내	64	**0.16**	0.17	3476	**0.19**	0.21
1~2개월 이내	51	**0.30**	0.19	2688	**0.39**	0.28
2~3개월 이내	35	**0.43**	0.19	1843	**0.49**	0.19
3~6개월 이내	27	**0.62**	0.14	1384	**0.66**	0.13
6~12개월 이내	12	0.62	–	691	0.78	0.07

[그림 7-3] 청년층의 순간 · 누적 취업률 : 전국과 울산의 비교

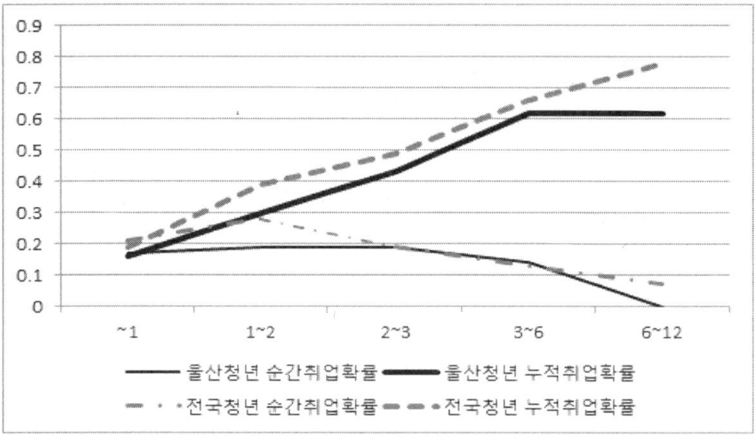

전국과 울산의 청년층 취업확률 차이는 직업별로 비교할 때 좀 더 명확하다. 사무·관리·전문직 등 이른바 화이트칼라 일자리를 희망하는 청년층의 취업확률은 6개월의 구직기간에는 울산과 전국에서 비슷하지만, 6개월 이후에는 울산에서 더 낮다. 또한 생산관련직 취업률은 구직기간에 상관없이 전국 평균보다 울산에서 훨씬 낮다. 생산관련직을 희망하는 울산청년 가운데 2개월 이내 취업자는 7%에 불과하며 6개월 이내 취업자는 56%에 이른다. 반면 전국적으로는 동일한 구직기간의 취업자 비중은 각 각 33%, 61%에 이른다. 전국과 울산 청년층의 직업별 취업률 격차는 판매 · 서비스관련직에서 좀 더 명확하다. 2개월의 구직활동 후 판매 · 서비스관련직 취업에 성공한 청년층은 울산에서 13%이지만 전국적으로는 45%에 이르며, 구직기간이 장기화되더라도 울산과 전국 청년층의 판매 · 서비스직 취업 가능성은 여전히 큰 격차를 보인다. 총 6개월 동안 구직활동후 이 직종에 성공한 청년층은 울산에서 57%이지만, 전국적으로 71%에 이른다.

[표 7-6] 울산지역 및 전국 청년(20~29세) 구직자의
누적 취업확률 : 직업별 구분

Interval (구직기간)	울산			전국		
	사무·관리·전문직	생산·기능·관련직	판매·서비스 관련직	사무·관리·전문직	생산·기능·관련직	판매·서비스 관련직
1개월 이내	0.23	0.07	0.12	0.21	0.15	0.23
1~2개월 이내	0.43	0.07	0.13	0.43	0.33	0.45
2~3개월 이내	0.56	0.31	0.30	0.54	0.44	0.55
3~6개월 이내	0.74	0.56	0.57	0.71	0.61	0.71
6~12개월 이내	0.74	0.56	0.57	0.84	0.75	0.81

5. 결론

이 글은 청년층의 '구직기간'을 기준으로 취업문제를 분석하였다. 구직자들의 순간취업률과 누적취업률을 보면, 구직자들의 취업가능성은 시간이 지남에 따라서 지속적으로 높아지는 경향을 보이지만, 취업에 성공하기까지 오랜 구직기간이 소요된다. 또한 구직활동이 장기화 될수록 순간취업확률은 매우 낮아지며 일부 구직자는 1년 이상의 구직활동에도 불구하고 장기 실업상태로 남아 있다.

이러한 분석결과는 통계청 등이 지역고용조사를 기초로 발표하는 실업률 현황보다 더욱 현실적으로 지역 청년층의 실업문제를 설명한다. 지역고용조사와 같은 횡단면 자료 분석이 특정한 시점을 기준으로 청년 실업률을 설명하지만, 종단면 조사자료에 대한 생존분석기법은 시간이 지남에 따라서 청년고용률이 변화하는 현실을 구체적으로 설명한다. 특히 2-3개월의 구직기간에도 불구하고 순간취업률이 낮아진다는 결과는 구직활동 초기의 노력

이 청년 구직자에게 매우 중요함을 보여준다.

또한 순간취업률이나 누적취업률을 집단별로 비교하면, 울산 청년층의 취업문제가 지역내 다른 연령층이나 전국의 청년층에 비하여 더 어려운 상황임을 확인할 수 있다. 울산 청년의 취업 가능성은 전 구직기간에 걸쳐서 지역내 다른 연령층에 비하여 낮다. 울산지역 구직자들이 단기적으로나 중장기적으로 취업에 어려움을 겪는 것은 공통적인 사실이지만, 누적취업률이 가장 낮은 연령집단은 29세이하 청년층이다. 지역노동시장은 청년에게 협의의 취업기회와 광의의 취업기회를 제공하는 것으로 보이지만, 청년층은 취업성공을 위하여 30대이상의 경력직 구직자들과 경쟁해야 하며 실제로 취업 성공률도 이들에 비하여 낮다.

또한 울산의 20대 청년 취업가능성은 전국의 청년보다 더 낮다. 구직기간 6개월까지는 울산과 전국의 취업 확률이 비슷하지만, 6~12개월 기간에는 62%(울산)와 78%(전국)로 많은 차이를 나타낸다. 12개월의 구직기간에 취업하지 못한 구직자를 장기 실업자로 정의하면, 장기 실업자 비중은 울산의 경우 38%이고, 전국적으로는 22%에 이른다.

이러한 차이는 직업별 청년 취업률에서 좀 더 명확하다. 사무·관리·전문직, 생산관련직, 판매·서비스관련직에서의 취업률은 전국평균보다 울산에서 더 낮고 특히 후자의 두가지 직업군에서 전국과 울산의 청년취업률 격차가 좀 더 명확히 나타난다. 동일한 구직기간에서 나타난 청년층 취업확률이 울산지역 내 다른 연령층 혹은 다른 도시 청년의 경우보다 더 낮다는 사실을 고려하면, 지역노동시장에서의 청년실업문제는 이른바 잃어버린 세대(lost generation)의 심각성을 보여주는 슬픈 현실이다.

이러한 울산지역 청년층의 실업문제는 지역노동시장의 특성과 밀접히 관련되어 있다. '제조업 생산직 비중은 높고 서비스업은 취약한' 울산 산업구조 특성으로 인하여 생산직 관련 일자리기회는 많지만, 청년 구직자들은 생산관련 일자리보다는 사무·관리·행정직을 선호한다. 비록 구직기간이 지남에 따라서 청년 취업률이 증가하는 것은 사실이지만, 이들의 취업률은 전국의 청년층 혹은 지역내 중장년층 보다 낮다. 울산지역에 제공되는 다수의 일자리가 청년층 기피 일자리이고, 서비스산업의 일자리도 개인서비스분야에 집중되기 때문에, 고학력화 되는 울산지역 청년층의 실업문제는 다른 지역보다 더욱 심각하다고 할 수 있다. 따라서 울산지역 산업구조와 노동시장의 특성이 변화하지 않는다면, 울산지역 청년의 실업문제는 쉽게 해결되기 어렵다.

제 8 장

성별 분절화와 여성의 노동시장 지위

1. 서론

한국 여성의 고용지위가 선진국 기준으로 볼 때 매우 열악하다는 점은 잘 알려진 사실이다. 경제협력개발기구(OECD)가 발표한 국가별 "남녀임금격차 현황(Gender Wage Gap)"에 의하면, 한국의 남녀 임금 격차는 2014년 기준 36.7%로 OECD 국가 평균수치(15.5%)의 2배에 이르며, 회원국가 가운데 가장 높은 격차를 나타냈다(OECD, 2016). 특히 "임신·출산·육아와 가족의 돌봄 등을 이유로 경제활동을 중단하였거나 경제활동을 한 적이 없는 여성 중에서 취업을 희망하는" 경력단절 여성이 2013년 상반기에 거의 200만명에 이르며, 이들은 20~54세 미취업 기혼여성의 48.1%에 이른다(한국여성정책연구원, 2014).

한국의 많은 학자들은 성별 불평등 추이와 여성 노동력의 내적 불평등 문제를 구체적으로 분석하고 있다. 여성의 경제활동참여가 노동시장 및 임금불평등에 미치는 영향을 분석한 보고서가 다수

발표되고 있으며, 성별 노동시장 불평등에 영향을 미치는 개인적, 조직적, 사회문화적 요인을 실증적으로 분석하는 논문도 발표되고 있다(사명철, 2015; 류호상·장인봉·염영배, 2013; 김영옥, 2012; 정성미, 2012; 허수연, 2012). 특히 여성의 노동시장 지위하락과 밀접히 관련되는 경력단절 문제에 대한 연구도 활발히 진행되고 있다. 한국의 경력단절 여성은 가사와 양육, 직업이라는 '여러마리 토끼'를 잡기 위해 고군분투하는 상태에 있으며(조소연·임예윤, 2015; 민현주, 2008), 자녀양육의 현실 등을 고려하여 전일제 보다는 시간제를 더 선호한다는 연구결과도 존재한다(최민정, 2015; 김난주, 2014; 김양희, 2013; 김종숙·이지은, 2012; 김선화, 2010; 장지연·김민영·장원섭, 2010).

그러나 지역차원의 여성 고용현실을 구체적으로 분석하는 연구는 많지 않다. 많은 연구들이 한국사회 노동시장 전체에서 여성 고용현황과 성별 차이를 분석하지만, 지역노동시장에서 발생하는 성별 불평등 문제를 집중적으로 분석하는 연구는 적은 편이다. 일부 연구가 주요 지방자치단체의 여성 고용현실을 설명하지만(유상미, 2014; 이인원·강인성·조연숙, 2012; 김선화, 2010; 경남발전연구원 인적자원개발지원센터, 2008), 성차별의 지역적 현황을 설명하거나 여성고용 지원방안을 서술하는데 그치고 있다.

울산지역은 한국사회에서 여성 고용의 현실을 명확히 나타내는 사례이다. 여성 비경제활동인구는 전국적으로 줄어드는 추세이지만 울산에서는 지속적으로 증가하고 있으며, 울산 여성의 고용률도 전국 여성 평균치에 비해서도 낮다. 또한 최근 지역경제사회의 변화를 고려할 때, 울산 여성의 일자리 문제가 매우 중요한 사회문제가 될 것이다. 고학력층이 확산되면서 안정적 일자리를 찾는 여성이 늘어날 것이며, 최근과 같이 울산의 제조업 생산활동이 위축되고 불황이 장기화되면 생산직의 고임금구조가 지속되기 어렵고 그동안 노동시장에 참가하지 않은 여성의 경제활동참가 욕구는 더욱 높아질 것이다.

그러나 여성고용이 가장 낮은 산업도시에서의 여성고용 현실에 대해서는 잘 알려져 있지 않다. 울산 여성이 취업하는 일자리의 종류와 임금수준은 남성과 어떻게 다른가? 울산지역 여성의 고용지위는 한국사회 전체 여성의 고용지위와 다른 특성을 나타내는가? 경력단절 경험은 여성의 고용에 어떤 영향을 미치는가? 울산에서의 경력단절에 따른 여성의 고용지위 하락은 한국사회 전체의 경향과 어떤 차이를 나타내는가?

이러한 의문은 울산지역 노동시장의 성별 격차뿐만 아니라 여성의 지역 간 차이를 분석함으로써 구체적으로 해명될 것이다. 특히 지역차원에서 노동시장 지위와 임금수준의 성별 차이를 실증적으로 파악하는 작업은 여성의 지역노동시장 불평등 현실을 구체적으로 이해하고 지역과 여성의 이론적 연관성을 찾는데 많은 도움이 된다.

이 글은 울산지역 여성을 다음과 같은 두 가지 집단과 비교하고 성별 불평등 문제의 지역적 특성을 실증적으로 분석한다. 첫째, 울산지역의 여성과 남성을 비교한다. 노동시장이 제공하는 일자리 기회가 형식적으로는 동일하지만, 실제 취업률은 남성과 여성에서 많은 차이를 나타낼 것이다. 따라서 두 집단의 비교는 지역노동시장의 성별 격차를 명확히 보여줄 것이다. 두번째 비교방법은 울산 여성과 전국 여성을 비교하는 것이다. 한국사회에서 여성과 남성이 불평등한 노동시장 지위를 경험한다고 가정할 경우에도 여성이 살아가는 지역적 특성에 따라서 성별 불평등 정도가 달라질 것이다. 따라서 여성 고용문제를 지역별로 비교한다면, 지역노동시장의 특성이 여성의 노동시장 지위에 미치는 영향을 좀 더 명확히 파악할 수 있다.

2. 이론적 시각

여성의 노동시장 참여 및 성별 불평등을 설명하는데 많이 인용되는 개념은 성별 직종분리(occupational segregation by sex)와 노동유연화(labor flexibility) 이다. 두가지 개념은 전통적으로 노동시장에서의 성별 불평등이 발생하는 현상을 설명하며, 최근에는 여성 고학력층의 노동시장 진출 및 고용형태 다양화에 따른 지위 변화를 설명하는데 유용한 출발점이 된다.

노동시장에서의 성별 직종분리는 직업구조에서 남성과 여성이 불평등하게 분포되어 있는 현상을 설명한다. 노동시장은 매우 다양한 직업을 포함하는 다층적 구조로 이루어지며, 위계적 시각에서는 안정적이고 높은 임금을 받는 상층부 직업부문과 불안정하고 낮은 임금을 받는 하층부 직업부문 등으로 구성된다. 성별 직종분리는 이러한 위계적 구조의 상층부는 남성중심이며, 하층부는 여성중심이라는 '수직적 분리'를 지칭한다. 전통적으로 남성은 주요 산업의 관리·행정직, 전문·연구개발직 등 상대적 고임금 직종에 집중되어 왔으며, 대량생산체제에서는 기업규모 확대 및 노동조합 활동 등으로 남성 생산직에서의 임금수준도 지속적으로 상승하였다. 반면 여성은 전통적으로 가사업무를 담당하며 노동시장에 진입하는 경우에도 가사일과 연관성이 높은 개인서비스부문 혹은 남성 보조적인 저임금 직종에 집중되는 경향을 보여 왔다.

전통적 의미의 '수직적' 분리현상은 여성의 고학력화와 전문직 진출 확대로 인하여 다소 변화하고 있다. 일부 고학력층 여성이 전문직에 진출하면서 위계적 직업구조의 상층부 진입 사례가 증가하였고, 보육제도 및 성평등 고용정책 등이 확산되면서 사무·관리·행정직을 계속 유지하는 여성 취업자도 늘어났다. 동시에 여성 노동에 대한 전통적 인식이 사회적으로 남아 있어, 저학력 고연령층 기혼여성의 다수는 저임금 개인서비스직종에 고용된다. 이러한 변화는 성별 '수직적' 분리를 변화시키고, '직종별 여성 노동력 내부의 격차와 불평등'을 확대한다(강이수, 2001).

또한 성별 직종분리 현상은 직업내부에서도 나타난다. 원래 성별 직종분리를 주장하는 학자들은 동일한 직업군에서 성별로 상이한 업무를 담당하는 '수평적' 분리 현상을 설명해 왔다(Marshall, 1998). 동일한 직급에서도 타인의 업무를 관리감독하거나 의사결정과정을 주도하는 업무 담당자는 남성중심이며, 관리감독을 받는 단순반복 업무 담당자는 여성중심으로 구별된다. 금융업 은행원이라는 사무직 가운데 고객 대상의 창구업무 종사자의 다수는 여성이며, 은행창구 업무관리 혹은 인적자원 관리업무 종사자의 다수는 남성이라는 사실이 성별 '수평적 분리' 현상의 대표적인 사례이다.

전통적 의미의 성별 직종분리 현상은 최근 들어서 정보화와 노동유연화가 확대되면서 변화하고 있다. 후기산업사회의 정보화는 육체적 능력보다는 정보 활용 및 가공 능력을 중시함으로써, 여성고용을 확대하고 직종별 분리를 변화시킨다. 또한 노동유연화가 확산되면, 기업은 시장환경 변화에 적응하기 위하여 간접고용, 단기고용계약, 단시간 노동 등 다양한 고용방식을 도입하기 때문에 여성 고용기회도 확대되고 성별 분리도 변화한다(정이환, 2013). 이러한 노동시장 변화가 성별 불평등에 미치는 영향에 대해서는 학자에 따라서 많은 논의가 있다. 로렌스(Lorence)는 이러한 논의를 다음과 같은 두 가지로 정리한다. 한편으로는 정보화가 산업구조와 직업구조를 변화시킴으로써, 여성 고용기회를 확대하고 여성과 남성의 임금격차를 축소시킬 수 있으며, 다른 한편으로는 산업·직업구조 변동에도 불구하고 성별 직종분리 현상이 지속되어 성차별도 지속될 수 있다(Lorence, 1991). 특히 일부 학자들은 노동유연화가 여성취업자의 비정규직화를 낳음으로써, 성별 '수평' 분리 현상을 더욱 확대한다고 주장한다. 여성 취업률이 증가함에도 불구하고 많은 여성들은 계약기간이 짧거나 시간제 성격의 일자리에 취업하는 사례가 늘어나면서 동일 직종에서의 수평적 분리가 증가하고 여성의 수평적 하향화가 고착화된다(김양희, 2013; 이성균·김영미, 2010).

성별 직종분리의 시각에서 볼 때, 이러한 현상은 위계적 직업질서에서의 이중적 분리현상으로 해석된다. 상층부와 하층부로 구성된 수직적 직업구조에서 여성 취업자의 다수가 하층부 직업부문을 차지하는 현상을 위계질서의 '1차 성별 분리'라고 한다면, 동일한 직종의 고용지위가 정규직과 비정규직으로 구분되고 여성의 비정규직화가 확산되는 현상은 '2차 성별 분리'라고 할 수 있다.

노동시장에서의 이중적 분리는 성별 임금불평등에 영향을 미친다. 원래 노동시장구조가 임금을 결정하는 기제는 인적 자본, 산업, 직업, 종사상지위 등에서 다양한 방식으로 작동하며,[20] 여성들이 특정 노동시장 일자리에 집중 배치되는 '배치상의 차별(allocative discrimination)' 등 다양한 차별적 기제가 작동할 경우에 성별 임금격차가 발생한다(Peterson and Morgan, 1995). 고용주가 수직적으로 하향화되는 직업부문(1차 분리현상)과 비정규직으로 구분되는 일자리부문(2차 분리현상)에 여성 취업자를 집중 배치하고 이러한 일자리의 임금 및 기업복지혜택 등을 상대적으로 낮게 책정할 경우에,

20) 피터슨과 모간(Peterson and Morgan, 1995)의 차별기제에 대한 논리에서, '가치'에 대한 차별을 논의할 때, 여성노동에 대한 사회문화적 가치를 전제한다. 성별 임금 격차가 국가별로 상이한 것은 임금결정방식에 영향을 미치는 사회문화적 특성의 결과이기 때문이다. 임금결정기제의 성별 차이에 대한 자세한 논의는 이성균·김영미(2010)를 참고.

인적 자본과 무관하게 성별 임금격차가 발생한다고 설명할 수 있다.

3. 실증분석 자료 및 방법론

1) 연구방법

성별 직종분리 및 임금격차 등에 대한 본문의 실증분석에서는 다음의 두 가지 방법을 활용한다. 먼저 직업과 종사상 지위를 결합하여 성별 직종·지위 분리현실을 파악한다. 종래의 성별 직종분리에 대한 연구가 주로 직업을 중심으로 하는데 반하여, 이 글에서는 직업과 종사상 지위를 활용하여 울산 여성이 이중적 분절구조에서 차지하는 고용지위를 파악한다. 직업은 5개 집단(관리 · 행정 · 전문직, 사무관련직, 판매 · 서비스직, 생산관련직, 단순노무직)으로, 종사상 지위는 2개 집단(상용직과 임시일용직)으로 구분하고, 두가지 차원을 결합한 10개 직업 · 지위 부문별로 여성 고용 비중을 계산한다. 남성과 여성이 각 직업 · 지위 부문의 일자리에 균등하게 분포된 경우에는 여성 비중은 50%에 이를 것이다. 그러나 현실에서 특정한 직업지위 부문에 남성과 여성이 과다 집중된 경우에 성별 집중도 수치는 50%와 큰 차이를 나타낸다. 이러한 여성 집중도를 울산지역과 전국으로 구분하여 비교하면, 울산 여성 고용의 지역적 특성과 성별 특성을 동시에 파악할 수 있다.

둘째, 임금수준을 정리하고 로그임금에 대한 회귀분석을 실시한다. 취업자의 성, 연령, 학력, 결혼상태, 가구내 지위, 직업, 종사상 지위, 경력단절 경험 등을 독립변수로, 로그임금을 종속변수로 활용하여 여성의 고용지위와 임금의 인과성을 파악한다. 특히 성과 직업, 성과 종사상지위 등의 상호작용 변수를 회귀분석에 추가하여, 앞에서 이론적으로 설명한 '이중화된 성별 직종 분리'의 임금효과를 실증적으로 파악하고 여성의 저임금화 경향의 원인을 찾아본다. 여기에서 임금효과는 각 독립변수별 하위 범주의 임금격차를 의미한다. 예를 들어서, 5개 직업집단 가운데 '관리 · 행정 · 전문직'을 기준집단으로 설정하고 사무관련직 등 다른 4개 직업집단의 회귀계수 값을 정리하면, 이러한 직업집단간 임금격차의 존재 및 정도를 파악하고 직업을 기준으로 하는 수직적 분리에 따른 임금격차를 설명할 수 있다. 같은 논리를 적용하면, 종사상 지위를 나타내는 변수들도 성별 수평적 분리에 따른 임금격차를 설명한다.

2) 자료

이 글은 통계청의 "2015년 지역고용조사자료(부가조사, 마이크로데이터 C형)"를 활용하여 울산지역 여성 고용의 현실을 파악한다. 이 자료의 조사 항목은 인적 사항(가구주와의 관계, 성별, 연령, 교육정도, 혼인상태), 취업관련 사항(수입이 있는 일 여부, 취업시간, 산업, 직업, 종사상지위, 3개월 평균임금), 구직활동(취업희망여부, 비구직 사유, 지난 1년간 구직경험 여부) 등을 포함하므로, 여성의 경제활동일반 혹은 취업상태를 파악하는데 많은 도움이 된다. 특히 통계청은 매년 '경력단절 여부에 대한 조사'(부가조사)를 실시하고, 현 직장 취업 시기, 취업여성의 경력단절 경험여부, 근무경력 등에 관한 정보를 제공하기 때문에, 경력단절 여성의 현황 및 재취업 활동 상태를 파악하는데 유용하다.

이 글은 여성의 경제활동상태를 정리하기 위해서 15세이상 성인 여성을 포함하지만, 주요 분석내용인 성별 직종 · 지위 분리를 파악하기 위해서는 비경제활동인구 혹은 실업자 상태에 있는 여성은 제외한다. 최종 분석대상자는 소득이 있는 여성 취업자로서, 전국적으로 85,452명, 울산지역에서는 1,395명이며, 울산의 성별 차이를 비교하는 대상집단(울산 남성)은 2,611명이다.

원 자료 응답자의 인적 특성과 경제활동상태는 [표 8-1]과 같다. 15세이상 인구 가운데 울산 여성의 경제활동참가율은 43%로서, 전국 여성 평균 52%보다 낮으며, 울산 남성(75%)보다 훨씬 낮다.21) 이 가운데 소득이 있는 취업자의 종사상 지위를 구분하면, 여성의 자영업자 비중은 전국보다 울산에서 더 낮고, 임금근로자 비중은 울산에서 상대적으로 더 높다. 또한 30세이하 비중은 울산 여성에서 높고 46세이상 비중은 전국평균에서 높아 울산 여성 취업자들이 비교적 젊은 노동력임을 알 수 있다. 이러한 점은 여성 취업자 가운데 가구원 비중이 울산에서 더 높다는 점과 일맥상통한다. 학력별 비중을 비교해도, 울산지역 여성 취업자 가운데 고졸 및 대학재학이상의 비중은 울산 남성의 경우에 비하여 낮지만, 전국 여성에 비하여 높다. 울산의 여성 취업자 가운데 40%는 대학재학이상의 학력층인데 반하여, 전국 여성에서는 이러한 고학력층이 32%에 불과하다.

결국 울산 여성은 다른지역 여성에 비하여 소극적으로 노동시장에 참여하지만, 노동시장에 참가한 여성들은 고학력층 혹은 젊은 연령층을 중심으로 다른 지역에 비하여 적극적으로 취업상태를 유지하는 집단이다. 이것은 여성 가운데 경제활동인구와 비경

---

21) 여성의 경제활동참가율을 지역별로 보면, 서울 53.2%, 부산 48.3%, 광주 49.8% 등으로 울산지역 여성의 경제활동참가율이 전국 주요 도시보다 더 낮음을 알 수 있다. 또한 울산 남성의 경제활동참가율이 전국 남성 평균수치 71.1%보다 높다는 점을 볼 때, 지역노동시장에서의 성별 차이가 다른 지역보다 더 심하다는 사실을 확인할 수 있다.

제활동 인구, 취업자와 미취업자의 분리가 다른 지역보다는 울산에서 좀 더 명확히 나타난다는 점을 의미한다.

[표 8-1] 울산 여성의 경제활동상태 : 울산 남성 및 전국 여성과 비교

(단위: 명, %)

경제활동상태	울산 남성	울산 여성	전국 여성
응답자 합계	**3,556 (100)**	**3,670 (100)**	**209,900 (100)**
- 비경제활동 인구	864 (24.3)	2099 (57.2)	102,292 (48.7)
- 실업자	75 (2.1)	53 (1.4)	2,816 (1.3)
- 무급가족 종사자	6 (0.2)	123 (0.4)	19,340 (9.2)
- 자영업자	509 (14.3)	279 (7.6)	25,595 (12.2)
- 임금근로자	2,102 (59.1)	1,116 (30.4)	59,857 (28.7)
소득 있는 취업자 합계	**2,611 (100)**	**1,395 (100)**	**85,452 (100)**
연령			
30세 이하	266 (10.2)	248 (17.8)	11,778 (13.8)
31~45세	1,012 (38.8)	482 (34.6)	24,778 (29.0)
46세 이상	1,333 (51.1)	665 (47.7)	48,896 (57.2)
학력			
중졸이하	294 (11.3)	273 (19.6)	28,526 (33.4)
고졸이하	1,270 (48.6)	563 (40.4)	29,326 (34.3)
대학재학 이상	1,047 (49.1)	559 (40.1)	27,600 (32.3)
가구 내 지위			
가구주 지위	2,282 (87.4)	329 (23.6)	28,495 (33.3)
가구원	329 (12.6)	1,066 (76.4)	56,957 (66.7)
결혼 여부			
배우자 있음	2,018 (77.3)	900 (64.5)	52,154 (61.0)
배우자 없음	593 (22.7)	495 (35.5)	33,298 (39.0)

4. 취업자 분석결과

1) 성별 고용현황과 직종·지위 분리

울산 여성의 고용지위는 기본적으로 산업도시로서의 울산지역 경제의 특성을 반영한다. 울산 남성취업자의 절반 정도가 지역 내 주요 일자리라고 할 수 있는 생산관련직에 종사한 반면, 여성 취업자는 생산직보다는 판매서비스직과 관리·행정·전문직에서 훨씬 높은 비중을 차지한다([표 8-2]). 또한 취업자 전체의 종사상 지위를 기준으로 해도, 울산에서의 자영업자 비중은 남성과 여성에서 거의 같으나 임시일용직 비중은 남성보다 여성에서 더 높아 여성 고용의 불안정성을 알 수 있다.

울산지역 여성취업자 현황을 전국 여성과 비교하면, 판매서비스직이 다수를 차지한다는 점에서는 공통적이지만, 관리·행정·전문직 등 이른바 화이트칼라 종사자 비중이 울산에서 더 높고, 단순노무직 비중이 울산에서 더 낮다는 점에서 많은 차이가 나타난다. 또한 여성의 종사상 지위별 비중도 울산과 전국에서 다른 결과를 나타내는데, 울산지역 여성 가운데 상용직 비중은 전국 여성 평균 수치에 비해서 높고 불안정 취업자의 비중은 울산에서 더 낮다. 이것은 두 지역에서의 자영업 비중의 차이에서 기인한다. 전국적으로 여성 취업자의 30%가 자영업인데 반하여, 울산 여성의 경우에는 19%에 불과하다. 한국의 자영업자 다수가 소규모 음식·숙박업, 편의점 등 개인서비스부문에 종사한다는 점을 고려하면,[22] 서비스산업이

22) 고용노동부의 "임금구조 기본통계조사"에 의하면, 제조업에서 여성 취업자가 차지하는 비중이 28%인데 반하여, 소규모 상점 등으로 구성된 개인서비스업에서의 여성 비중은 40.7%에 이른다. 이러한 수치는 최근

취약한 울산지역에서 여성의 자영업자 비중이 전국 여성보다 소규모라는 점을 쉽게 이해할 수 있다.

[표 8-2] 울산 여성 취업자의 고용상태 : 울산 남성 및 전국 여성과 비교

(단위: 명, %)

경제활동상태	울산 남성	울산 여성		전국 여성	
		전체	경력단절 경험자	전체	경력단절 경험자
소득 있는 일자리 취업자 합계	2,611 (100)	1,395 (100)	953 (100)	85,452 (100)	49,742 (100)
직업별 구분					
- 관리·행정·전문직	338 (12.9)	363 (26.0)	213 (22.4)	16,472 (19.3)	8,117 (16.3)
- 사무관련직	454 (17.4)	236 (16.9)	125 (13.1)	12,868 (15.1)	6,356 (12.8)
- 판매 · 서비스직	263 (10.1)	428 (30.7)	332 (34.8)	24,826 (29.1)	16,494 (33.2)
- 생산관련직	1,293 (49.5)	125 (9.0)	89 (9.3)	5,502 (6.4)	3,669 (7.4)
- 단순노무직	263 (10.1)	243 (17.4)	194 (20.4)	25,784 (30.2)	15,106 (30.4)
종사상 지위					
- 자영업자	509 (19.5)	269 (19.4)	211 (22.1)	25595 (30.1)	13,306 (26.8)
- 임시일용직	358 (13.7)	414 (29.9)	323 (33.9)	24,611 (28.8)	17,448 (35.1)
- 상용직	1,744 (66.8)	702 (50.7)	419 (43.9)	35,246 (41.2)	18,988 (38.1)
취업시간구분					
- 단시간근로	203 (7.8)	329(23.6)	257 (27.0)	26,024 (30.5)	15,485 (31.1)
- 장시간근로	2,408 (92.2)	1,066 (76.4)	696 (73.0)	59,428 (69.5)	34,257 (68.9)

주) 단순노무직에는 농어업 종사자를 포함한다.

한편, 울산 여성취업자 가운데 1/4은 육아활동 등 가정내 역할로 인하여 경력단절을 경험하였고, 이들의 경력단절후 고용지위는 일반 취업여성에 비하여 낮은 수준이다. 직종별로 보면, 관리·행정·전문직과 사무관련직의 비중은 경력단절여성에서 더욱 줄어들었

음식점을 중심으로 하는 프렌차이즈 산업이 확대되면서 더욱 증가하는 추세이다. 자세한 수치는 국가통계포탈(KOSIS) 참고.

고, 판매서비스직과 단순노무직 종사자 비중은 오히려 증가하였다. 또한 종사상 지위별로는 상용직 종사자의 비중은 줄어들고 임시일용직 비중이나 40시간미만 단시간 취업자 비중은 증가하였다.

이러한 사실은 성별 직종·지위 분리정도에서 좀 더 명확하다. [표 8-3]의 수치는 지역별로 해당 직업·지위 부문의 취업자 가운데 여성이 차지하는 비중('성별 직업·지위 분리 정도')이다. 취업자 전체를 기준으로 하면, 울산의 직업·지위별 여성 비중은 33.7%로서 전국 평균(43.3%)보다 더 낮다. 취업자 전체의 성별 분포가 전국적으로 6(남성) : 4(여성)이지만, 울산의 경우에는 남성(7) : 여성(3)으로 남성 중심의 고용경향이 울산에서 더 명확히 나타난다.

또한 직업·지위별 여성비중을 보면, 울산에서 여성비중이 가장 높은 부문은 판매서비스-임시일용직, 사무-임시일용직, 관리행정전문-임시일용직이며, 가장 낮은 부문은 생산-상용직, 생산-임시일용직이다. 직업만을 고려할 때, 울산 여성 취업자의 다수가 판매서비스직과 관리·행정·전문직 등에 종사하고 있다고 생각할 수 있으나([표 8-2]), 직업·지위를 동시에 고려하면 이러한 직종의 상용직보다는 임시일용직에서 높은 비중을 차지하는 것이 현실이다.

울산과 전국을 비교하면, 전국적으로도 여성 집중도가 가장 높은 부문(판매서비스-임시일용직)과 가장 낮은 부문(생산-상용직)은 울산과 동일하지만, 생산관련직 등에서 이러한 직업·지위 분리정도의 지역적 차이가 나타난다. 울산지역의 생산-상용직에서 여성이 차지하는 비중은 8.6%로서, 울산지역 남성(91.4%) 뿐만 아니라 전국 여성 평균수치(14.8%)에도 못 미치며, 지역노동시장의 생산-임시일용직에서 여성이 차지하는 비중(11.6%)도 전국평균(17.2%) 보다 더 낮다. 울산지역 생산직이 주로 무거운 물체를 활용하거나 산업재해 등의 위험도가 높은 중화학공업이라는 점을 고려하면, 울산의 생산직에서 여성이 차지하는 낮은 비중은 전통적인 남성중심 일자리 부문에 여성이 취업하기 어려운 현실을 보여준다.

노동시장에서의 성별 분리정도는 경력단절 여성의 경우에 좀 더 명확하다. 경력단절 여성의 취업률이 하락함에 따라서 이들이 취업자에서 차지하는 비중도 울산과 전국에서 모두 하락하였고, 특히 울산의 경우에 여성비중이 가장 높았던 관리 · 행정 · 전문직 등 화이트칼라(상용직과 임시일용직) 부문에서 가장 많이 하락하였다. 반면, 직업적 위계질서의 하층부를 차지하는 단순노무직이나 생산직에서의 경력단절 여성 비중은 크게 하락하지 않았다. 울산 여성취업자 전체에서 가장 높은 비중을 차지하는 판매서비스 부문에서의 경력단절 여성 하락폭도 관리 · 행정 · 전문직만큼 크지 않아, 이 부문이 경력단절 여성이 가장 많이 고용되어 있는 부문으로 남아 있다. 최근 여성 취업자 증가는 전통적 개인서비스부문의 성장과 관련되는데, 울산지역에서도 경력단절 여성이 선택할 수 있는 일자리의 다수는 판매서비스-임시일용직 부문이다.

지역별로 비교하면, 전체 일자리부문에서 차지하는 경력단절 여성의 비중은 전국 평균(27.6%)보다 울산(23.6%)에서 더 낮아 성별 분리정도가 울산에서 더 큰 차이를 나타낸다. 또한 경력단절 여성의 고용비중이 가장 높은 직업 · 지위 부문과 가장 낮은 직업 · 지위 부문의 차이도 전국보다는 울산에서 더 크다. 이들의 고용비중이 가장 높은 판매서비스-임시일용직 부문과 가장 낮은 생산-상용직 부문의 차이가 울산에서는 56.8이지만, 전국적으로는 43.1에 불과하다([표 8-3]).

결국 여성과 남성의 직종 · 지위별 분리현상은 전국 평균보다는 울산지역 노동시장에서 좀 더 명확하다. 울산 여성은 노동시장에서 특정한 직업지위 부문에 집중화되어 있으며, 생산직 등 여성비중이 낮을 것으로 예상되는 부문의 비중은 전국 여성 평균수치보다 낮다. 경력단절 여성도 이러한 경향에서 벗어나지 않으며, 임시 일용직 등 불안정한 일자리에서 높은 비중을 차지한다.

[표 8-3] 여성의 직업 · 지위 부문별 비중 : 울산과 전국의 비교

(단위: %)

직업 · 지위 구분		울산			전국			차이 (울산-전국)	
		여성 전체 (A)	경력 단절 여성 (B)	비중 차이 (A-B)	여성 전체 (A)	경력 단절 여성 (B)	비중 차이 (A-B)	여성 전체	경력 단절 여성
전체		33.7	23.6	-10.1	43.3	27.5	15.8	-9.6	-4.0
관리 · 행정 · 전문직	임시 · 일용	74.3	50.0	-24.3	68.9	43.1	-25.8	5.3	6.8
	상용	49.3	26.5	-22.7	45.3	19.7	-25.6	4.0	6.8
사무 관련직	임시 · 일용	76.5	59.5	-17.0	67.3	45.3	-22.0	9.2	14.2
	상용	31.2	14.8	-16.4	41.5	18.9	-22.6	-10.3	-4.1
판매 · 서비스직	임시 · 일용	77.3	63.0	-14.3	76.4	53.0	-23.4	0.9	10.0
	상용	60.3	42.1	-18.2	56.0	37.6	-18.4	4.3	4.4
생산 관련직	임시 · 일용	11.6	8.8	-2.8	17.2	12.2	-5.0	-5.6	-3.3
	상용	8.5	6.2	-2.3	14.7	9.9	-4.8	-6.1	-3.6
단순 노무직	임시 · 일용	51.6	40.4	-11.2	54.3	40.4	-13.9	-2.6	-0.1
	상용	53.1	44.6	-8.5	46.6	34.6	-12.0	6.4	9.9
격차(최고비중-최저비중)		68.8	56.7	-12.1	61.6	43.1	-18.5	7.2	13.6

주) 표의 수치는 해당 직업 · 지위 부문의 취업자 가운데 여성이 차지하는 비중을, 비중차이는 비중이 가장 높은 부문과 가장 낮은 부분의 차이를 의미함.

2) 울산 여성의 임금수준 및 임금결정요인

여성 취업자의 임금 비교

울산지역 여성 취업자의 노동시장 지위를 나타내는 또 다른 지표는 임금수준이다. 노동시장의 성별 분리현상은 남성과 여성의

임금격차에도 직접적인 영향을 미칠 것으로 예상할 수 있는데, 이 자료에서도 울산 남성취업자의 평균임금은 267.6만원으로 여성 평균임금의 1.5배에 이른다. 울산이 전국적으로 고임금 지역으로 알려져 있으나, 이러한 고임금 혜택은 주로 남성취업자에 해당될 뿐이다. 물론 울산지역 여성의 임금은 전국 여성평균 수치보다 약간 더 높아 울산지역 여성의 경제적 수준이 다른 지역 여성취업자보다 더욱 열악하다고 말하기는 어렵다([표 8-4]).

[표 8-4] 여성 취업자의 임금수준 : 울산과 전국의 비교

(단위: 명, %)

	울산		전국	
	여성 취업자 전체	경력단절 여성	여성 취업자 전체	경력단절 여성
지난 3개월 평균임금(만원)	176.08	156.25	157.52	136.75
임금수준				
- 평균임금의 60% 이하	605 (47.7)	519 (54.5)	53,304 (62.4)	32,827 (66.0)
- 평균임금의 61~100%	513 (36.8)	339 (35.6)	22,456 (26.3)	13,623 (27.4)
- 평균임금의 100~140%	135 (9.7)	68 (7.1)	5,714 (6.7)	2,332 (4.7)
- 평균임금의 140% 이상	82 (5.9)	27 (2.8)	3,978 (4.7)	960 (1.9)

여성취업자의 임금수준은 경력단절 경험에 따라서 변화한다. 울산지역 경력단절 여성취업자의 평균임금(156만원)은 여성 취업자 전체 평균임금의 88% 수준이며, 경력단절 여성의 다수는 전체 취업자 평균임금의 60%이하에도 못 미치는 빈곤층이다. 울산지역 경력단절 여성의 임금수준이 전국 여성 평균 수치보다는 상대적으로 높지만, 절반이상이 평균 임금의 60%에도 못 미친다는 사실은 여성의 저임금화 현실을 잘 나타낸다.

여성 임금 결정요인의 비교

[표 8-5]에 의하면, 울산 여성의 임금은 다른 지역과 마찬가지로 연령, 학력, 직업 등 다른 조건이 동일한 경우에 남성에 비하여 더 낮다. 성, 학력, 연령의 계수값은 모두 통계적으로 유의미한 수준에서 임금에 영향을 미치며, 특히 여성의 임금은 학력이나 연령 등 다른 조건이 동일한 경우에도 남성에 비하여 낮다('성'의 계수값 -10.). 비록 계수값의 통계량 자체는 전국과 울산에서 약간의 차이를 보이지만, 전반적으로 동일한 경향을 나타낸다고 할 수 있다.

그러나 성별 분리현상이 임금에 미치는 영향은 전국과 울산에서 상이하다. 남성의 경우에 관리·행정·전문직(기준범주)과 다른 직업의 임금격차는 전국적으로 모든 직업에서 나타나며, 특히 단순노무직에서 임금이 가장 낮다. 그러나 울산 남성의 경우에는 관리·행정·전문직과 생산관련직의 임금격차는 없다. 전국적으로는 전자가 후자에 비하여 높은 임금을 받지만, 울산의 남성 대기업 생산직 임금은 다른 지역의 동일 직종 종사자에 비하여 높기 때문에 두 직업집단의 임금격차가 울산지역에서는 발생하지 않는다.

반면 울산 여성취업자의 경우에는 이러한 임금프리미엄 효과가 없다. 직업과 성의 상호작용을 나타내는 변수(직업*성)의 계수값을 보면, 관리·행정·전문직과 다른 4개 직업집단간 임금격차가 존재하며, 특히 여성 생산관련직의 임금이 가장 낮다. 또한 생산관련직*성의 계수값(-.22)이 전국적 현황보다 낮다는 점을 볼 때 여성 생산관련직의 임금이 울산지역 남성뿐만 아니라 전국 여성보다도 더 낮다고 할 수 있다. 결국 울산 여성의 임금은 직업을 기준으로 하는 수직적 위계구조의 지위에 많은 영향을 받으며, 지역 내 남성에서 나타나는 생산직의 고임금 혜택을 받지 못하기 때문에 울산지역에서 성별 임금격차가 명확함을 확인할 수 있다.

[표 8-5] 임금(로그임금) 결정요인 : 울산과 전국의 비교

구분	울산	전국
상수	2.62**	2.45**
– 여성	-.10**	-.11**
– 연령(기준범주=30세 이하)		
· 31~45세	.05**	.07**
· 46세 이상	.12**	.08**
– 교육수준(기준범주=중졸이하)		
· 고졸이하	.11**	.09**
· 대학재학이상	.14**	.17**
–직업(기준범주=전문 · 행정직)		
· 사무직	-.002	-.03**
· 판매서비스직	-.08**	-.09**
· 생산기능관련직	.02	-.07**
· 단순노무직(농어업 포함)	-.22**	-.20**
노동유연화 관련 변수		
– 임시일용직	-.20**	-.14**
– 단시간근로	-.22**	-.28**
성별 분리(직업 · 지위) 관련 변수		
– 직업*성		
· 사무직*여성	-.12**	-.10**
· 판매서비스직*여성	-.08**	-.08**
· 생산기능관련직*여성	-.22**	-.12**
· 단순노무직*여성	-.06**	-.08**
– 지위*성		
· 임시일용직*여성	-.06**	-.02**
· 단시간근로*여성	-.08**	-.02**
통계량 R2	.63	.64

* p〈0.05, ** p〈0.01

종사상 지위관련 변수들의 계수값도 노동시장의 성별 수평적 분리가 임금에 영향을 미치고 있음을 나타낸다. 전국이나 울산의 임시일용직은 상용직에 비하여 낮은 임금을 받으며, 임시일용직

이라는 동일한 종사상 지위에도 불구하고 여성은 남성보다 더 낮은 임금을 받는다(임시일용직*성의 계수값 참고). 이러한 현상은 노동시간을 기준으로 한 단시간 취업자와 장시간 취업자의 경우에도 확인되는데, 동일한 종사상 지위에도 불구하고 단시간 취업자의 임금은 장시간 취업자에 비하여 더 낮으며, '단시간 취업자'라는 동일한 상황에도 불구하고 여성이 남성보다 더 적은 임금을 받는다. 또한 이러한 변수들의 계수값을 지역별로 비교하면, 여성 취업자 가운데 임시일용직과 상용직, 단시간 취업자와 장시간 취업자의 임금격차는 전국보다는 울산에서 약간 더 크다. 따라서 울산지역 여성의 저임금화 혹은 성별 임금격차는 '수직적' 분리뿐만 아니라 노동유연화에 따른 '수평적' 분리와도 밀접히 관련된다.

울산지역 여성의 '경력단절 경험'도 임금에 많은 영향을 미친다. [표 8-6]은 울산 여성의 (로그)임금에 대한 인과성을 분석한 결과로서, '경력단절 경험' 등을 포함하지 않은 경우 (모형1)와 포함한 경우 (모형2)로 구분한 것이다. 먼저 경력단절 경험의 순 임금효과(net effect)를 보면, 울산지역 여성의 경력단절이 임금에 미치는 부정적 효과는 매우 크다. 동일한 인적 특성이나 노동시장 지위에 종사함에도 불구하고, 경력단절을 경험한 여성은 일반 여성에 비하여 더 낮음 임금을 받는다. 더구나 여성의 가정 내에서 가구주 지위와 배우자 유무의 계수값을 고려하면, 배우자가 있는 가구원으로서 경력단절 경험이 있는 여성이 동일한 직업이나 지위에도 불구하고 가장 낮은 임금을 받는다.

또한 여성의 경력단절 경험을 변수로 고려할 경우에 '연령'의 임금효과도 변화한다. (모형1)과 (모형2)를 비교하면, 연령의 임금 프리미엄 효과는 경력단절 경험 등의 변수를 고려하지 않는 (모형1)에서는 모든 연령층에서 존재하지만, 이러한 변수들을 추가한 (모형2)에서는 31~46세 연령층과 30세이하 연령층에서는 임금격차가 존재하지 않는다. 31~46세 연령층이 출산 및 육아 부담이 많은 연령층이라는 점에서, (모형1)에서 두 연령집단별로 임금격차가 나타난 것은 연령 자체의 순효과(net effect)라기 보다는 경력단절 경험이 작동한 결과로 보인다.

[표 8-6] 울산 여성의 임금(로그임금) 결정요인 : 집단별 비교

구분	울산 여성		전국 여성
	모형1	모형2	모형2
상수	1.44**	1.88**	1.57**
- 연령(기준범주 = 30세 이하)			
· 31~45세	.08**	.04	.05**
· 46세 이상	.09**	.05*	.06**
- 교육수준(기준범주=중졸이하)			
· 고졸이하	.08**	.07**	.10**
· 대학재학이상	.15**	.14**	.19**
- 직업(기준범주 = 전문 · 행정직)			
· 사무직	-.02	-.02	-.02**
· 판매서비스직	-.03	-.02	-.04**
· 생산기능관련직	-.05	-.05*	-.05**
· 단순노무직(농어업 포함)	-.14**	-.14**	-.13**
노동유연화 관련 변수			
- 임시일용직	-.13**	-.12**	-.12**
- 단시간 취업자	-.29**	-.29**	-.30**
성역할 관련 변수			
- 가구원 지위		-.06**	-.03**
- 배우자 있음		-.08**	-.06**
- 경력단절 경험 있음		-.07**	-.05**
통계량 R2	.48	.49	.60

* p〈0.05, ** p〈0.01

그러나 여성의 직업 혹은 노동시장지위가 임금에 미치는 효과는 두 모형에서 동일하게 나타난다. 울산 여성의 경우에 직업구분의 기준집단인 관리·행정·전문직과 임금격차가 발생하는 직업은 생산관련직과 단순노무직이며, 사무직 혹은 판매서비스직과는 임금격차가 없다고 해도 과언이 아니다(두 집단의 계수값 참고). 이러한 결과는 경력단절 경험을 고려한 경우와 고려하지 않은 경우에 공통적으로 나타난다. 또한 상용직과 임시일용직, 장시간 취업자와 단시간 취업자의 임금격차도 두 모형에서 동일하며, 계수값을 비교해도 임금격차의 크기는 거의 같은 수준이다.

결국 울산 경력단절 여성의 저임금화 경향은 노동시장에서의 위계적 분절구조에서 차지하는 지위와 가정내 성역할 수행에 따른 경력단절경험 등이 복합적으로 작용한 결과이다. 여성 취업자의 직업·지위별 이질성에 따른 임금격차는 경력단절 경험에 따른 임금격차와 무관하게 존재한다고 할 수 있으나, 현실적으로 여성의 가정내 역할에 따라서 특정 연령층에서 경력단절 가능성이 높아지고 이러한 경험에 따라서 노동시장지위가 결정되기 때문에 경력단절 여성의 저임금화 경향이 더욱 강화된다고 할 수 있다.

5. 결론

이 글은 울산 여성의 고용지위를 울산 남성 및 전국 여성과 비교함으로써, 노동시장의 성별격차에서 나타난 지역적 특성을 파악하였다. 울산 여성의 경제활동 참가율은 낮지만, 취업자 가운데 젊은 고학력층의 비중은 다른 지역 여성 평균수치보다 높다. 또한 여성 취업자 가운데 관리행정·전문직 종사자와 상용직 종사자 비중이 다른 지역 여성보다 높고 단순노무직 비중은 적다는 점에서 울산지역 여성 고용의 특징이 나타난다. 여성 취업인구의 1/4에 해당하는 경력단절경험 여성의 경우에도, 재취업률이 하락하고 일자리 선택이 제한받는다는 점에서는 다른 지역과 동일하지만, 재취업 후 선택한 일자리의 직업별 분포에서도 위와 같은 지역적 차이가 존재한다.

울산 여성의 노동시장 지위는 노동시장의 성별 분절적 특성을 반영한다. 지역에서 많은 일자리를 제공하는 중화학공업 생산직 부문은 주로 남성의 일자리이며, 여성은 가사 노동에 전념하거나 취업을 원할 경우에는 제조업에서 간접적으로 파생되는 서비스부문에 종사하는 보조적 인력이라는 인식이 오랫동안 지배해 왔다. 또한 도시 규모가 광역시수준으로 확대되고 고학력 여성인력이 증가하면서, 행정관리·사무직 등 이른바 화이트칼라 직종에 취업한 여성이 직장생활을 유지하는 사례가 증가하지만, 이 보다 더 많은 여성 인력은 여전히 비경제활동인구이거나 경력단절에 따라 하향 취업한 저임금 직종 종사자들이다. 울산 여성인력의 내적 이질성이 전국평균보다 큰 것은 이러한 지역노동시장의 특성을 반영한 결과이다.

이론적으로 볼 때 울산 여성의 고용현황은 노동시장의 '성별 분리' 정도가 울산에서 좀 더 높은 수준임을 의미한다. 울산 여성은 경제활동인구와 비경제활동인구, 취업자와 미취업자의 분리가 다른 지역 여성보다 더 명확하다. 노동유연화 등에 따른 울산 노동시장의 수평적 분리 현상은 전국평균과 비슷하며, 특히 경력단절 여성의 임시일용직 고용 비중 증가로 인하여 저임금 고용형태가 울산에서도 확산되고 있다.

지역 노동시장의 성별 분절화는 지역 내 성별 임금격차와 지역간 임금격차에도 영향을 미친다. 울산 여성의 경우 고학력에 따른 임금 프리미엄 폭은 남성에 비하여 낮으며, 직업별로도 '고임금' 구조로 알려진 생산직의 임금 프리미엄 효과가 울산 여성에서는 나타나지 않는다. 또한 동일한 직업이라고 하더라도, 울산 여성 상용직이 임시일용직에 비하여 갖는 임금프리미엄 효과도 남성 상용직만큼 높지 않다. 경력단절 여성의 경우에는 경력단절 자체가 임금을 하락시키고 있으며, 연령의 임금 프리미엄 효과도 울산 여성에서는 크지 않다. 이들의 저임금화는 노동시장에서의 위계적 분절구조에서 차지하는 지위와 가정내 성역할 수행 등이 복합적으로 작용한 결과이다.

제 9 장
중장년층의 퇴직후 재취업욕구

1. 서론

울산의 50대 중장년층은 지역경제발전과 도시성장과정에서 매우 중요한 집단이다. 이들은 제조업체를 중심으로 지역경제성장을 주도한 산업역군으로서, 지난 30여 년간 울산지역에서 가정을 이루고 시민으로서 삶을 유지해 왔으며 2010년을 전후하여 퇴직 연령층이 되어 노년기 삶을 준비하고 있다. 통계적으로 볼 때, 1955년부터 1963년에 태어난 베이비붐 세대의 비중이 전국 평균(14.6%)보다 울산(22.4%)에서 훨씬 높은 것은 50대 연령층의 존재를 잘 나타낸다. 그러나 평균수명이 길어지고 가족들의 생계책임 부담이 여전히 남아 있어 다시 일자리를 찾는 50대 비중도 다른 지역보다 더 많다. 특히 최근에는 주요 제조업체의 경영여건이 악화되고 권고사직이나 명예퇴직이 상시화 되면서, 50대 '정년' 퇴직자뿐만 아니라 명예퇴직자도 증가하여 퇴직자들의 재취업과 생계문제가 중요한 사회문제로 부각되고 있다.

사실 퇴직자의 문제는 울산에만 발생하는 것이 아니다. 통계청의 고령자 경제활동조사에 의하면, 2011년 5월을 기준으로 우리나라 중년층은 평균 53세에 "가장 오랜 기간 근무한 일자리"에서 퇴직하였고, 퇴직자 가운데 52.3%는 은퇴 후에도 취업상태에 있으며, 60.1%는 앞으로도 취업하기를 희망하고 있다(통계청, 2011a). 따라서 이들의 생계와 취업문제에 대한 연구도 다수 진행되고 있는데, 많은 연구들이 중년층 퇴직경험, 희망퇴직시기, 퇴직 후 생활대책 및 취업현황 등을 조사하고, 중장년층의 개인적 특성이나 가구상황, 노후 대비정도, 건강상태 등이 퇴직후 재취업 욕구 및 선택에 영향을 미치고 있음을 설명하였다(방하남·신인철, 2011; 방하남·이성균·우석진·김기헌·김지경, 2011; 정경희·오영희·이윤경·박보미, 2011; 홍성희, 2007; 김시자, 2006, 권승·황규선, 2004; 박경숙, 2003; 권문일, 1996).

울산의 중장년층 퇴직문제는 이러한 한국사회 전반의 흐름과 동일한 맥락에서 발생한 것이며, 동시에 중장년층 퇴직자 가운데 제조업 생산직 경력자 비중이 높다는 점에서 다른 지역과 차이를 나타낸다. 일반적으로 개인의 노후생활이나 재취업 분야 등은 생애 오랜기간 종사했던 직업의 종류에 영향을 받는다. 전문직이나 영업직은 자격증과 같은 인적 자본이나 폭넓은 사회적 관계를 기반으로 새로운 일자리를 찾지만, 평생 생산라인에서 일해 왔던 생산직은 이러한 자산이 부족하여 전문직 등과는 다른 방식의 구직활동이나 취업욕구를 나타낼 것이다. 그렇다면 산업도시 울산지역 50대 중년층의 생활 상태는 무엇이며, 이들이 퇴직 후에도 노동시장에서 재취업하려는 욕구는 어느 정도인가? 그리고 재취업 욕구에 영향을 미치는 요인은 무엇인가?

이 글은 울산의 사례를 기초로 50대 중년층의 퇴직후 재취업욕구를 실증적으로 분석하고자 한다. 울산의 중년층 가운데 일부는 제조업 대공장 정년퇴직자이지만, 중소기업·자영업·비정규직 등 불안정한 노동시장지위에 있던 중년층이 다수 존재한다. 지역노동시장 자체가 대기업-중소기업, 정규직-비정규직 등으로 분절화되는 상황에서, 퇴직자들이 은퇴후 생활하는 방법, 특히 재취업에 대한 욕구와 선택은 개인별로 다양할 것으로 예상할 수 있다. 따라서 이 글은 울산의 50대 퇴직(예정)자를 대상으로 “재취업을 희망하는 사람들이 어느 정도 규모인가, 그리고 이들의 재취업욕구를 결정하는 요인은 무엇인가”를 구체적으로 살펴보고자 한다.

2. 이론적 시각

직장에서 퇴직후 노후생계 유지와 자아실현 등을 위하여 일자리를 찾는 50대 연령층을 쉽게 볼 수 있다. 미국의 경우에 퇴직자의 25% 이상이 퇴직후 일정기간 취업상태에 있으며, “일자리가 주어진다면 재취업할 의사가 있다”는 사람들도 지속적으로 증가하고 있다(Morrison, 1990). 일반적으로 취업이란 소득을 확보하는 경제적 필요성 뿐만 아니라 자아정체성을 유지하고 사회적 관계를 형성하는데 중요한 의미를 갖기 때문에(유홍준, 2000), 많은 사람들은 50대이후에도 일자리를 찾고 직장생활과 사회관계를 지속하고자 노력한다. 특히 평균수명의 증가, 노후생활보장의 미흡, 퇴직에 대한 사회적 인식의 변화 등으로 인하여, 퇴직후에도 취업생활을 통하여 새로운(제2의) 인생경력을 희망하는 사람들이 증가하고 있다.

학자들에 의하면, 퇴직자가 재취업하는 일자리는 대부분 ‘징검다리 일자리’(bridge employment)로서 퇴직전 일자리와 다른 특징을 갖는다(Feldman, 2000; Quinn, 1999; Ruhm, 1990). '징검다리 일자리'는 퇴직전 생애과정의 주된 일자리와 완전 은퇴단계를 연결(bridging)하는 성격을 갖으며, 노동시장에서는 주로 계약제, 시간제, 임시·일용직, 자영업 등의 고용형태가 일반적이다. 한국의 경우에도 현재 중장년층에게 제공되는 일자리 대부분은 불안정한 고용형태의 저임금·단순노무직을 특징으로 한다. 현재 58세에 해당하는 1955년생 퇴직자 가운데 35.8%는 불안정하고 열악한 상태의 일용직 혹은 임시직 종사자로 재취업한 상태이며, 13.7%는 2010년부터 도소매업, 개인서비스업 등에서 창업한 사람들이다(안주엽·김복순, 2012).

따라서 이론적으로 볼 때, 모든 50대 고령층이 퇴직후에 이러한 '징검다리 일자리'취업을 희망한다고 단정하기 어렵다. 다수의 구직자는 '저임금의 불안정한 일자리라도 선택하려는 욕구'를 갖지만, 일부 구직자는 본인의 퇴직전 직장과 비슷한 조건의 일자리를 희망할 뿐 징검다리 성격의 일자리에 대한 취업욕구는 낮을 것이다. 징검다리 일자리에 대한 기피심리가 강하게 존재할수록, 실업기간도 길어지고 중장년층에 대한 수요는 더욱 줄어드는 악순환이 나타난다고 할 수 있다.

중장년층의 재취업 욕구가 개인별로 상이하다는 점을 고려할 때, 한국의 중년층이 다양한 사회경험을 해 왔던 집단으로 구분된다는 점을 인식할 필요가 있다. 정경희·오영희·이윤경·박보미(2011)에 의하면, 현재 퇴직자들은 대부분 한국전쟁이후 태어난 중년층(베이비붐 세대)으로서, 경제적 여건이나 취업경력 등을 기준으로 '여자 저소득층 불안정·비독자적 근로활동형'부터 '남자 중상층 안정적·독자적 근로활동형'에 이르는 다양한 유형으로 구분된다. 또한 고령층의 퇴직후 생활유형은 부양가족 상태, 건강상태, 재정수요, 삶의 질, 동료애, 사회적 지위 등 다양한 요인에 의하여 결정된다(홍성희, 2007; 김시자, 2006; 박경숙, 2003). 퇴직 후 생활유형은 재취업활동을 포함하기 때문에, 이러한 유형화 혹은 재취업 결정요인에 대한 논의는 동일한 이론적 맥락에서 진행되고 있다. 이와 관련하여 많은 학자들이 주목하는 것은 건강관련 요인, 경제적 요인, 심리적 요인이다.

퇴직 후 재취업에 영향을 미칠 것으로 예상되는 첫번째 요인은 건강상태이다. '노화(老化)'라는 용어에서 알 수 있듯이, 중장년층은 젊은시절에 비하여 신체적·정신적 기능이 하락하고 질병이 발생할 가능성이 있다. 특히 젊은시절부터 장기간 직장생활을 해 왔던 생산직 등은 근골격계 질환, 심혈관질환 등 각종 직업병에 걸릴 가능성이 높으며, 최악의 경우에는 더 이상 일을 할 수 없는 상태에 이르는 경우도 많다(이성균, 2010). 따라서 이들의 건강상태가 일상생활과 취업생활에 직접적인 영향을 미친다.

그러나 일부 학자들은 "신체적 노화가 진행되더라도 심리적 욕구 및 경제사회적 역할에 대한 기대가 존재하므로, 퇴직자들은 이전의 역할을 수행하려고 노력한다"고 주장한다(Abraham, 1993; 김시자, 2006). 이른바 활동이론(activity theory)을 주장하는 일군의 학자들은 다수의 실증분석 결과를 발표하고 노화에 따른 건강문제의 부정적 효과를 반박하였다. 권승·황규선(2004)은 건강상태가 좋은 집단에서는 건강상태와 재취업의 관련성이 없으며 건강상태가 나쁜 집단에서만 건강의 부정적 효과가 나타난다고 설명하였다. 또한 55세 퇴직자들과 60세 퇴직자를 비교한 김덕성의 연구(1987)는 신체적 기능 저하로 인하여 노동시장에서 퇴직하는 것이 아니라 퇴직으로 인하여 노화가 진행되고 있음을 보여준다.

이러한 결과는 노화에 따른 건강문제와 퇴직후 재취업문제는 제한적인 연관성을 갖으며 더 나아가 사회적 구성의 결과라는 점을 시사한다. 모든 고령층의 연령 증가(aging)가 반드시 건강문제와 기능저하를 낳는 것은 아니며, 오히려 퇴직연령제도 등 사회제도적 요인이 '나이든 사람들'의 기능이나 역할에 대한 선입견을 낳고 퇴직자들의 경제활동욕구와 능력을 부정적으로 인식하는 결과를 초래한다고 할 수 있다(박경숙, 2003).

고령층의 재취업에 관한 또 다른 이론적 시각은 지속이론(continuity theory of aging)이다. 퇴직연령층은 과거에 익숙해진 삶의 방식과 가치관을 현재에도 지속하거나 과거의 생활방식을 기초로 현실에 새롭게 적응하는 경향을 보인다(Solberg and Marie, 1998; Atchley, 1989). 이 이론에 근거한 학자들은 생애과정의 '지속성', '선택', '적응' 등을 주목하며, 퇴직자와 고령층이 '징검다리 일자리'라는 노동시장 현실에 적응하려는 심리적·사회경제적 요인을 주목하였다.

한국의 경우에, 퇴직후 예상되는 경제적 상황 혹은 가계부양 부담이 재취업욕구에 영향을 미칠 것이다. 퇴직이란 직장에서 받아오던 수입의 감소를 의미하므로, 퇴직전 임금수준이 높을수록 퇴직으로 인한 임금상실이 크기 때문에 이를 보완하기 위하여 재취업을 추구할 가능성이 높다(김시자, 2006). 더구나 가구주로서 부담이 높을수록, 재취업을 통하여 재정 부담을 완화하려는 경향이 있어 재취업을 선택할 가능성이 높다.

또 다른 연구에 의하면, 퇴직자들의 가구소득은 총액 자체보다는 가구원의 규모 및 재정적 역할, 퇴직 후 활용할 수 있는 소득보장제도 등에 따라서 결정된다(Chan and Stevens, 2001; Won, 1995). 동일한 소득이라도 가구원 상황에 따라서 경제적 부담 정도가 달라지기 때문에, 학자들은 가구별 재정수요를 파악하고 고령층의 경제적 상황과 재취업욕구를 분석하였다. 퇴직후 국민연금이나 퇴직금이 많고 다른 가족의 소득이 존재할 경우에는 소득상실분과 가족부양부담이 줄어들어, 재취업(특히 일자리의 질적 수준이 낮아지는 일자리) 욕구가 줄어들 가능성이 있다(허준수, 2006; 이지혜, 2005; 권문일, 1996).

또한 재취업욕구는 노동에 대한 가치관에도 영향을 받는다. 일을 통하여 자아정체성과 성취감을 형성해 온 집단은 퇴직후에도 이전과 비슷한 노동윤리와 노동가치관을 유지하기 때문에 재취업 욕구가 강하다(Havighurst, 1961). 또한 지속이론이 주장하는 바와 같이 (Solberg and Marie, 1998), 퇴직자들도 다른 연령집단과 마찬가지로 자신의 삶의 방식이나 가치관을 '유지'하며 동시에 변화하는 노동환경에 '적응'하려는 특성을 갖기 때문에, 노동에 대한 가치관이 퇴직후 취업욕구에 직접적인 영향을 미친다. 미국의 58~63세 연령층을 대상으로 징검다리 고용형태를 조사한 Ruhm(1990)에 의하면, 주된 일자리에서 퇴직한 후에도 과거보다 낮은 일자리를 찾는 사례가 여성보다 남성에서 더 많았으며, 일에 대한 긍정적인 가치관을 보인 사람들이 퇴직 후에도 징검다리 일자리를 선택하고 있다.

한국 퇴직자의 생애과정을 볼 때, 지속이론(continuity theory of aging)에서 강조하는 '퇴직에 따른 노후생활부담'과 '노동에 대한 가치관'은 고령층에게 매우 중요한 의미를 갖는다. 현재 50대 연령층은 경제발전과 노동윤리 등을 강조하는 국가주도 성장기에 취업활동을 시작했던 세대이다. 이들은 지난 30여 년간 경제성장의 주역으로서 자부심을 갖고 긍정적인 노동가치관을 내면화하였으며, 특히 가구주들은 가족을 유지 · 발전시키기 위하여 가족구성원을 부양하고 자녀교육에 대한 교육투자 및 결혼준비까지도 부담해 왔다(Vogel, 1993). 따라서 이들에게 있어서 "직업은 자아실현의 욕구를 충족시키고 자신의 존재를 확인하며 가장의 역할과 권위를 유지하며 사회적 명예와 지위를 부여하는 총체적 실체"이다(홍성희, 2007). 더구나 이들은 국민의 최저생계와 삶의 질을 개선하려는 공공복지제도의 혜택을 받은 경험이 부족하여, 노후에도 자신과 가족의 생계를 스스로 책임져야 한다. 비록 IMF이후 불안정한 노동시장과 최근 선거정치에서의 복지담론 확산으로 인하여 국가의 복지역할에 대한 태도가 변화하고 있으나, 현재 50대 연령층은 공공복지제도 보다는 사적 부양의식이 높고, 가족부양 역할이나 노동윤리 의식도 높은 수준이다.

한국사회의 50대 연령층의 이러한 특성은 다른 세대와 비교해도 명확하다. 지난 2003년에 실시한 노동관련 여론조사에 의하면, "일보다 여가가 더 중요하다"는 의견에 동의하는 응답자는 20대 가운데 56.6%이었으나, 30대에는 44.2%, 40대는 25.2%, 50대는 19.7%에 이른다(홍정우. 2003). 다시 말하면 여가보다는 노동의 중요성을 인식하는 응답자가 50대에서 가장 높다고 할 수 있다. 이 설문조사가 실시된 10년 전에 40대 연령층이 현재 50대의 다수를 차지한다는 점을 고려하면, 중장년층은 다른 세대에 비하여 노동에 대하여 긍정적인 가치관을 형성해 온 집단임을 알 수 있다.[23] 따라서 이들은 퇴직후에도 경제활동을 지속하려는 의지가 많고 취업을 통하여 자아정체성을 확보하려는 심리적 성향이 강하다고 할 수 있다.

울산의 50대 연령층도 지속이론에서 강조하는 '퇴직에 따른 노후생활부담'이 높고 '노동에 대한 가치관'이 비교적 긍정적인 집단이다. 울산과 같이 중화학공업 등을 중심으로 한국경제의 고도성장을 직접 경험한 지역의 50대 연령층은 경제발전, 노동윤리, 가족주의와 같은 이데올로기를 직접 체험하였으며, 특히 대공장 취업자들은 다른 지역보다 안정적인 직장생활을 통하여 경제사회적

23) 이들의 노동윤리관은 다른 나라에 비하여 높다. 자세한 논의는 장홍근(2007)을 참조.

‘성취’를 경험하였고 긍정적인 노동윤리 및 가치를 내면화한 집단이다. 또한 IMF이후 대규모 정리해고를 경험한 중년층, 비정규직 등으로 취업생황을 해 왔던 시민들은 “일을 하지 않으면 본인과 가족의 생계를 유지하기 어렵다”는 점을 경험하였고(이성균, 2010), 퇴직 후에도 가계부담, 경제적 빈곤 등을 이유로 새로운 일자리를 찾으려는 욕구가 강한 사람들이 다수 존재한다. 따라서 울산의 50대를 대상으로 실증분석을 한다면, 노후생활부담과 노동가치관 등이 재취업욕구에 미치는 영향을 좀 더 구체적으로 파악할 수 있다.

3. 연구방법

1) 분석방법

울산지역 중장년층의 재취업욕구에 대한 실증분석방법은 다음의 두 가지이다. 먼저 50대 연령층의 경제적 생활상태와 퇴직후 재취업욕구를 파악한다. “고용상 연령차별금지 및 고령자 고용촉진에 관한 법률” 등을 고려하여 50~54세의 연령층과 55~59세의 연령층으로 구분하고, 연령별 경제활동상태와 건강상태, 심리적 상태, 취업에 대한 의견 등을 정리한다. 또한 울산지역 50대 연령층의 재취업욕구 결정요인을 파악하기 위하여 회귀분석을 실시한다. 회귀분석은 독립변수와 종속변수의 인과관계에 대한 분석이므로, ‘재취업욕구’를 종속변수로, 건강·경제·심리적 요인을 독립변수로 사용한다. 주요 변수를 자세히 소개하면 다음과 같다.

먼저 징검다리 일자리를 중심으로 ‘재취업욕구’를 파악한다. 많은 연구자들이 규명한 바와 같이, 현재 50대 연령층에게 제공되는 일자리가 저임금·단순노무직을 특징으로 하는 '징검다리 일자리'라면, 고령층의 실제적인 재취업욕구를 분석하기 위해서는 이러한 성격의 일자리에 대한 취업욕구를 파악할 필요가 있다. 다시 말하면 '바람직한 고용조건의 일자리' 혹은 '본인의 퇴직전 직장과 비슷한 조건의 취업을 희망하는 욕구'가 아니라 '저임금의 불안정한 일자리라도 선택하려는 욕구'를 파악해야 한다. 설문지는 6가지 문항("경험이 없더라도 일자리가 있다면 일을 하겠다," "내가 원하지 않는 직종이라도 일자리가 있다면 일을 하겠다," "내가 원하는 임금수준보다 낮은 곳이라도 일자리가 있다면 일을 하겠다," "취업하려는 곳이 집에서의 교통이 편리하지 않더라도 일자리가 있다면 일을 하겠다," "내가 원하는 직장의 크기(규모)와 상관없이 일자리가 있다면 일을 하겠다," "취업하기를 원하는 직장에서 시간외 근무를 요구하더라도 일자리가 있다면 일을 하겠다")을 질의하고 각 문항에 대하여 리커르트 5점 척도를 사용하였다.

이 글은 응답자의 전반적인 현황을 서술할 때에는 위 문항을 그대로 사용하며, 재취업욕구에 대한 좀 더 분석적인 과정(회귀분석)에서는 6가지 문항에 대한 요인분석(factor analysis) 결과를 단일 변수(변수명: 재취업욕구)로 재구성하여 사용한다. 요인분석은 다수의 문항들이 궁극적으로 측정하고자 하는 개념들을 찾아내고자 하는 분석기법으로서, 개별 문항들을 보다 적은 수의 변수(요인)로 바꾸는 장점이 있다(홍두승, 2000). 실제로 위에 제시한 6가지 문항에 대한 요인분석결과 성분행렬은 각 각 0.78, 0.75, 0.74, 0.72, 0.78, 0.70이므로, 6가지 문항에 대한 요인분석결과를 '재취업욕구'로 변수화 하는데 통계적으로 문제가 없다.

회귀분석의 독립변수는 연령, 질병, 노동능력하락정도, 소득수준 등이다. 응답자의 건강상태를 나타내는 변수로서 질병 수(현재

의사가 진단한 질병의 수)와 노동능력하락정도를 분석에 활용한다. 노동능력하락정도는 노동가능성(workability)의 관점에서 건강상태를 파악하는 지표로서,[24] "일생 중 가장 전성기였을 때 노동능력을 10점이라고 할 경우에 현재의 노동능력을 응답자 스스로 점수화 한 것"이다. 응답자는 0점('전혀 일을 못함')에서 10점(최고 전성기의 노동능력과 동일한 상태) 가운데 하나의 수치를 선택하여 자신의 노동능력하락정도를 나타낸다. 또한 소득수준은 월평균 소득과 가구원 추가소득으로 구분하여, 가구원의 추가적인 소득이 중장년층 본인의 재취업욕구에 미치는 영향을 파악한다.

응답자의 노후생활을 나타내는 변수는 '노후생활불안정도'와 '노후대책'이다. '노후생활불안정도'는 응답자의 퇴직후 생활에 대한 주관적 현황을 의미한다. 설문지는 "귀하의 퇴직후 생활에 대한 불안정도는 어떠하십니까?"를 질문하고, '전혀 불안하지 않다'(1)에서 '매우 불안하다'(5)에 이른 5점 척도 결과를 변수값으로 활용하였다. 또한 '노후대책'은 "응답자가 노후대책을 마련하고 있는가, 대책은 주로 무엇인가?"를 질문한 결과로서, '노후대책을 마련하지 못한 경우,' '국민연금과 퇴직금으로 노후대책을 마련한 경우,' '국민연금과 퇴직금이외에도 다양한 방법(부동산 · 예금 · 적금 · 저축성보험 등)으로 노후대책을 마련한 경우'로 구분하였다.

마지막으로 '노동가치관'을 변수로 활용하고 재취업욕구에 미치는 영향을 파악한다. '노동가치관'은 응답자가 노동에 대하여 평소 생각하는 태도를 의미하는데, 앞에서 설명한 '재취업욕구'와 마찬가지로 설문지의 세 가지 문항("일은 행복과 보람을 가져다 주는 것이다" "경제적으로 풍족하더라도 일을 하는 것이 좋다" "일은 따분함, 무기력, 외로움 등을 몰아내는 데 도움을 준다.")에

---

24) 노동가능성(workability)에 대해서는 이성균(2010)을 참고.

대한 요인점수로 나타낸다. 세 문항에 대한 요인분석결과 성분행렬은 각 각 0.82, 0.83, 0.78을 기록한 것으로 볼 때, 세 가지 문항은 '노동가치관'이라는 하나의 변수로 종합된다.[25)]

2) 자료

이 연구는 울산에서 자체적으로 실시한 설문조사자료를 활용하여 울산지역 50대 중장년층의 현황과 재취업욕구를 실증적으로 분석한다. 이 조사는 지역차원에서 중장년층을 조사한 최초의 자료로서, 울산지역 퇴직자와 예정자들의 생활상태, 취업욕구, 일자리 의식 등을 잘 나타낸다. 설문조사는 고용노동부의 지역일자리창출사업의 일환으로 2011년 8월에 실시되었으며("울산시 중장년층의 퇴직 후 인적자원개발에 관한 욕구조사"), 경제활동상태, 가구원 현황, 재산정도, 생활불안정도 및 취업희망, 노동에 대한 가치관 등을 조사 항목으로 포함하였다. 따라서 이 연구는 이들의 재취업 욕구를 파악하고 이러한 욕구에 영향을 미치는 요인을 분석하여 중장년층의 재취업 지원정책에 대한 시사점을 찾고자 한다.

원래 설문조사 대상자는 45세 이상 연령층이지만, 이 연구에서는 한국의 퇴직자 재취업 지원제도의 주요 대상이며 퇴직현실에 가장 민감하고 한 연령층인 50대 응답자 456명을 분석한다. "고용상 연령차별금지 및 고령자 고용촉진에 관한 법률" 등 현행 고용관련제도가 퇴직후 재고용 대상의 핵심으로 50대 연령층으로

25) 실증조사에서는 성을 사용하지 않는다. 지역노동시장의 특성상 중장년층 응답자가 대부분 남성이므로 성을 변수로 사용하면 통계적 검증의 문제가 발생하기 때문이다. 대신 울산지역 여성의 고용문제에 대한 논의는 제8장으로 대체한다.

선정할 정도로,[26] 50대는 60대 등 다른 노년층에 비하여 재취업 욕구가 비교적 높은 집단이다. 따라서 이 연구에서는 50대만을 분석하여 중장년층의 재취업 욕구를 구체적으로 분석한다(분석 대상자들의 현황은 [표 9-1] 참고).

[표 9-1] 주요 변수의 통계량

변수	통계량
연령 집단 (단위: 명, %)	
50~54세	213 (46.7)
55~59세	243 (53.3)
의사로부터 진단 받은 질병 (단위: 개)	0.29
노동능력 하락정도 (단위: 점)	7.37
가구 총소득 (단위: 만원)	327.0
노후 불안정도 (단위: 점)	2.83
노동 가치관 (단위: 점)	0 (−4.07~1.4)*
재취업 욕구 (단위: 점)	0 (−3.5~2.1)*

주) 0은 요인분석결과(요인점수)의 평균값, 괄호 안 수치는 요인점수 범위

4. 울산시 중장년층의 경제적 생활상태와 노동가치관

울산지역 응답자의 경제적 상태는 매우 다양하다. 50대 연령층의 가구총소득(응답자 본인, 배우자, 자녀 등 모든 가구원의 소득을 합한 액수) 평균은 327만원이며, 50~54세의 경우 362만원, 55~59세의 경우 296만원이다. 그러나 이들의 가구소득은 많은 차이를 나타낸

26) 2012년 10월에 개정된 "고용상 연령차별금지 및 고령자 고용촉진에 관한 법률"에 의하면, 50~55하면, "50세 연령층 가운데 취업상태에 있어가 취업 의사가 있는 사람을 "장년층"으로 지칭하였다. 이것은 65세 이상 인구를 노인으로 규정하는 종래의 관념과 제도를 변경한 것으로서, 50대 연령층의 취업문제가 매우 심각하며 이를 해결하기 위한 새로운 시도이다.

다. 응답자 전체의 가구소득 표준편차는 198만원에 이르며, 50~54세의 경우 193만원, 55~59세의 경우 197만원이다. 응답자들의 직장 경력이나 가족구성원의 직장 유무가 다양하기 때문에 50대 연령층의 가구총소득 편차가 크다.

또한 응답자 가운데 노후대책이 있다는 응답자는 74%에 이르지만, 실제 노후대책의 내용을 보면, 63.4%는 전 국민을 대상으로 하는 공공연금제도에 1차적으로 의존하며, 예금·적금·저축성보험 등을 대책으로 갖는 응답자는 12.4%에 불과하다. 따라서 울산의 50대 연령층은 노후생활에 대하여 상당한 정도의 불안감을 갖는다. 실제로 이에 대한 5점 척도 응답결과를 보면, 응답자 가운데 42.9%는 '노후생활이 불안하다'고 생각하며, '불안하지 않다'는 응답자는 13.6%에 불과하다. 이러한 노후불안감은 연령이 높은 집단에서 더 높아 구직활동이나 재취업 욕구에도 영향을 미칠 것으로 예상할 수 있다.

[표 9-2] 노후 생활불안과 노후 대비책

(단위: 만원, 명, %)

	연령집단		합계
	50~54세	55~59세	
· 현재 가구소득	362.2	296.2	327.0
· 노후대책 유무	213 (100)	243 (100)	456 (100)
− 없다	50 (23.5)	67 (27.6)	117 (25.7)
− 있다	163 (76.5)	176 (73.4)	339 (74.3)
· 주된 노후대비방법*	290(100)	303 (100)	593 (100)
− 국민연금과 퇴직금	155 (53.4)	169 (55.8)	324 (54.6)
− 민간연금보험	64 (22.1)	37 (12.2)	101 (17.0)
− 예/적금, 저축성보험	48 (16.6)	52 (17.2)	100 (16.8)
− 기타 (부동산자산 등)	23 (7.9)	45 (14.9)	68 (11.5)
· 노후불안정도 (5점 척도 평균점수)	2.67	2.96	2.83

주) * 복수(2개) 응답 결과

실제로 울산지역 50대 연령층의 퇴직 후 재취업 희망자 비중은 88%에 이르며, 희망 퇴직연령은 평균 61.6세, 1일 희망근로시간은 8~9시간이다([표 9-3]). 이것은 대부분의 50대 퇴직자가 '8시간 일하는 정규 직장생활을 61~2세까지 희망한다'는 것을 의미한다. 이러한 재취업 욕구는 서울시 중고령층의 사례와 비교할 때 더 높은 수준이다. 일례로 서울복지재단의 조사에 의하면(한겨레신문, 2012년 12월 13일), 55세 이상의 응답자 가운데 62.2%가 앞으로도 일하겠다고 취업희망의사를 나타냈다. 울산의 경우에 동일한 연령층의 구직자 비중(88.4%)이 이보다 훨씬 높다는 점을 고려하면, 울산에서 50대 연령층의 높은 구직욕구를 확인할 수 있다.

[표 9-3] 퇴직 후 재취업 희망 및 희망하는 고용조건

	연령집단		합계
	50~54세	55~59세	
· 현 직장 희망퇴직연령(세)	61.8	61.3	61.6
· 퇴직 후 재취업희망자비중(%)	88.3	88.4	88.4
· 재취업시 희망근무시간(일)	8.6	8.5	8.5

또한 이 설문조사에서는 울산지역 50대 연령층 가운데 21.5%가 '퇴직 후 취업을 원하지 않는다'고 응답하였는데, 이에 대한 원인을 고려하면 이러한 응답자가 모두 재취업욕구가 없다고 단언하기 힘들다. 일반적으로 은퇴이유로 거론되는 항목에 대한 찬성도를 보면, '노후를 즐기기 위해서' 57.4%, '건강이 좋지 않아서' 6.4%이지만, '적당한 일자리가 없어서'(14.9%) 혹은 '새로운 일을 수행할 만한 직업기술이나 지식이 부족하여'(10.6%) 취업을 포기하는

사람들도 상당한 규모에 이른다.[27] 따라서 노동시장에서 중년층에게 적당한 일자리를 제공하거나 '새로운 일을 수행하도록' 기술훈련기회를 제공한다면, 50대 가운데 퇴직후에도 일자리를 찾는 사람들은 더욱 늘어날 것이다.

결국 울산의 50대 중장년층은 전통적 의미의 은퇴자(예를 들면, '건강상의 문제가 있는 나이 많은 은퇴자')로서 정체성을 갖는 소수의 집단과 60대 이후에도 취업생활을 지속하려는 다수의 집단으로 구분된다. 일부 중년층은 은퇴를 기정사실로 받아들이지만, 다수의 중년층은 더 이상 노동시장에서 '퇴직(exit)'하는 것이 아니라 퇴직이후에도 경제활동을 계속 추구하고 있다.

한편 이들이 희망하는 일자리와 관련하여 가장 많은 응답은 '퇴직전 직장에서의 새로운 형태의 근무'(56.5%)이고, '새로운 일자리로 재취업'을 원하는 응답자는 32%이다. 울산의 일부 대기업들은 정년 퇴직자에게 퇴직후에도 해당 기업 등에서 새로운 계약형태로 1년간 추가 근무할 수 있는 기회를 제공하는데, 절반이상의 응답자가 '현재 직장에서의 새로운 형태의 근무'를 희망하는 것은 지속이론이 강조하는 '지속'과 '적응'의 심리적 메커니즘이 높음을 잘 보여준다. 또한 기존 직장에서 이러한 기회를 갖지 못하는 응답자들은 대부분 중소기업 경력자들로서, 50대 연령층의 30%가 전 직장으로부터 퇴직관련 혜택을 받지 못하고 새로운 일자리를 찾는 상황이라고 할 수 있다.

반면 울산지역 중장년층의 창업에 대한 수요(11.4%)는 높지 않다. 많은 퇴직자들이 퇴직금과 개인 자산, 금융기관 대출금 등을 이용하여 창업을 시작하지만, 이들의 대부분은 월세와 인건비 부담을 느끼

---

27) 이 문장에서 제시된 수치(%)는 취업을 원하지 않는 사람 가운데 해당 항목에 해당하는 응답자의 비중을 의미한다.

고 상당한 액수의 부채가 있으며, 50대가 주로 경영하는 세탁업, 이용업, 목욕업의 경우 5개 가운데 1개 업소가 폐업을 생각할 정도로 어려운 경영여건에 있다(오영희·김유경·오신휘. 2012). 따라서 위 조사결과는 소규모 사업체가 증가하면서 '경쟁강화→사업부진→수익악화→부채증가'의 악순환에 대한 부담이 많아 창업활동을 기피하는 심리가 울산지역 퇴직자들에게 광범하게 존재함을 나타낸다.

[표 9-4] 퇴직 후 '징검다리' 일자리에 대한 재취업 욕구

(단위: %, 점)

	응답 분포				평균점수*	
	① 전혀 그렇지 않다	② 그렇지 않다	③ 대체로 그렇다	④ 매우 그렇다	50~54세	55~59세
1) 경험이 없더라도 일자리가 있다면 일을 하겠다.	2.9	12.6	59.7	24.8	3.07	3.12
2) 원하지 않는 직종이라도 일자리가 있다면 일을 하겠다.	6.5	26.8	52.6	14.0	2.71	2.81
3) 원하는 임금수준보다 낮은 곳이라도 일자리가 있다면 일을 하겠다.	5.5	18.6	62.2	13.7	2.86	2.87
4) 교통이 편리하지 않더라도 일자리가 있다면 일을 하겠다.	2.9	37.4	45.3	9.2	2.56	2.63
5) 원하는 직장의 규모와 상관없이 일자리가 있다면 일을 하겠다.	2.9	13.0	68.5	15.6	2.95	2.98
6) 원하는 직장에서 시간외 근무를 요구하더라도 일을 하겠다.	6.2	23.2	57.1	13.5	2.79	2.86

주) 연령집단별 평균점수는 척도점수(4개)의 평균 수치.

결국 울산의 50대 연령층은 노동시장의 현실을 인식하고 '차선'의 근무여건을 갖는 일자리 선택의지가 높으며, 취업욕구도 연령

별로도 큰 차이가 없다. 재취업욕구와 관련한 질문 가운데 '원하지 않는 직종이라도 일자리가 있다면 일을 하겠다'는 의견에 동의하는 정도는 50대 전반부 연령층이나 후반부 연령층에서 크게 다르지 않으며, '낮은 임금수준'의 일자리 취업욕구도 두 연령집단에서 비슷하다([표 9-4]). 퇴직자들이 자신의 현재여건 등을 고려하여 구직활동을 하고 있음을 다시 한번 확인할 수 있다.

그렇다면 울산지역 중년층이 이러한 일자리라도 선택하고자 하는 이유는 무엇인가? 이 문제에 대한 해답을 찾기 위해서는 좀 더 분석적인 작업이 필요하지만, 설문조사의 결과만을 보면 이들의 취업희망 이유는 매우 다양하다. 본인 스스로 '일할 능력이 충분하다'고 생각하여 취업을 희망하는 응답자는 48.6%, '생활비, 용돈 등이 필요해서' 취업을 희망하는 사람은 31.2%에 이른다. 이러한 결과는 울산지역 중년층의 퇴직후 취업욕구가 경제적 요인 뿐만 아니라 노동능력에 대한 긍정적 평가에 영향받고 있음을 시사한다.

실제로 응답자 스스로 판단하는 건강상태와 노동능력은 비교적 긍정적이다. 응답자가 의사로부터 질병을 진단받은 경우는 전체의 20%이며, '건강 등을 고려하여 일생 중 가장 전성기의 노동능력'을 기준으로 한 점수(0~10점)는 7.37이다. 비교적 젊은 중장년층인 50대 전반 연령층의 '노동능력하락정도'는 7.51점이며, 노동능력이 하락할 것으로 예상되는 50대 후반 연령층의 경우에도 이러한 '노동능력하락정도'는 7.13에 이른다. 비록 이 수치가 건강과 노동능력에 대한 자가진단 결과이며 연령이 증가할수록 자신의 노동능력에 대하여 부정적으로 생각하는 것은 사실이지만, 50대 연령층의 노동능력에 대하여 평가는 상당히 긍정적이다.

또한 울산지역 중년층 가운데 다수는 긍정적인 노동가치관을 갖고 있다([표 9-5]). '경제적으로 풍족하더라도 일을 하는 것이 좋다'는 의견, 그리고 '일은 따분함, 무기력, 외로움 등을 몰아내는데 도움을 준다.'에 동의하는 응답은 90% 이상이다. 또한 3개 문항에 대한 평균점수를 보아도 모두 3점 이상(최대값 4점)을 기록하였다는 점을 고려하면, 50대의 대부분이 노동에 대한 긍정적인 가치관을 형성하고 있음을 확인할 수 있다.

[표 9-5] 노동가치관

(단위: %, 점)

	응답 분포				연령집단별 평균점수*	
	① 전혀 그렇지 않다	② 별로 그렇지 않다	③ 대체로 그렇다	④ 매우 그렇다	50~54	55~59
일은 행복과 보람을 가져다주는 것이다.	2.4	9.2	52.5	35.9	3.34	3.22
경제적으로 풍족하더라도 일을 하는 것이 좋다.	3.1	6.0	58.5	32.5	3.25	3.19
일은 따분함, 무기력, 외로움 등을 몰아내는데 도움을 준다.	2.4	7.5	62.6	27.5	3.15	3.19

주) 연령집단별 평균점수는 척도점수(4개)의 평균 수치.

5. 퇴직후 재취업욕구 결정요인

앞에서 살펴본 울산시 중장년층의 건강상태, 경제적 생활상태, 정서적 상황은 퇴직 후 재취업욕구에 어떤 영향을 미치는가? 기존 이론들은 중년층 개인의 건강문제와 경제적·심리적 요인이 재취업욕구에 영향을 미칠 것으로 주장하므로, 이러한 가설이 울산지역 중년층의 경우에도 적용되는지 구체적으로 검증할 필요가 있다.

이 연구는 다음과 같은 회귀분석모형을 활용하여 퇴직 후 재취업욕구에 영향을 미치는 요인을 분석한다. 먼저 중년층의 재취업

욕구에 영향을 미치는 경제적 요인으로서 소득수준을 생각할 수 있다(모형 2). 중장년층 본인의 퇴직이나 실업은 과거 취업 시기에 받던 소득의 소멸을 의미하므로, 소득수준이 높을수록 재취업 욕구도 강할 것이다. 그러나 배우자나 가구원 등 다른 가족들이 추가적인 소득이 있을 경우에는 불안정한 저임금 일자리에 취업하려는 욕구는 다소 줄어들 가능성이 있다.

또한 노후불안정도와 노후대비책에 따라서 재취업욕구가 결정될 것이다(모형 3). 경제적 상황이 동일하더라도 노후가 불안하거나 노후대비책이 부족할수록 재취업 욕구가 강할 것이다. 마지막으로 노동에 대한 가치관이 긍정적일수록 재취업 욕구가 증가할 것이다(모형 4). 경제적 상황이나 노후불안정도가 비슷한 경우에도 개인적으로 '일은 행복과 보람을 가져다주는 것이다'거나 '일은 따분함, 무기력, 외로움 등을 몰아내는 데 도움이 된다'고 인식할수록 징검다리 일자리를 선택할 것이다.

[표 9-6]은 이러한 논리에 따라서 울산시 중년층의 재취업욕구 결정요인을 실증적으로 분석한 결과이다. 분석결과를 요약하면, 기본모형에서 사용한 건강관련 요인(질병유무, 노동능력하락정도 등)은 재취업욕구에 통계적으로 유의미한 영향을 미치지 않으며, 노동가치관, 가구원 추가소득, 노후불안정도, 노후대책(민간연금·저축·보험 등)이 재취업욕구를 결정한다.

첫째, 의사로부터 진단받은 질병이 있을 경우에도 재취업욕구가 낮아지지 않으며, 특히 노동능력하락정도(점수)가 미치는 효과도 다른 변수를 추가할 경우에 유의미한 것은 아니다. 연령 및 건강관련 요인을 고려한' (모형 1)에서는 노동능력하락정도(점수)가 높을수록 재취업욕구가 높아지는 경향은 있으나, 경제적 요인이나 노동가치관 등과 같은 요인을 추가한 (모형 4)에서는 노동능력

하락정도와 재취업욕구의 통계적 인과성을 발견할 수 없다. 연령에 따라서 건강상태의 변화가 있을 것이라는 점은 인정하지만, 적어도 50대 연령층의 경우에 건강관련 요인이 퇴직후 재취업욕구에 유의미한 영향을 미친다고 할 수 없다.

그러나 울산지역 50대 연령층의 노동가치관은 통계적으로 유의미한 수준에서 영향을 미친다. 즉 노동가치관이 긍정적인 중년층일수록 '징검다리' 일자리를 선택할 가능성이 매우 높다. 노동시장이 비교적 안정적이었던 울산의 50대 연령층은 오랫동안 직장생활을 중심으로 자아정체성과 사회적 관계를 형성해 왔으며, 이러한 생애과정의 경험이 긍정적인 노동윤리를 낳았다. 일부 응답자는 더 이상 일하려 하지않거나 기대하는 수준의 일자리가 아닐 경우에 취업하려는 욕구가 적지만, 노동에 대한 가치관이 긍정적인 사람들은 퇴직후에도 징검다리 일자리에서 취업생활을 지속하려는 욕구도 높다.

[표 9-6] 중장년층의 재취업욕구 결정요인(표준화계수, β)

	모형1	모형2	모형3	모형4
연령	0.07	0.06	0.07	0.07
질병	0.02	0.02	0.03	0.04
노동능력하락정도	0.09*	0.09*	0.10*	0.03
본인 월평균소득		0.04	0.05	0.05
가구원 추가소득		−0.06	−0.07*	−0.08*
노후불안정도				0.12**
노후대책(국민연금·퇴직금)+			0.11*	0.02
노후대책(연금저축·보험 등)+			0.05	−0.10*
			−0.10*	
노동가치관				0.35**

+: 노후대책이 없는 집단을 기준으로 함. * p<.05, ** p<.01.

50대 연령층의 경제적 상황도 '징검다리' 일자리 재취업욕구에 영향을 미친다. 응답자 본인의 소득수준 자체는 재취업욕구에 영향을 미치는 것은 아니지만, 가구원의 추가소득이 있는 경우에는 통계적으로 유의미한 수준에서 재취업욕구가 낮아진다. 퇴직자의 입장에서는 배우자, 자녀 등 가구원의 추가소득이 있으면 이들로부터 용돈을 받아 생활할 수 있으며, 전반적으로 가구생활 부담도 줄어들어 징검다리 일자리에 대한 취업욕구는 낮다.

또한 노후불안정도가 높을수록 재취업 욕구도 높아지며, 특히 노후불안정도가 동일한 경우에도 연금·저축·보험 등 다양한 대책을 마련한 경우에 취업욕구가 낮아진다. 특히 노후생활에 대비한 공공제도보다는 민간제도의 역할이 재취업욕구에 직접적인 영향을 미친다. 일반적으로 복지선진국은 국민연금, 기업차원의 퇴직금, 민간연금 등을 중심으로 3층의 노후소득보장제도를 운영하며, 이러한 노후대비책이 충분한 사람들은 조기은퇴 등을 선택하며 여유로운 노후생활을 보내려 한다. 그러나 우리나라는 1988년부터 전 국민을 대상으로 국민연금제도를 시작하였으나 연금의 소득대체율도 높지 않아, 퇴직후 편안한 생활을 위해서는 다른 노후소득보장제도에 의존해야 한다. 따라서 국민연금에 가입했다는 사실만으로는 재취업욕구가 낮아지지 않지만, 민간연금이나 저축보험 등 다양한 대책을 마련한 중년층은 굳이 '가교적 일자리'에 취업하려고 하지 않는다. 울산의 경우에도 50대 가운데 노후대책이 비교적 양호한 사람들은 가교적 일자리에 취업하기 보다는 여유로운 생활을 선택할 것이지만, 현실적으로 노후대책을 충분히 마련한 중년층이 많지 않아서 퇴직후 재취업 욕구도 매우 높다.

6. 결론

50대 연령층의 재취업에 대한 욕구는 높은 수준이다. 퇴직전부터 노후를 대비하고 가족으로부터 경제적 지원을 받는 사람들이 일부 존재하지만, 대부분의 50대 연령층은 지속적으로 증가하는 가계부담 문제를 해결해야 하고 노년기의 생계부담 문제도 해결해야 한다. 경제적 부담이 많고 노후생계대비책을 충분히 마련하지 못한 사람들은 현재의 노동시장에서 제공하는 '징검다리' 일자리에 대한 취업욕구도 높다.

학계 전문가들은 중장년층의 취업 문제를 주로 건강상태와 경제적 요인으로 설명하는데, 본문의 실증분석결과는 울산지역 중년층의 경제적 요인과 심리적 요인이 재취업욕구에 많은 영향을 미친다는 사실을 보여준다. 이들이 퇴직후 선택할 수 있는 일자리는 노동시장에서의 완전 '이탈상태'로 연결되는 징검다리 일자리의 성격을 가지며, 현실적으로는 저임금 일자리일 가능성이 많다. 그러나 일에 대한 가치관이 긍정적일수록, 그리고 적절한 노후대비책을 마련하지 못하여 노후불안감이 높은 사람일수록 징검다리 일자리에 대한 취업욕구가 높다.

그러나 불행하게도 지역노동시장이 충분한 일자리를 제공하지 못하여, 50대 중장년층은 '징검다리' 일자리에 취업하기도 쉽지 않다. 노동시장이 기업규모와 종사상 지위로 분절화 된 상황에서, 안정적 일자리는 주로 경력이 있는 젊은 노동력을 원하며, 불안정한 일자리는 경력이 적은 저임금 노동력을 찾는다. 50대 중장년층 남성은 취업경력이 많은 사람들이지만, 퇴직후에도 생계유지 등을 위하여 일자리를 찾아야 하는 상황이다. 그러나 불안정하고 낮은 임금을 제공하는 징검다리 일자리가 퇴직연령층을 선호하지 않는다면, 50대 중장년층은 일자리를 찾기 어려울 것이다.

또한 '징검다리' 일자리를 찾는 울산지역 50대 중장년층이 대부분 생산직 취업경력자라는 점도 이들의 재취업문제를 어렵게 만들 것이다. 평생을 생산직으로 살다가 퇴직한 사람들은 경력분야가 협소하고 사회적 관계도 다양하지 않은 편이다. 설문조사 결과에서 '새로운 일에서 요구하는 새로운 일을 수행할 만한 직업기술이나 지식이 부족하여' 취업을 포기하는 사람들도 상당한 규모에 이른다는 사실은 이들의 과거 취업경력이 갖는 한계를 잘 나타낸다.

50대 퇴직자의 고용문제는 단기적으로 지역노동시장에서 실업문제를 확대하고, 장기적으로 빈곤 노년층을 양산할 것이다. 앞으로 조선업 위기가 해결되지 않고 지역차원의 경기침체가 지속되면 정년퇴직자와 명예퇴직자들이 더욱 늘어날 것이며, 재취업 욕구가 높은 50대 중장년층도 더욱 많아질 것이다. 또한 50대 남성 가구주의 실업문제가 해결되지 않은 상태에서 청년구직난과 여성실업문제가 동시에 발생한다면, 울산지역에서 빈곤 가구가 늘어날 것은 명확하다. 실업문제가 구직자 개인의 차원을 넘어서 가족 전체에 미치는 파급효과를 고려하여, 이제 지역차원의 고용정책을 적극적으로 고민해야 한다.

제 10 장

지역일자리정책의 현황과 방향

1. 울산지역 경기변동과 노동시장의 고용문제

이 저서는 울산지역경제의 구조적 특징과 시기적 변화를 정리하고 산업도시 노동시장의 실업문제를 구체적으로 분석하였다. 울산지역은 1970년대 이후 중화학공업을 중심으로 고도성장을 경험한 한국의 대표적인 산업도시이다. 2000년대 들어서 주요 언론들이 '1인당 지역내총생산 규모가 가장 높은 도시가 울산'이라는 점을 보도한 사실에서 확인할 수 있듯이, 울산은 한국을 대표하는 수출 산업도시로 성장하였다.

그러나 최근에는 조선업 위기를 계기로 지역경제가 위축되고 있으며, 자동차산업과 석유화학산업의 미래에 대해서도 낙관적으로 전망하기 어려운 상황이다. 지역 내 대형 조선업체의 구조조정, 관련 중소기업체의 폐업 등으로 경제적 어려움이 확대되고 있으며 주요 사업체 주변 지역의 음식점이나 편의점 등 개인서비스업체에서도 불황의 여파가 확산되고 있다. 조선업 위기는 소위 'IMF 경제위기' 시대에도 경험하지 못할 정도로 큰 파급효과를 낳는 것이 울산경제의 현 주소이다.

울산지역 노동시장도 이러한 변화에 따라서 시기적으로 상이한 특징을 나타낸다. 울산은 고도 성장기에는 대공장을 중심으로 안정적인 일자리를 제공하는 산업도시 혹은 임금수준이 가장 높은 도시였으나, 경기불황이 반복되면서 안정적인 일자리를 제공하지 못하며 일부 산업에서는 '고용 없는 성장'이 지속되고 있다. 특히 조선업 위기가 본격화된 후, 대기업에서의 고용조정과 중소기업 폐업 등으로 임금수준도 하락하고 실업자도 증가하였다.

이러한 변화는 지역노동시장 분절구조에도 영향을 미치고 있다. 중화학공업 중심의 산업구조적 특성으로 인하여 대공장·생산직·남성·정규직 일자리부문과 중소기업·서비스직·여성·비정규직 일자리부문의 경계가 명확하게 형성되어 왔고, 전자의 안정적 노동시장 하위부문이 다른 지역보다 더 큰 비중을 차지하였다. 그러나 최근 지역내 주력 제조업의 침체로 인하여 안정적 고임금 일자리부문이 줄어들고 불안정 저임금 일자리 부문이 확대되고 있다. '2016년 16개 광역시 · 도 가운데에서도 비정규직 증가폭이 가장 컸던 지역이 울산'이라는 통계청 조사결과는 울산이라는 산업도시의 노동시장에 내재되어 온 분절구조가 점차로 변화하고 있음을 나타낸다.

산업도시 노동시장에는 구인자·구직자 일자리 미스매치가 일정한 규모로 존재하며, 주요 구직자 집단들의 고용문제도 다른 지역과 다른 특성을 나타낸다. 노동력 수요측면에서는 중화학공업 생산직 수요가 많지만, 노동력 공급측면에서는 청년층의 고학력화가 진행되면서 과거보다 더 큰 규모의 미스매치가 발생하였다. 1970~1980년대 생산직 일자리를 찾아서 울산으로 이주한 고졸 노동자들이 자녀를 대학교에 진학시킨 결과, 노동시장에는 대학졸업장을 가진 인력이 대규모로 진입하였다. 그러나 지역경제가 생산직 중심의 일자리를 다수 공급하기 때문에, 고학력층의 일자리 수요를 충족시키지 못한다. 한편에서는 생산직 인력을 찾지 못하는 중소사업체가 존재하고, 다른 한편으로는 비(非) 생산직 부문의 일자리를 찾지 못하는 고학력 구직자가 공존하는 것이 산업도시 울산 노동시장의 현실이다. 고용문제를 둘러싼 구인업체와 구직자 집단의 인식 차이, 특히 중소기업 일자리에 대한 불일치 현상은 이러한 노동력 수급구조의 특성을 반영한다.

자본주의의 '공간 분업화' 관점에서 볼 때, 울산은 한국의 대표적인 실행기능 중심의 산업도시로서, 구상기능이 집중된 서울과 다른 노동시장 미스매치가 발생한다. 울산의 주요 사업체의 본사가 수도권에 있는 경우에는 수도권에서 핵심인력을 선발하고 울산지역에서는 생산직 중심의 현장인력을 채용한다. 또한 지역 중소기업들은 울산지역을 중심으로 인력을 채용하지만 대부분 현장의 생산직 인력을 채용하고 대기업보다 열약한 근무조건을 제공한다. 결국 지역노동시장에서 생산직 중심의 노동력 수요와 고학력화에 따른 노동력 공급 구조가 괴리되면서, 구조적 미스매치는 울산이라는 실행기능 중심 산업도시에서 명확히 나타났다.

울산지역 경제구조와 노동시장의 특성은 지역에서 일자리를 찾는 사람들의 인적 특성 등에 따라서 상이한 고용문제를 낳는다. 울산의 청년과 여성의 고용률은 전국 주요 도시 가운데 가장 낮다. 제조업부문은 발달한 반면 비제조업부문은 다른 지역보다 저발전되었기 때문에 서비스부문 취업을 희망하는 청년과 여성 구직자들은 일자리를 찾는데 많은 어려움을 겪고 있다. 또한 직업별로 볼 때 생산직을 제외한 고학력층 일자리가 부족하기 때문에, 고학력층이 일자리를 찾는 일이 쉽지 않다. 이 저서의 실증분석 결과 청년과 여성의 실업문제가 다른 구직자 집단보다 더 심각한 것도 이러한 지역노동시장의 특성을 반영한다.

또한 과거 고도성장을 주도했던 중장년층 퇴직자들의 재취업 문제도 상당히 심각하다. 중장년층 가운데 퇴직 전부터 노후를 대비하고 가족으로부터 경제적 지원을 받는 사람들이 일부 존재하지만, 대부분의 중년층은 노후준비가 부족하며 퇴직후 생계유지를 위하여 재취업을 희망한다. 울산의 퇴직예정자를 포함한 중장년층은 지난 20~30여 년간 제조업체에서 근무하며 '현장 노동이 일상화 된 집단'이며, 노동가치관이 긍정적인 중장년층은 퇴직후에도 60대 초반까지 일하기 희망하며 '징검다리 일자리'라도 취업하려는 욕구가 높다. 그러나 지역노동시장이 이들에게 충분한 일자리를 제공하지 못하여, 많은 중장년층 퇴직자들이 일자리를 찾는데 어려움을 경험하고 있다.

울산의 산업 활동과 노동시장의 미래를 예측하는 것은 쉽지 않은 일이다. 울산지역 노동시장의 미래는 국내외 경제여건이나 지역 주요산업의 활성화, 공공부문의 노력, 노동시장 주요 행위자들의 선택 등 매우 많은 변수에 의하여 결정될 것이다. 또한 많은 전문가들이 거론하는 '4차 산업혁명'이 전 산업에 걸쳐서 빠르게 확산된다면, 일자리 자체가 양적으로 줄어들 가능성이 높으며 노동시장에서 요구하는 인력수요도 달라질 것이다.

지역사회로 눈을 돌리면, 울산은 다음과 같은 두 가지 변화가 진행되고 있어 이러한 변화에 대한 대응방식에 따라서 지역경제와 노동시장의 미래가 결정될 것이다. 첫째는 조선업 위기로 본격화된 경기침체의 극복 문제이다. 조선업은 대기업 및 관련 중소기업, 인근 상권까지 합할 경우에 울산취업자의 10% 정도를 차지할 정도로 핵심적인 산업이다. 조선업이 뼈아픈 구조조정에 성공하고 국내외 경제여건이 호전된다면 조선업의 부활 가능성은 없지 않다. 그러나 중국 조선업계의 성장과 일본 조선업계의 부활이 계속되고 유가·환율 등으로 세계경제여건이 악화된다면, 울산의 조선업이 과거와 같이 고속성장 할 가능성은 높지 않다. 더구나 또 다른 지역 핵심산업인 자동차산업과 석유화학산업마저 국내외 경제 환경 변화에 적극적으로 대응하지 못한다면, 지역경제 전체가 장기불황을 벗어나기 어려울 것이다.

둘째는 공공기관 이전을 계기로 시작된 새로운 산업활동 문제이다. 2005년의 공공기관 지방이전정책에 따라서, 수도권 등에 있던 10개 공공기관(고용노동부 고객상담센터, 한국산업안전보건공단, 근로복지공단, 한국산업인력공단, (주)한국동서발전, 한국석유공사, 에너지경제연구원, 국립재난안전연구원, 에너지관리공단, 도로교통공단 운전면허본부)이 울산으로 이전하였다. 이러한 기관들이 주로 공공서비스영역의 전문기관 혹은 에너지산업과 관련된 연구기관이라는 점을 고려하면, 공공기관 이전은 울산의 산업활동과 지역개발에서 많은 변화를 낳을 것이다(김재홍, 2014). 지역경제에 취약한 공공서비스 전문인력 3,000여명이 울산에 이전함에 따라서 '구상기능'의 고용부문이 확대될 것이며, 이러한 기관들의 연구개발활동이 지역사업체들의 생산활동과 밀접히 결합된다면 인력수요와 고용여건이 과거와 달라질 것이다.

결국 산업도시 울산의 미래는 이러한 변화에 적극적으로 대응하는 정책적 노력에 따라서 결정될 것이다. 지역문제 해결을 위한 많은 정책들이 실효를 거둔다면 울산의 위기는 일시적 현상이 될 것이지만, 반대의 경우에는 현재의 경제위기와 실업문제가 장기화될 가능성이 있다.

실제로 이 저서(제4장)에서 소개한 구인업체와 구직자들은 실업문제 해결을 위하여 정부, 대기업, 중소기업 등의 다각적인 노력이 필요하며, 특히 지역 중소기업의 인력난 문제를 해결하기 위하여 '중소기업 자체의 근무여건 개선' 뿐만 아니라 '지역특성에 맞는 차별화된 정책'과 '대기업과 중소기업의 공동 노력'이 필요하다고 인식하고 있다([표 10-1]). 이제 지역노동시장의 많은 문제를 해결하기 위해서는 구인자·구직자 개인의 차원을 넘어 중장기적인 정책의 차원으로 관심을 돌려야 한다.

[표 10-1] 울산지역 중소기업 인력난 해소를 위해 가장 중요한 것

(단위: %)

인력난 해소 방안		구인업체	구직집단		
			청년	여성	중장년층
정부의 노력	지역특성에 맞는 차별화된 고용정책 추진	58.8	51.0	44.4	44.9
	산학연계에 대한 지원 강화	19.9	21.7	11.2	6.4
	중소기업근로자에 대한 교육훈련시스템 마련	19.9	26.1	44.4	48.7
대기업의 노력	대-중소기업 공동교육을 통한 중소기업 인재육성 지원	47.4	49.1	46.9	45.5
	중소기업 근로자 인력유출 자제	26.7	20.8	24.5	39.4
	인재의 중소기업 취업 장려	20.7	28.3	16.3	15.2
중소기업의 노력	급여수준 인상	45.3	42.6	49.0	44.1
	복지수준 향상	38.0	38.9	32.7	44.1
	작업환경 개선	16.1	16.1	16.3	11.8

출처: 울산대학교 산학협력단(2013)

2. 지역일자리정책 개요

1) 울산지역 일자리사업 주요 내용

현재 중앙정부는 지역맞춤형일자리창출지원사업, 지역고용인적자원개발사업, 지역고용센터의 일자리정보망 구축 등 지역고용정책을 추진하고 있으며, 지방자치단체들은 노동시장에 처음 진입하는 청년층, 가사와 육아로 인하여 직장생활을 포기한 경력단절여성, 기업의 구조조정 등으로 직장을 잃은 베이비붐 세대 등 구직집단별로 다양한 일자리 정책을 추진하고 있다. 지역차원에서 볼 때, 이러한 정책적 노력은 일자리문제 해결을 위한 지방자치단체의 적극적이고 주도적인 노력을 강조한다는 점에서 과거와 다른 정책 패러다임이다. 과거의 지역일자리 정책이 주로 중앙정부의 고용정책을 지역차원에서 실행하는 차원에 머물러 있었다면, 최근의 일자리정책은 지역시민의 입장에서 필요한 일자리 사업을 지방자치단체가 적극적으로 추진한다는 점에서 지역중심적 일자리정책에 가깝다고 할 수 있다.

현재 울산지역 자치단체(광역시, 5개 구·군)들도 실업문제 해결을 위하여 많은 정책을 실행하고 있으며, 특히 '지역경제활성화 전략'과 '지역일자리사업'을 적극적으로 추진하고 있다. 울산지역 자체가 지난 30여 년간 중화학공업을 기반으로 성장하고 대규모 일자리를 창출해 왔기 때문에, 지역경제활성화를 일자리정책으로서 강조한다. 또한 최근 '고용 없는 성장'과 조선업 위기를 경험하면서, 경제활성화 전략과 별도로 다양한 일자리 사업을 추진하고 있다.

[표 10-2] 울산지역 일자리사업 개관

핵심전략	추진배경	내용
국내·외 투자유치 확대	산업단지 조성 등	국내외 기업 투자유치, 하이테크벨리조성, 길천2차 산업단지 조성 등
청년 취·창업 강화	청년 인구 유출 및 양질의 일자리 부족	테크숍운영, 청년 창·취업 지원 확대, 미스매치 해소 등
취약계층 일자리 안정 보급	사회안전망 구축	여성, 중·장년, 어르신, 장애인 등 일자리 발굴 확대 및 대상별 맞춤형 취업지원 강화
유관기관 거버넌스 활성화	협력 네트워크 구축	노사민정협의회, 고용전략개발포럼, 지역인적자원 개발위원회 등 유관기관 거버넌스 구축

출처 : 울산광역시(2016b)

경제활성화를 통한 일자리창출

울산시는 지역경제 활성화를 위하여 동북아 오일허브 사업, 기존 주력산업의 고도화 및 정보통신관련 산업(ICT)과의 융복합화 추진, 테크노산업단지 내 산학융합지구 구축 등을 주요 사업으로 제시하였다. 예를 들어서, 공공 연구기관인 한국전자통신연구원(ETRI)과 울산시가 조성해양육상 플랜트 분야에 ICT 기술을 접목하는 공동연구개발사업을 추진하며, 자동차 분야에서는 친환경 전기차 핵심부품개발사업을 통하여 자동차 산업의 지속적인 성장을 추진한다.28)

또한 울산시는 2014년 산업통상자원부 주관 지역경제위원회에서 울산지역산업발전계획안(2014년~2018년)을 발표한 바 있다. 이 계획안은 산업통상부의 수립지침에 따라 지역의 대표 산업·지역

28) 조선해양육상 플랜트분야의 첨단 생산시스템을 개발하기 위하여 2015~2017년에 150여억원의 연구개발비를 투입하며, 그린자동차 부품개발을 위하여 2011~2016년에 1,501억원을 투입하고 연구개발, 장비구축, 센터건립 등을 추진하는 것을 주요 내용으로 한다 (울산광역시, 2014c).

간 협력산업·연고산업·시도 자체 선정사업을 결정한 것인데, 울산시는 친환경자동차부품산업 등 5개 지역대표산업과 3D프린팅산업 등 3개 연고산업, 바이오메디컬 등 9개 자체선정산업을 선정한 바 있다(울산광역시, 2014d).

경제활성화를 위한 또 다른 사업은 울산의 산업단지 등 산업인프라 구축이다. 울산은 전통적으로 산업단지를 조성하여 기업투자와 일자리 창출을 추진해 왔던 경험이 있으므로, 자동차 완성차업체와 부품업체, 석유화학산업 제조업체 등이 집적된 산업단지를 더욱 확대하여 지역 핵심산업의 경쟁력을 높이고자 한다. 또한 자동차, 석유화학제품 등의 수출입을 원활하게 지원하기 위하여 울산신항만을 확대하며, 첨단산업을 유치하기 위한 산업단지(High Tech Valley)도 준비 중이다(울산광역시, 2014e).

적극적 지역일자리 정책

울산시의 고용문제 해결을 위한 두번째 전략은 지역일자리정책이다. 2016년에는 '고용률 66%, 3만6천개 일자리 창출'을 목표로 제시하였고, ①글로벌 기업유치, 창조경제 생태계 구축을 통한 청년일자리 확대, ②사회적 경제 활성화를 통한 서민 일자리 지속 공급, ③일자리 창출 여론 수렴 및 유관기관 협력 네트워크 강화 등을 추진전략으로 제시하였다(울산광역시, 2016b).

또한 울산시는 지역일자리창출사업 등과 관련하여 많은 재원을 마련하고 정부부문 사업과 민간부문 사업을 실시하고 있다([표 10-3]). 정부부문에서는 노인일자리, 아이돌보미 일자리창출 등 직접 일자리 창출사업, 맞춤형 인력양성 등 직업능력개발훈련사업, 일자리센터 운영 등 고용서비스사업, 청년인턴 등을 위한 고용장려금지원사업, 청년 CEO육성, 여성창업지원 등 창업지원사업, 연구기관 유치 등 일자리 인프라 구축사업이 있으며, 민간부문에서는 중장년일자리희망센터 운영 및 산업체 장기인턴십 사업 등이 있다(울산광역시, 2016b).

[표 10-3] 울산시 일자리창출사업 계획 개요(2016년)

(단위: 개, 명, 백만원)

구분			단위 사업수	2016년 일자리 목표	예산				
					계	국비	시비	구.군비	기타
정부부문	합계		153	36,896	872,030	236,641	289,739	22,038	323,612
	소계		152	27,324	867,415	233,641	288,124	22,038	323,612
	직접일자리창출		12	10,436	33,719	14,745	14,273	4,570	131
	직업 능력 개발 훈련		12	936	2,801	1,756	1,045		
	고용 서비스		25	7,455	3,938	1,964	1,603	336	35
	고용 장려금		9	2,007	23,050	12,998	6,711	3,341	
	창업 지원		10	281	5,876	3,015	2,861		
	일자리 인프라 구축 (건수)		12	–	59,222	24,347	29,425	250	5,200
	기타	산업	24	6,209	111,990	6,800	26,025	2,057	77,108
		복지	12	2,109	38,278	22,974	13,489	1,815	
		문화	6	5,461	214,997	1,988	3,599	8,805	200,605
		국토·환경	30	1,002	373,544	143,054	189,093	864	40,533
민간부문	소계		1	1,000	4,615	3,000	1,615		
	기업유치·육성 등		1	1,000	4,615	3,000	1,615		

출처 : 울산광역시(2016b)

울산지역에서는 다른 지역보다 고용률이 낮은 구직자 집단에 대한 정책도 확대되고 있다. 고용노동부산하 울산고용센터(울산고용복지+센터)는 청년층, 경력단절여성, 중장년층 등 주요 구직자집단에게 취업지원 서비스를 제공하며 구인업체에게는 구인업체 인력지원 서비스를 제공하고 있다. 또한 '여성새로일하기센터'가 경력단절여성의 구직활동과 직업훈련활동 등을 지원하고 있으며, 18~34세의 청년 미취업자를 대상으로 청년취업성공패키지를 실시하고,[29] 중년층 퇴직자의 재취업을 지원하기 위하여 일자리 알선·지원시스템 구축, 창업지원사업 등 다양한 정책과 프로그램을 실시하고 있다.

울산광역시도 이러한 노동시장 취약계층의 고용문제를 해결하기 위하여 지역차원에서 구직집단별 사업을 확대하고 있다. 일례로 2017년부터 청년 일자리창출과 창업지원, 청년문화 활성화 등 3가지 분야를 중심으로 하는 청년대책을 더욱 확대할 계획이다. 청년 실업자에게 인턴 기회를 제공하는 기업에 인건비를 지원하는 '일자리 창출기업 청년인턴 지원사업,' 지역·중소기업을 중심으로 청년의 기업탐방 및 취업연계 프로그램 운영, 청년 창업활성화를 위한 청년 CEO육성사업, 톡톡팩토리 사업 등이 2017년의 청년실업문제 해결을 위한 지역특화사업이다(울산광역시 정책기획관, 2017).

최근 강조되는 지역일자리사업은 울산상공회의소가 고용노동부와 울산광역시의 재정지원을 받아 실시하는 '지역산업맞춤형 일자

29) 청년취업성공패키지는 취업진단-인턴참가-취업알선 등으로 구성된 종합적인 일자리 지원 사업으로서, 각 단계별로 일정한 수당을 지급한다. 자세한 내용은 울산고용센터(울산고용복지+센터) 홈페이지 자료(http://www.work.go.kr/ulsan/ctrIntro/deptStaffInfo/deptStaffInfoList.do)와 청년워크넷 홈페이지 자료(http://www.work.go.kr/pkg/young/index.do)참고.

리창출지원사업'이다. 이 사업은 "지역의 고용문제 해결을 위해 자치단체가 자율적으로 지역산업 등과 연계된 지역특화형 일자리창출, 고용촉진, 직업능력개발사업 등을 추진하는 것"으로서, 지역혁신프로젝트(대규모 자원 활용 종합적인 일자리 사업)와 일반지역산업 맞춤형 일자리 창출(교육훈련, 지역특화사업, 지역고용구조조정 업종 근로자 지원사업, 고용환경개선사업 등)으로 구성된다.30)

조선업 위기극복을 위한 지역일자리정책

울산시는 조선업 위기에 대응하여 정부와 협의하여 특별 대책을 마련하였다. 이 대책은 기본적으로 중앙정부와 지방자치단체가 지역경제위기와 일자리 문제를 적극적으로 해결하기 위한 공동의 노력이라는 점에서 중요한 의의를 갖는다. 정부는 조선업을 특별고용지원업종으로 지정하고 '조선업 구조조정 대응 고용지원 및 지역경제 대책'을 발표하고, 울산지역의 중소 조선업체 및 소속 근로자들은 고용유지지원금, 경영지원, 고용보험혜택, 전직지원서비스 등 다양한 혜택을 제공하고 있다([그림 10-1]). 이 대책은 "조선업 공정의 특성을 고려, 일부 신규채용이나 고용조정이 있더라도 고용유지지원금을 지급할 수 있도록" 지급 요건을 완화하는 등 기존 고용정책을 유연하게 적용함으로써(관계부처합동, 2016), 시급한 지역고용문제를 해결하는데 도움이 될 것으로 기대된다.31)

---

30) 이 사업에 대한 설명은 울산광역시 창업일자리정보센터 (http://www.ulsan.go.kr/job/sub020203) 참고.

31) 이 대책은 다음과 같은 지원내용 변경을 통하여 시급한 상황에 맡는 '유연한 제도 운영'이라고 할 수 있다. 예를 들어서 고용유지 지원금제도 지원한도를 1일 4만3천원에서 6만원으로 인상하고 고용보험과 산재보험료 남부유예를 허용하며, 지역산업맞춤형 일자리창출지원사업을 최대 80억원까지 증액하였다. 자세한 내용은 울산고용센터(2017)를 참고.

[그림 10-1] 정부의 조선업 구조조정 대응 고용지원 및 지역경제 대책

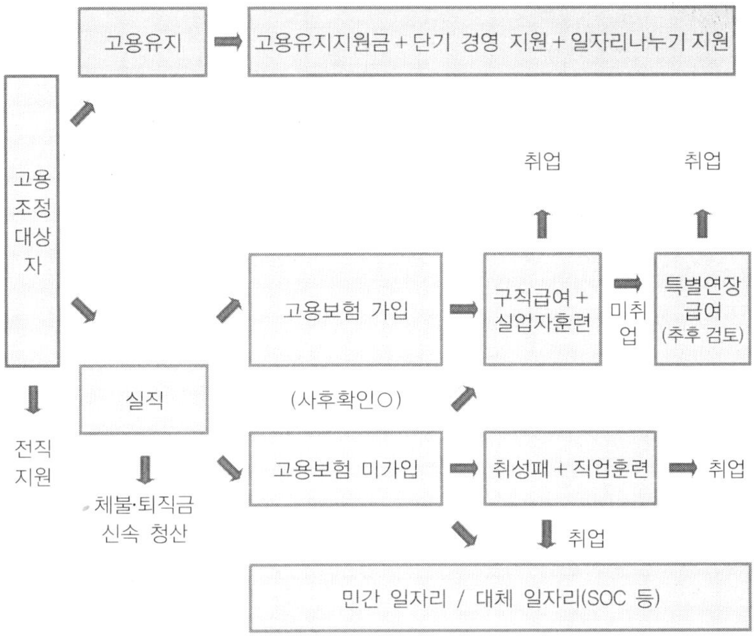

출처 : 관계부처합동(2016)

또한 울산시는 조선업계 실업문제 해결을 위하여 적극적인 대응 방안을 마련하였다. 정부가 조선업 지원정책을 확정하기 전(2016년 5월 2일)에 중앙정부에 특별고용지원업종 및 고용위기지역 지정 등을 요청한 바 있으며, 지역차원에서 울산지방중소기업청, 울산고용노동지청과 합동으로 조선산업 지원, 일자리 창출, 지역경제 활성화 등 '조선산업 위기대응 10대 종합지원대책'을 발표하였다([표 10-4]). 또한 정부가 '조선업 구조조정 대응고용지원 및 지역경제 대책'을 발표한 후, 조선업 퇴직자의 실업급여와 긴급복지 신청 등 생활안정, 심리상담과 재취업 서비스 등 종합적인 고용서비스를 제공하는 원스톱 지원기관으로서 '울산조선업희망센터'를 운영하고 있다.

[표 10-4] 울산광역시 조선산업 10대 지원대책

구분	과제명	추진 내용
울산광역시 우선 추진과제	긴급재정 운영을 통한 지역경제 활성화 - 예비비 우선 투입 - 선제적 재정 조기 집행	- 긴급 추경 편성 - 자영업자 등 지역소상공인 금융지원 확대 - 동구 지역에 하반기 지급예정인 조정교부금을 교부하고, 특별조정교부금을 동구에 집중 지원
	조선업종 사내 협력업체 경영안정자금 지원	- 대출규모 확대 (업체당 대출금 증액)
	지방세 징수 유예 및 세무조사 연기	- 사업의 현저한 손실 또는 중대한 위기에 처한 중소기업 대상
	이화일반산업단지 부담금 조기 지급	- 현대중공업에서 조성 중인 이화일반산업단지에 대한 울산시 부담금 조기 지급
	전직, 재취업 및 창업 지원 강화	- 울산중장년일자리센터 등 기존 취업지원시설의 프로그램 확충 및 기능 강화 - 울산고용복지 + 센터와 퇴직자지원센터 등 인프라설치, 지식기술창업 등 창업과정 확대
	조선기자재 기업 국내외 마케팅 지원 강화	- 조선해양 기자재 국제인증, 벤더등록 지원 확대 - 해외인증 및 국제선급 시험·인증 지원 - 조선기자재 기업의 판로 확대 및 마케팅 지원 강화
	조선해양분야 기술혁신 인프라 조기구축 지원	- ICT융합 조선해양, 혁신기술 개발 및 기업 지원 - 조선해양기자재 기술지원센터 구축
중앙부처 협조과제	특별고용지원 업종 및 고용위기지역 지정	- 조선해양산업을 특별고용지원 업종 지정: 고용유지지원금, 특별연장급여 등 지원 - 고용악화시 고용위기지역으로 추가 지정 건의
	울산 외국인력 지원센터 설치	- 조선업 인력 관리 등을 위한 외국인력 지원센터 건립
	동구 퇴직자지원센터 건립 특별 교부세 지원	- 지자체, 지방고용노동관서, 민간기관 등 관련 기관의 직원이 참여하여 서비스 제공

출처: 울산광역시(2016a)

3. 울산지역 실업문제 해결을 위한 정책 제안

울산지역에서 실시되는 다양한 지역일자리정책은 실업문제 해결에 일정한 성과를 낳을 것으로 기대된다. 울산의 주력산업이 많은 어려움을 경험하는 상황에서, 기존 산업의 생산과 연구개발 기능을 결합하여 산업별 경쟁력을 높이고 부가가치를 높이기 위한 정책이 필요한 시점이다. 특히 울산의 경제활성화 정책이 제조업과 ICT산업의 융합적 발전방안을 포함하고 기간산업과 연계된 지식서비스산업을 육성한다는 점에서 산업구조 고도화와 새로운 일자리 창출에 도움이 될 것이다. 연구개발 인력의 확대, 지식서비스 산업 및 문화관광산업 등 새로운 산업의 일자리를 증가시켜 고학력층 청년들의 실업문제 해결에 도움이 될 것이며, 고용 및 복지영역의 정책들도 사회서비스영역의 일자리 창출을 통하여 여성이나 퇴직자의 재취업 등에 긍정적인 영향을 미칠 것으로 예상된다.

실제로 석유화학 등에 대한 설비투자와 외자유치가 울산지역 주요 산업단지에서 확대되고 있다. 삼성계열사의 전지·소재 복합단지 개발에 대한 MOU 체결, 조선업계의 조선기자재 사업 다각화로 생산설비 신설 투자, 일본 자동차부품업체의 필름생산 공장 증축, 중동지역 외국인투자기업의 석유화학분야 대규모 증설투자 프로젝트 등이 2016년에 진행되었다(울산매일신문 2016년 12월 28일자 기사).

그러나 울산시의 경제활성화 정책을 성공적으로 수행하기 위해서는 좀 더 구체적인 전략과 방법이 필요하다. 중앙정부에 의존할 수밖에 없는 재정구조에서 필요한 재원을 확보하는 문제, 초기 형태의 신산업발전전략을 수행하기 위한 인적 자원을 확보하고 장기적으로 지역 내부에서 인력을 육성하는 문제, 기업의 수요를 반영한 연구·개발 프로젝트를 수행하여 기존 산업의 부가가치를 높이는 문제, 다양한 사업 가운데 우선 순위를 결정하고 재정·인적 자원을 효율적으로 배분하는 문제 등 많은 과제가 남아 있다.

또한 경제활성화 정책과 별도로 일자리 유지와 확대를 위한 지역 고용정책을 좀 더 적극적으로 추진할 필요가 있다. 경제활성화가 일자리 창출을 낳는 데에는 비교적 장기간의 시간이 필요하므로, 단기적으로 지역고용정책을 적극적으로 추진해야 한다. 안정적인 일자리 총량이 감소하는 문제를 해결해야 하며, '중화학공업 생산직 중심' 구조에서 발생하는 노동력 수급 불균형도 해소해야 한다. 또한 '고용 없는 성장의 흐름'을 뛰어넘어 다양한 직업군의 일자리를 창출하는 문제도 시급하다. 노동력의 수요와 공급, 노동시장작동 메카니즘 등을 통하여 일자리문제를 해결해야 한다는 입장에서 볼 때, 본 저서의 실증분석결과는 울산지역의 일자리 문제해결을 위하여 다음과 같은 정책적 시사점을 제공한다.

지역일자리정책의 기본 방향 : '좋은' 일자리 확대와 미스매치 해소

산업도시의 고용문제 해결을 위하여 무엇보다도 시급한 정책 방향은 '좋은' 일자리를 확대하는 것이다. 최근의 비정규직 증가 추세가 앞으로도 지속된다면, 지역노동시장에서 일자리가 양적 증가함에도 불구하고 실업문제는 계속 확대될 것이다. 지방자치단체가 제공하는 일자리가 한시적 저임금 노동의 성격을 가질 경우에, 구직자들은 일자리를 선택하지 않고 구직포기자 혹은 비경제활동인구로 전락할 가능성이 높기 때문이다. 따라서 지방자치단체 등 공공부문이 주도하는 일자리정책은 단순히 취업률을 높이는 것이 아니라 구직자들이 희망하는 '좋은' 일자리를 많이 만드는 것이 기본 목표가 되어야 한다. 노인일자리, 아이돌보미 일자리, 공원녹지관리 일자리 등의 직접일자리창출사업도 일부 구직자들에게는 필요하지만, 좀 더 안정적인 일자리를 만드는 지역고용전략이 좀 더 확대되어야 한다. 특히 고학력 구직자의 실업문제가 심화되는 울산지역의 경우에는 '좋은' 일자리 취업기회를 확대하는 일이 중요하다.

현재의 경제활성화 정책을 긍정적으로 평가하는 것은 이러한 주

요 직업군의 일자리창출 가능성 때문이다. 기존 산업의 고부가가치화를 통하여 현재의 주력 산업 및 직종의 일자리를 안정화해야 하며, 새로운 산업 육성 및 연구개발기능 확대 등을 통하여 새로운 산업과 직업의 '좋은' 일자리를 창출해야 한다. 울산시가 추진하는 정책을 통하여 사무 · 전문 · 연구개발 · 지식서비스 분야에서 '좋은' 일자리를 창출하고, 지방자치단체와 울산혁신지역내 공공기관의 취업기회를 확대하여 고학력층의 일자리 수요를 충족해야 한다.

또한 현존하는 지역 내 중소기업 등의 고용조건을 개선하여 구직자들이 이러한 일자리에 취업하도록 유도해야 한다. 구직을 기피해 온 일자리의 임금 및 고용안정성 등을 향상시키고 전반적인 고용조건을 개선한다면, '좋은' 일자리가 더 늘어나 취업지원 가능성도 높아질 것이다. 이를 위하여 중소기업의 경쟁력을 제고하고 대기업과 중소기업의 동반성장을 추진하는 기업지원전략이 필요하다. 특히 대기업과 중소기업간 하청관계가 구조화된 울산의 경우에는 대기업의 중소기업지원 확대정책이 다른 지역보다 더욱 중요하다.

울산지역 고용전략의 두 번째 방향은 노동시장 미스매치 해소이다. 이 연구의 실증분석에서도 미스매치 문제가 울산지역 실업발생의 주요 요인 가운데 한가지라는 점을 강조하였는데, 이 문제를 해소하기 위한 지역일자리사업이 부족한 것이 현실이다. 노동시장 미스매치가 해소되지 않으면 울산의 실업문제는 해결되지 않을 것이며 지역노동시장에서 빈 일자리도 줄어들지 않을 것이다. 더구나 지역경제의 핵심영역이라고 할 수 있는 생산관련 직업군에서 빈 일자리가 줄어들지 않는다면, 지역 핵심산업의 생산활동에도 부정적인 영향을 미칠 것이다. 따라서 현재 진행되는 지역차원의 일자리정책 방향을 검토하고 지역노동시장 현실에 적합한 일자리 미스매치 해소방안을 마련해야 한다.

앞에서 강조한 '좋은 일자리' 확대 정책은 노동시장 미스매치를 해소하는 데에도 많은 도움이 될 것이다. 울산지역의 일자리 수급현황과 미스매치 현실을 고려할 때 가장 필요한 것은 일반 사무·관리·전문서비스 직업군 등 구직수요가 많은 일자리를 창출하는 정책이다. 이를 위하여 공공부문의 취업기회 확대 등 많은 노력이 필요하며, '실행기능 중심지'로서의 특성을 고려하여 생산자 서비스산업과 사회서비스산업 등을 육성해야 한다.

또한 울산지역의 '구조적' 미스매치를 줄이기 위해서는 일자리 수요가 낮은 중소기업에 대한 지원정책이 시급하다. 현재 정부는 취업 기피 일자리가 집중된 중소기업에서의 인력 미스매치 문제를 해소하기 위하여 '중소기업 인력수급 불일치 해소 대책'을 마련하고, 광역자치단체 혹은 기초자치단체와 함께 핵심인력의 중소기업 맞춤형 인력공급, 산업단지 근로환경 개선, 정보 미스매치 해소방안 등을 강조하고 있다(고용노동부, 2013). 울산의 대표적인 구인초과 일자리가 대부분 중소기업에서 공급되기 때문에 미스매치가 발생하여 빈 일자리로 남아 있다. 이러한 일자리에 대한 수요를 확대하기 위해서는 중소기업의 임금이나 고용조건을 개선하는 '좋은' 일자리 정책이 도움이 될 것이다. 또한 개별 중소기업이 재정적 여력이 부족한 현실을 고려하여, 동일 산업단지 혹은 동일 업종차원에서 근무여건과 기업복지 문제를 해결하는 제도를 확대해야 한다. 구직자와 구인업체를 연결하는 정보 인프라를 개선하고 취업알선체계를 직무·업종·산업단지(지역)별로 다양화하는 정책도 일자리를 찾지 못하고 실업자가 되는 사례 혹은 적절한 인력을 찾지 못하는 사업체의 사례들을 줄이는데 도움이 될 것이다.

인구집단별 일자리정책의 확대

일자리 수요·공급과 실업률이 인구집단별로 상이하다는 점을 고려하여, 각 인구집단의 특성에 맞는 일자리정책이 확대되어야 한다. 고도성장기의 고용구조에서 기회를 갖지 못하는 청년과 경력단절 여성 등 주요 인구집단의 특성에 따른 일자리 정책이 필요하다. 이들의 고용률이 다른 지역보다 더 낮은 점이 '제조업 생산직 중심'이라는 지역노동시장의 특성과 밀접히 관련된다는 점을 고려하여 적절한 대책을 마련해야 한다.

• **청년일자리 정책 :** 청년실업자의 다수를 차지하는 고학력층이 선호하는 일자리를 확대해야 한다. 지방자치단체와 지역 내 공공기관들은 공공부문 일자리 기회를 확대하고, 민간기업이 청년고용을 확대하도록 다양한 유인책을 마련해야 한다.

이를 위하여 중요한 일은 대기업과 중견기업의 적극적인 노력이다. 기업 현장에서 젊은 노동력을 활용하면 새로운 지식과 기술을 활용할 수 있고 혁신적 기업문화를 형성하는데 도움이 된다. 또한 직장체험 등을 통하여 취업인력의 기술능력이나 업무태도를 확인함으로써, 불확실한 인적자본을 확인하는 시행착오를 줄이고 업무교육이나 인력채용의 비용을 절감할 수 있다.

지방자치단체는 울산지역에서 높은 비중을 차지하는 대·중견 기업들이 인력채용을 확대하도록 다양한 인센티브를 제공할 필요가 있다. 특히 본사를 울산이외 지역에 둔 대기업과 중견기업들이 지역고용할당제를 도입하고, 고용성과가 높은 기업들에게 행·재정적 혜택을 제공한다면 청년 실업문제를 해결하는데 도움이 될 것이다.

또한 청년구직자와 구인업체간 불일치 문제를 해소할 고용정책이 필요하다. 고학력 청년구직자가 중소기업을 기피하는 것은

'중소규모' 기업 때문이 아니라, 중소기업의 임금과 고용안정성, 기업복지제도 등 고용여건 때문이다. 모든 청년들이 희망하는 임금수준이나 근무여건이 대기업 수준은 아니므로, 중소기업의 근무여건을 개선하여 청년구직자들의 중소기업 지원가능성을 높여야 한다. 대기업과 중소기업의 수직적 하청계열화 문제를 개선하고 중소기업의 경영여건을 개선한다면, 인력채용과 고용안정화에 많은 도움이 될 것이다.

청년 구직자들이 '실무능력' 향상을 위한 제도도 확대되어야 한다. 많은 기업들이 재교육·훈련비용이 발생하는 신입직원 채용을 기피하고 해당분야의 실무 투입이 가능한 경력직 채용을 선호하므로, 청년층은 경력이 상대적으로 많은 40대 구직자에 비하여 많은 어려움을 겪는다. 따라서 학교와 직업훈련기관은 청년층에게 교육기회를 제공하는 일에 그치지 말고, 현장 실무능력을 향상시킬 수 있는 프로그램을 마련해야 한다. 공공기관도 재학생들에게 실무능력을 향상시킬 수 있는 장단기 인턴십 프로그램을 더욱 확대하고 내실화하여, 청년층의 구직 가능성을 높여야 한다.

• **여성일자리 정책 :** 울산의 여성들은 중화학공업 생산직 중심의 고용구조에서 일자리를 찾기 어렵고, 단순노무직과 같은 저숙련·저임금 일자리에 배치된다. 또한 일반 사무직이나 전문직에 종사하던 여성들도 임신과 출산 부담으로 직장생활을 지속하지 못한다. 본문에서 노동시장 참가 여성과 미참가(비경제활동인구) 여성, 화이트칼라 직종 여성과 비화이트칼라 직종 여성의 분리정도가 전국 평균보다 울산에서 더 높다는 연구결과는 직업 선택에서 취업생활 유지에 이르는 전 과정에서 성 분절적 고용관행이 울산지역에 지배적임을 의미한다.

먼저 경력단절여성에 대한 지원사업을 확대해야 한다. 울산지역 경력단절여성이 판매·서비스, 임시·일용직과 같은 불안정 직종에서 차지하는 비중이 전국 여성 평균보다 더 높다는 점을 볼 때, 경력단절 여성의 비정규직화는 이미 지역사회에서 광범하게 진행되고 있다. 이들의 취약한 노동시장 지위는 개인적 요인 보다는 출산 및 가사노동과 관련된 문제이므로, 임신, 출산, 육아 등 가정내 역할 부담을 줄이는 방안이 확대되어야 한다. 직장어린이집 등 모성보호제도를 확대하고 일-가정 양립을 위한 제도가 늘어나면 경력단절여성의 구직활동도 더욱 늘어날 것이다.

또한 지방자치단체는 고용노동부와 여성가족부 등의 사업을 지역에서 집행하는 역할을 넘어서, 지역특성에 맞는 여성 일자리 정책을 더욱 확대해야 한다. 대기업 생산직 일자리가 불안정해지면, 그 동안 노동시장에서 소극적이었던 여성의 취업욕구는 더욱 늘어날 것이다. 모든 구직여성들이 업무능력을 개발하도록 다양한 인적자원개발사업을 추진하고, 젊은 고학력 여성구직자를 위한 일자리 창출사업 및 여성친화적 기업 지원 등을 통하여 여성 고용기회를 대폭 확대해야 한다. 특히 경력단절 여성을 대상으로 연령, 학력, 가족상황 등을 고려한 취업능력 향상방안을 확대하며, 취업활동 동기부여와 직장문화적응 등을 지원하는 프로그램도 마련할 필요가 있다. 앞에서 설명한 일-가정 양립을 위한 지원방안이 이들의 직업훈련 및 구직활동기간에도 반드시 필요하므로, 훈련-보육-취업을 연계하는 종합지원 서비스가 마련되어야 한다.

장기적인 관점에서는 지역산업발전에 따른 여성인력 수요를 대비하여 여성의 취업능력을 향상시켜야 한다. 기존 산업의 고부가 가치화, 제조업과 정보통신산업의 결합 등을 위한 울산시의 노력은 전문지식과 정보가공능력을 갖춘 여성친화적 일자리를 확대할 것이다. 대학이나 직업훈련기관이 이러한 수요에 대비하여 여성인력교육기회를 확대한다면, 남성 중심의 울산지역 노동시장구조를 변화시키고 여성의 고용지위 향상에도 많은 도움이 될 것이다.

• **중장년층 일자리 정책 :** 울산의 중장년층 퇴직자들은 대부분 재취업을 통하여 생계를 유지하고 삶의 보람을 찾으려고 노력한다. 울산이 한국의 대표적인 산업도시로 성장하는 과정에서 이들의 역할이 매우 중요했다는 사실을 재조명하고 퇴직후에도 일정한 역할을 수행하도록 지원하는 것은 지방자치단체의 몫이다.

이들의 퇴직후 생계유지를 위해서는 경제·사회문화 영역에서 다양한 대책이 필요하지만, 현실적으로는 일자리와 소득확보가 가장 기본적인 대책이 될 것이다. 울산지역 중장년층 퇴직자들은 60대 초반까지 징검다리 일자리에 취업하기 희망한다는 점을 고려하여, 징검다리 일자리를 확대하고 근무여건을 전반적으로 개선해야 한다. 현재 노동시장의 빈 일자리나 공공부문 일자리가 이들의 기대수준을 충족시키지 못하는 저임금·단기계약 일자리라는 비판이 제기되므로, 지방자치단체는 일자리 근무조건을 개선하도록 다양한 지원방안을 마련해야 한다. 또한 고령자고용을 확대하는 고령친화기업을 선정하고 각종 세제상의 혜택을 제공하여, 인력난을 겪고 있는 중소기업 등에 도움을 주고 중장년층 취업기회도 확대해야 한다.

민간기업과 공공기관도 중장년층의 재취업활동 지원방안을 내실화해야 한다. 울산의 일부 기업은 단기간의 퇴직지원 프로그램을 운영하지만 대부분 이벤트성 프로그램으로 진행되어 실제적인 지원방안으로서 정착되지 못하였다. 또한 정부도 퇴직자를 대상으로 전직지원제도 등 다양한 일자리정책을 실시하지만, 아직은 중년층 퇴직자에게 실질적인 혜택을 제공하지 못한다. 퇴직에 따른 생활변화에 적응하도록 상담·교육 프로그램, 퇴직후 재취업에 필요한 개인역량 진단 및 분석 프로그램, 직무적응을 위한 훈련프로그램, 재정관리 및 가족관계 프로그램 등을 확대하고, 울산지역의 퇴직자 모두에게 기회를 제공해야 한다.

조선업 특별대책

정부와 지방자치단체가 최근 발표한 대책들은 단기적으로 실업상태에 있는 조선업 종사자들의 생활안정에 도움되며, 장기적으로는 조선업계의 경영혁신 등을 기초로 한국 조선업계가 재도약하는 계기가 될 수 있다. 그러나 지역의 일부 경영진과 실업자들은 좀 더 적극적인 지원대책을 요구하고 있으며, 전문가들도 다양하고 과감한 정책을 주문하는 것이 현실이다(박종식, 2016; 신원철, 2016). 조선업 위기에 따른 지역경제문제를 해결하기 위해서는 조선업 활성화, 소상공인지원, 일자리사업, 미래지향적 노사관계 등 많은 과제가 있으며, 현재의 특별대책과 관련하여 다음과 같은 방안을 좀 더 고민할 필요가 있다.

조선업 위기를 해결하는 방법은 해당 기업의 자구 노력이 우선되어야 하지만, 정부와 지방자치단체는 이 산업이 지역경제에서 차지하는 비중을 고려하여 다양한 지원대책을 마련해야 한다. 먼저 해당 기업의 경쟁력 강화를 지원해야 한다. 조선업 자체가 기본적으로 세계경제 변동에 민감한 산업분야이기 때문에, 정보통신기술이나 친환경기술을 활용한 기술혁신활동을 강화하여 세계경제 회복에 따른 수주여건 개선 상황에 대비해야 한다.

인사분야에서도 낮은 임금과 단기 이익을 위하여 비정규직을 확대하는 저진로(Low Way) 전략이 아니라 숙련과 기술력에 기초한 고진로(High Way) 전략을 정착시켜야 한다. 전자의 방식으로는 경기가 회복되어도 중국 조선업계의 가격경쟁력을 이겨낼 수 없다는 점을 인식하고, 엔지니어들의 설계·개발능력과 생산직의 숙련도를 향상시키는 인적자원개발전략을 도입해야 한다. 또한 지역내 조선관련 중소기업들의 연구개발과 부품생산 과정에서 대기업과 협력관계를 강화하여 중소 제조업체의 생산능력을 향상시켜야 한다.

단기적으로는 공공부문이 주도하는 대규모 일자리창출사업을 통하여 조선업 출신 실업자들의 취업기회를 제공해야 한다. 최근의 실업문제가 조선업체들의 경영위기로 촉발된 것이라는 점을 고려하면, 민간기업의 자율적 노력이나 시장을 통한 일자리창출에 의존하여 실업문제를 해결할 수 없다는 점이 명확해졌다. 더구나 울산에 본사를 대기업이 분사 등을 통하여 일부 사업부문을 울산이외 지역으로 이전할 경우에는 해당 기업과 관련 중소기업을 중심으로 대규모 실업문제가 발생할 것이다. 이러한 고용문제를 단기적으로 해결하기 위해서는 지역내 사업체에서 일해 왔던 실업자 등이 참여할 수 있는 대규모 공공사업을 조기 추진하여 좀 더 많은 일자리를 제공해야 한다.

고용인프라 개선과 전문가 협의체계 구축

마지막으로 제안할 지역일자리정책은 고용인프라 개선이다. 노동시장에서 구인자와 구직자의 결합(matching) 가능성은 인적자원개발-취업알선-정보공유 등 다양한 고용지원기관의 역할에 따라서 최종 결정된다. 그러나 풍부한 일자리의 산업도시 울산에서는 고용문제가 지역발전정책의 현안으로 부각된 경험이 적었기 때문에, 고용지원기관이나 고용관련 전문가 집단이 부족하다. 현재 울산에는 직업훈련기관, 취업알선기관, 일자리정보센터 등 많은 일자리사업기관들이 각 각의 영역에서 노력하고 있으나, 노동시장에서 제공되는 일자리 가운데 구직자가 있음에도 불구하고 빈 일자리가 많다는 사실은 이러한 고용지원기관이 여전히 부족하며 이들의 연계활동이 미흡하였음을 나타낸다.

따라서 각 고용지원기관의 역량을 강화하고 지원기관의 전문성을 확대해야 한다. 구인업체와 구직자를 연결하는 일자리알선시스템을 개선하여 단기적으로 구직자와 구인업체의 '결합' 가능성을 높이고, 구직자들이 사업체의 인력수요에 맞는 직무능력이나 인적자원을 개발하도록 직업훈련기회를 다양화 할 필요가 있다. 특히 현재 진행 중인 경제활성화 전략 및 일자리정책을 고려하여 수요가 많은 직무분야에 대한 교육훈련기회를 확대하고 구직자 개인별 직무능력에 따라서 차별화 된 훈련기회를 제공할 때, 일자리 수요·공급의 불일치가 줄어들어 실업문제가 해결될 것이다.

또한 공공부문과 민간부문의 협력적 네트워크를 구축해야 한다. 공공기관은 상대적으로 많은 재정 자원과 정보를 확보하고 지역일자리사업을 주도하는데, 일자리정책을 수립하거나 실제 집행과정에서 민간 전문집단과의 협력체계를 구축해야 한다. 먼저, 공공분야와 민간분야의 '전문가집단 협의체'가 활성화되어야 한다. 울산광역시와 울산시 5개 구·군 등 지방자체단체는 고용관련 전문가들의 의견을 수렴하여 지역일자리정책을 수립하고, 집행과정에서도 민간 전문가 집단과의 네트워킹을 활성화해야 한다. 또한 공공재정이 지원되는 각종 고용지원사업의 연계성을 강화해야 한다. 예를 들어서, 일자리 정보제공사업, 직업훈련사업, 취업알선사업 등의 연계성을 체계화한다면 각 사업의 성과가 높아질 것이다.

현재 울산지역에서 운영되고 있는 대규모 지역일자리사업은 협의적 고용인프라 구축의 중요한 계기가 될 것이다. 조선업위기로 설치된 '울산조선업 희망센터'는 구직자 상담, 취업알선, 일자리정보 제공 등 많은 사업을 시행하고 있으며, 지역상공회의소의 '울산지역 인적자원개발위원회'는 근로자직업능력개발법에 따라서 지역산업 맞춤형 인력양성과 지역혁신프로젝트 수행 등 인적자원개발을 위한 다양한 사업을 진행하고 있다(울산상공회의소 울산지역인적자원개발위원회, 2017). 그러나 이러한 지역일자리사업을 효율적으로 수행할 만한 지원기관이나 인적 자원이 부족하여 성공적으로 사업을 완수하는데 많은 어려움이 있다. 구직자들의 인력양성, 실직자의 구직상담부터 취업에 이르는 일련의 사업들을 진행하는 과정에서 관련 기관 및 전문가들과 협의체계를 구축할 필요가 있다. 이러한 협의적 고용네트워크는 미래에 발생할 또 다른 경제위기와 실업대란 문제를 해결하는데 적용할 수 있는 중요한 모델이 될 것이다.

실업문제는 실업자 개인의 문제가 아니다. 한 가족의 부모가 실직상태에 미르면, 가구 소득이 줄어들어 빈곤가구가 증가한다. 은퇴기 부모에 이어 청년들도 일자리를 찾지 못하면, 청년 본인의 경제적 어려움이 발생하고 부모세대의 노후 빈곤도 확대된다. 또한 빈곤가구 증가는 지역경제에서 소비위축과 세수부족을, 사회심리적으로 무기력과 사회적 반감을 낳는다. 지방자치단체가 실업문제를 해결하기 위하여 노력해야 하는 이유는 이처럼 실업이 시민의 삶에 미치는 파급효과가 매우 크기 때문이다.

또한 실업문제 확대는 경제위기가 지역사회 전체적으로 확산되고 있음을 의미한다. 조선업 위기에서 확인했듯이, 산업도시의 핵심산업이 위기상태에 있으면 관련 기업들과 지역상공인들도 모두 경제적 고통을 경험하며 지방자치단체도 재정적 위기와 정치경제적 부담을 갖는다. 울산이 '한국을 대표하는 산업도시'로서 재도약하기 위하여 지역경제위기와 실업문제를 해결하려는 정책적 노력이 시급히 요청된다는 점을 다시 한번 강조한다.

참고문헌

- 한글 문헌

강영훈. 2014. “최근 울산지역 주력산업 현황과 지역경제에 미치는 영향.” 《울산발전》 45호: 20~31

강이수, 2001. “변화하는 노동시장과 여성노동자.” 《경제와 사회》 51호(가을호): 10~37.

경남발전연구원 인적자원개발지원센터. 2008. “경남의 경력단절 여성을 위한 맞춤형 고용창출 종합프로젝트.” 《경남RHRD 휴먼파워》 21(3): 50~57.

고용노동부. 2017. 『지역고용전략수립을 위한 종합 워크숍 [동남권]』.고용노동부 자료

______. 2016. 『고용노동부 고용촉진지원: 여성새로일하기 센터』. 고용노동부 자료 (http://www.moel.go.kr/policyinfo/woman/view.jsp?cate=5&sec=2).

______. 2014. 『고용노동부 사업 및 제도(2014년 한 권으로 통하는 고용노동정책)』. 고용노동부 자료.

______. 2013. 『중소기업인력수급 불일치 해소대책』. 관계부처 합동 보도자료.

______. 2011. “G20 고용장관, 일자리 중심의 경제회복 정책 강조.” E고용노동뉴스 보도자료.

______. 2010. 『지역 “일자리” 공시제 매뉴얼』. 한국능률협회-한국지역경제학회 컨소시엄.

관계부처합동. 2016. “조선업 구조조정 대응고용지원 및 지역경제 대책.” 고용노동부 보도자료.

권문일. 1996. 『노인의 퇴직결정요인에 대한 연구』. 서울대학교 박사학위논문.

권승·황규선. 2004. “노년층의 은퇴결정요인에 관한 연구.” 《한국노년학》 24(3): 69~90.

권우현. 2013. “울산광역시 일자리의 (산업별) 수급 전망.” 미발표 원고

김낙현•김정연. 2015. “경남지역 한계기업 현황과 대응방안- 금융안정 측면에서.” 한국은행 지역경제보고서 2015년 5월호: 95~99.

김난주. 2014. “여성의 경력단절 발생과 대책 : <2013년 경력단절여성 등 경제활동실태조사> 결과를 중심으로.” 《젠더리뷰》 32: 13~27.

김덕성. 1987. 『정년퇴직기에 따른 정신적, 신체적, 경제적 생활상태변화에 대한 비교분석』. 서울대학교 대학원 박사학위논문.

김선화. 2010. 『부산지역 경력단절 여성의 취업욕구에 관한 연구』. 신라대학교 여성문제연구소 자료집.

김세움·김진영·조영준. 2011. 『학력별 노동시장 미스매치 분석과 교육제도 개선과제- 고등교육기관 및 전문계고를 중심으로』. 한국노동연구원

김시자. 2006. 『퇴직예정자의 재취업 욕구 결정요인에 관한 연구』. 제주대학교 대학원 박사학위논문.

김양희. 2013. “유통서비스업 시간제 일자리의 실제 : 경력단절 여성의 판매노동 경험을 중심으로.” 《한국여성학》 29(2): 39~66.

김영근·김민정. 2015. “권역별 노동수급미스매치 현황 및 시사점.” 《BOK 이슈노트》 2015-7호. 한국은행.

김영옥. 2012. “최근 여성비정규직의 변동과.” 한국여성정책연구원 (편) 『최근 여성비정규직의 쟁점과 해법』 자료집.

김을식. 2013. “지역별 일자리 미스매치의 특징과 추이.” 《GRI 연구논총》 15(3): 263~286.

______·정원경. 2012. 『경기지역 노동수급의 미스매치 현황과 정책과제』. 한국은행 동향/연구보고서.

김재홍. 2014. “혁신도시 주민정착과 도시발전을 위한 이전 공공기관과 지역사회의 협력방안.” 《울산발전》 45: 6~13.

김종숙·이지은. 2012. “PSM 방식을 이용한 경력단절 여성의 임금 손실 추정.” 《Women's Studies Forum》 82: 75~101.

김주섭. 2005. “청년층의 고학력화에 따른 학력과잉 실태분석.” 《노동정책연구》 5(2): 1~29.

김태진. 2014. “해양플랜트 과다 경쟁 큰 코 다치나.” 《이코노미스트》 1221호 (2014년 1월 20일 발간): 36~38.

김태호. 2008. “국내 청년실업의 단·장기 변동구조 추정, 《응용통계연구》 21(2): 201~210.

김혜림. 2009. “여성일자리 정책 창출방안” 《울산발전》 25: 36~65.

김혜원. 2008. “한국노동시장에서 구직확률과 실직확률의 구조 변동.” 《노동리뷰》 통권 40호: 75~83.

______. 2007. “한국의 지역노동시장 조정의 동학.” 《노동정책연구》 7(3): 1~33.

남기곤. 2008. “졸업직후의 취업여부가 현재 노동시장 성과에 미치는 효과.” 『대졸자 직업이동 경로조사』 심포지엄 자료집: 307~332.

동남지방통계청. 2016. “2016년 9월 및 3/4분기 울산광역시 고용동향.” 동남지방통계청 보도자료.

______. 2014. “2014년 9월 및 3분기 부산, 울산, 경남지역 고용동향.” 동남지방통계청 보도자료

류기락. 2014. 『학력 및 스킬 미스매치와 노동시장 성과』. KRIVET Issue Brief 51. 한국직업능력개발원.

류호상·장인봉·염영배. 2013. “경력단절여성의 경제활동참여 활성화를 위한 실태분석과 정책함의: 경기도 사회적기업의 경력단절여성 재취업을 중심으로.” 《한국정책연구》 13(1): 51~75.

마지황. 2016. “조선 · 해운 시장변동 현황과 주요 이슈.” 《조선·해운산업 Monthly Hana Industry Info》 33: 1~7.

문경옥. 2006. 『중고령 근로자의 괜찮은 일자리(decent job)로의 진입요인에 관한 연구』. 경상대학교 사회복지학 석사학위논문(미간행).

민주노총 금속노조. 2015. 『2015년 조선업종 물량팀 노동조건실태 연구』. 민주노총 금속노조 보고서.

민현주. 2008. “엄마노릇하기와 성별 일자리 분화가 여성임금에 미치는 효과 분석.” 《여성경제연구》 5(1): 75~91.

박강우. 2011. “노동특성별 미스매치와 고용변동.” 《국제경제연구》 17(1): 191~228.

박경숙. 2003. 『고령화 사회, 이미 진행된 미래』. 서울: 의암출판사.

박정열·손영미. 2015. “일상재구성법을 통한 경력단절 여성의 일상생활과 정서경험 분석.” 《여가학연구》 13(2): 89~120.

박종식. 2016. “한국 조선업 현황 및 정부 구조조정의 문제점.” 『한국노동위기의 조선산업, 벼랑끝 조선노동자, 올바른 해법은 무엇인가?』 한국노동조합총연맹·전국민주노동조합총연맹·조선업종노조연대 국회 대토론회 자료집(2016년 6월): 7~22.

박진희. 2016. “최근 조선업 고용변동.” 《고용동향 브리프》 2015년 5월호: 2~11.

______. 2005. “지역노동시장은 존재하는가?” 《노동리뷰》 통권 40호:

박찬임. 2015. “조선산업의 원하청구조.” 《월간 노동리뷰》 2015년 9월호: 24~37.

방하남·신인철. 2011. “강요된 선택: 생애 주된 일자리에서의 퇴직과 재취업의 동학.” 《한국사회학》 45(1): 73~108.

______·이상호. 2004. “좋은 일자리의 개념구성 및 결정요인의 분석.” 『제5회 한국노동패널학술대회』 논문집. 한국노동연구원.

______·이성균·우석진·김기헌·김지경. 2011. 『베이비붐 세대의 근로생애와 은퇴과정 연구』. 한국노동연구원.

배진한. 2012. “지역 일자리 미스매치의 원인과 대책.” 《경남발전연구원 논문집》 120: 6~14.

사명철. 2015. 『직종내 여성비율의 변화와 임금효과』. 중앙대학교 박사학위 논문(미간행).

서울복지재단. 2012. 『서울시 중장년층 복지수요조사 보고서』. 서울복지재단.

성지미 · 안주엽. 2006. “중고령 취업 결정요인.” ≪노동정책연구≫ 6(1): 39~74.

손승현·김강수· 전언찬. 2016. 『해양플랜트(오일& 가스)』, 서울: 씨아이알.

송부용. 2011. “청년일자리 미스매치 요인분석.” 《한국지역경제연구》 19: 287~312.

신선미·손유미. 2008. “대졸 청년층 하향취업의 결정요인.” 《직업능력개발연구》 4:1~21.

신원철. 2016. “조선산업 노동시장 구조의 문제점과 대안: 고용조정문제를 중심으로.” 『한국노동위기의 조선산업, 벼랑끝 조선노동자, 올바른 해법은 무엇인가?』 한국노동조합총연맹·전국민주노동조합총연맹 · 조선업종노조연대 국회 대토론회 자료집(2016년 6월): p.23~38.

안주엽. 2015. “자동차, 조선산업의 원하청구조와 근로조건 격차.” 《월간 노동리뷰》 2015년 9월호: 38~49.

______·김복순. 2012. “베이비붐세대의 고용.” 《월간 노동리뷰》 통권 91: 23~36.

양준석. 2012. “한국 지역노동시장에서의 일자리 미스매치에 관한 연구: 확률변경생산함수를 이용한 결합 효율성 분석.” 《한국경제지리학회지》 15(4): 752-765.

울산고용센터. 2017. “조선업퇴직자 지원현황 및 향후 계획.” 울산 조선업희망센터 심포지움 발표문

울산광역시. 2016a. “조선산업 고용위기 돌관(突貫)을 위한 일자리 종합대책 추진계획(안).” 울산광역시 발표자료.

______. 2016b. “지역일자리 목표 공시제 '16년도 울산광역시 일자리대책 세부계획.” 울산광역시 보도자료.

______. 2014a. “울산광역시 승격 17주년, 울산 눈부신 성장.” 울산광역시 보도자료.

______. 2014b. “지역일자리 목표 공시제 민선 6기 일자리창출 종합계획.” 울산광역시 보도자료.

______. 2014c. “울산광역시 중장기발전계획.” 울산광역시 보도자료.

______. 2014d. “울산시, 울산지역산업발전계획수립.” 울산광역시 보도자료.

______. 2014e. “일반산업단지 현황.” 울산광역시 보도자료.

울산광역시 정책기획관. 2017. “울산시 청년층 지원사업 대폭 확대.” 울산광역시 보도자료.

울산대학교 산학협력단. 2013.『중소기업 일자리창출 및 인력수급 불일치 해소방안 연구』. 울산대학교 산학협혁단 보고서.
울산상공회의소 울산지역 인적자원개발위원회. 2017. “일자리창출분과위원회 자료.” 울산지역 인적자원개발위원회 자료.
유홍준. 2000.『21세기 직업세계 이해를 위한 직업사회학』. 서울: 경문사.
윤성호. 2009. “아동 돌봄의 사회적 분담이 여성의 임금수준과 전일제 고용에 미치는 영향.”《한국가족복지학》 25: 201~235.
이상록·백학영. 2008. “한국사회 빈곤구조의 지역 편차 분석: 수도권과 지방의 빈곤격차를 중심으로.” ≪한국사회복지학≫ 60(4): 205~230.
이상엽. 2010. “울산 노동시장 미스매치 해소를 통한 일자리 창출 방안: 울산주도적(Ulsan Initiative) 통합 고용정책을 중심으로.” 울산고용포럼 발표문(미간행).
이상호. 2011. “노동시장의 공간 미스매치가 고용에 미치는 효과 분석.” 《지역고용연구》 3(1): 1~28.
______. 2008. 『한국 지역노동시장의 구조와 동학에 관한 세 가지 연구』. 경북대학교 경제학과 박사학위논문.
이성균. 2016a. “조선업 위기와 지역경제 파급효과: 울산의 사례를 중심으로.” 《고용이슈》 2016년 7월호: 1~25.
______. 2016b. “울산 여성의 노동시장 지위.” 《지역사회학》 17(3): 127~155.
______. 2015a. “지역노동시장의 구조적 미스매치: 서울과 울산의 비교.” 《경제와 사회》 108: 137~164.
______. 2015b. “울산지역 노동력수급구조.” 한국고용정보원(편) 『광역지역별 인력수급 전망 2013-2023』 제 4권. 한국고용정보원 보고서
______. 2013. “구인업체와 구직자 설문조사.”『중소기업 일자리창출 및 인력수급 불일치 해소방안연구』. 울산대학교 산학협력단 보고서
______. 2011a. “베이비붐세대의 교육적 성취와 직업경험의 다양성.”《월간 노동리뷰》 7(1): 23~37.
______. 2011b. “울산의 인구구조 변화와 중장년층 일자리 대책.”《울산발전연구》 32: 14~21.
______. 2011c. “좋은 일자리의 지역별 비교 및 요인분석: 고용안정성과 임금수준을 중심으로.”《지역사회학》 12(2): 57~78.
______. 2010. “베이비붐세대의 건강과 노동능력.”《노동리뷰》 63: 37~47.
______. 2009. “중장년층의 취업과 ‘괜찮은’ 일자리.”《한국사회정책》 15(2): 181~216.
______. 2004.『경제위기와 노동시장변동』. 울산: 울산대학교 출판부.
______·김영미. 2010. “한국의 서비스산업 확대는 남녀임금격차에 어떤 영향을

미치는가?"《한국사회학》 44(1): 1~25.
______·김영미. 2007. "서비스산업의 확대와 소득불평등." 윤윤규 외, 『노동시장 양극화의 현황과 대응방안: 산업구조 변화의 효과분석을 중심으로』. 한국보건사회연구원.
이지혜. 2005.《국민연금과 고령층 노동시장의 퇴직요인》. 서울대학교 대학원 석사학위논문.
이헌. 2016.『조선산업 TPS 활용 생산관리』. 서울: GS인터비전.
장기영. 2008.『대학 졸업자의 첫 노동시장 이행 성과 결정요인 : 사회경제적 배경, 교육특성 및 이행준비 효과를 중심으로』. 한양대학교 박사학위논문.
장연주. 2013.『임금근로자의 지역별 가구소득불평등』. 부산대학교 경제학과 박사학위논문.
장재호·홍현균. 2008. "워크넷자료를 이용한 지역별 구직자 미스매치 분해."《Employment Issue》27. 서울: 한국고용정보원.
장지연·김민영·장원섭. 2010. "경력단절 여성의 구직경로가 성공적인 노동시장 재진입에 미치는 영향 : 학력에 따른 차이를 중심으로."《Women's Studies Forum》78: 31~76.
______·부가청. 2005. 『여성고용 촉진을 위한 사회정책의 방향과 과제』. 한국노동연구원 연구보고서.
장홍근. 2007.『한국의 직업의식과 직업윤리』. 직업능력개발원.
전국경제인연합회. 2015. 『지방대학생 취업인식도 조사』. 전국경제인연합회 (중소기업신문 2015년 10월 8일자 보도).
전병유 · 신동균 · 신관호 · 이성균 · 남기곤. 2006. 『노동시장 양극화의 경제적 분석』. 한국노동연구원.
정경희 · 오영희 · 이윤경 · 박보미. 2011.『베이비붐 세대의 삶의 다양성에 관한 연구』. 한국보건사회연구원 연구보고서.
정성미. 2012. "여성고용과 사회서비스업."《노동리뷰(Monthly Labor Review)》통권 89: 58~73.
정영근 · 장민수 · 김혜정. 2011. "대졸 고학력 노동시장 미스매치 연구." 《한국질서경제학회지》14(3): 1~21.
정이환. 2013.『한국고용체제론』. 서울: 후마니타스.
______. 2006.『현대 노동시장의 정치사회학』. 서울: 후마니타스.
정인수. 2003. "지역별 취업이탈확률 및 요인에 관한 연구."《노동경제논집》26(1): 111~151.
______ · 전병유 · 임상훈. 2003.『지역노동시장연구』. 한국노동연구원.
정진호 · 최강식. 2000. "노동자 가구소득 불평등의 요인별 분석." ≪경제학연구≫

49(3): 39~64.
조강철 · 윤대혁. 2012.『제주지역 노동수급 미스매치 현황 및 정책적 시사점』. 한국은행 동향/연구보고서. 한국은행.
조소연 · 임예윤. 2015. "고학력 경력단절 여성의 비정규직 재취업 경험에 관한 내러티브 연구."《아시아여성연구》54(1): 141~169.
조선 · 해양산업인적자원 개발위원회. 2016.『조선산업 구조조정과 고용대책』, 국회 세미나 토론자료(2016년 6월).
최민정. 2015. "경력단절 여성 지원정책의 현황과 과제."《보건복지포럼》227: 62~73.
최영출. 2006. "도내 지역불균형 수준."『2006년 한국거버넌스학회 하계학술대회』논문집. 한국거버넌스학회. 241-260.
최영훈. 2015. "해양플랜트 육성 2020년 6개의 글로벌기업 목표: 중국."《Chindia Plus》Vol. 103: 40.
최옥금. 2007. "노인빈곤에 영향을 미치는 요인에 대한 연구: 패널자료를 중심으로." ≪한국사회복지학≫ 59(1): 5~25.
최창곤. 2011. "전북 지역노동시장 미스매치의 특징."《지역고용연구》3(1): 29~46.
채창균 · 오호영 · 윤형한 · 정재호 · 신동준 · 이인재. 2013. 『주요 청년고용 정책이슈 분석』. KRIVET 기본 보고서. 한국직업능력개발원.
통계청. 2015. "2014년 기준 전국사업체조사 잠정결과." 통계청 보도자료(연합뉴스 2015년 10월 5일자 보도자료 재인용) 통계청.
______. 2012. "e지방지표,"(www.kosis.kr). 통계청 보도자료
______. 2011a. "통계로 본 10년간 울산 사회 변화상." 통계청 보도자료
______. 2011b.『2010년 인구총조사』. 통계청.
______. 2011c.『고령자 경제활동조사』. 통계청.
______. 2007.『2005년 서비스업 총조사 보고서: 산업 전국편 제 I-1권』. 통계청
한국경영자총협회. 2015.『2015년 신규인력 채용동태 및 전망조사』. 한국경영자총협회.
한국개발연구원 경제정보센터. 2004.『청년실업, 해결책은 있는가』. 한국개발연구원 연구보고서.
한국고용정보원, 2014. 『2012년 청년패널조사』. 한국고용정보원 연구보고서.
한국교육개발원. 2014. 『교육통계서비스』. (한국교육개발원(http://kess.kedi.re.kr).
한국비정규직노동센터. 2014. 『통계로 본 한국의 비정규직 노동자: 2014년 8월 경제활동인구조사 근로형태별 부가조사 분석』. 한국비정규직노동센터 이슈페이퍼 2014-02.
______. 2009.『2009년 8월 통계청 경제활동인구조사 부가조사 분석』. 한국비정규노동센터 보고서.

한국여성정책연구원. 2014.『경력단절여성 등의 경제활동 촉진법개정안』. 한국여성정책연구원 연구보고서.
한국은행. 2016a.『울산지역 경제동향』, 2016년 5월호. 한국은행 울산사무소.
_____. 2016b. "최근 지역경제동향: 동남권." 한국은행 지역경제보고서 5: 26~32.
_____. 2015. "울산지역 조선업의 최근 동향 및 전망. 한국은행 지역경제보고서 8: 73~74.
한국은행 울산본부. 2008. "울산지역 서비스산업의 현황 및 시사점" 한국은행 보도자료.
한국직업능력개발원. 2011.『2011년 지역별 인력 및 훈련조사』. 한국직업능력개발원 보고서.
허수연. 2012. "자녀유무별 여성임금격차(Family gap)."《사회복지연구》43(2): 345~366.
허준수. 2006. "도시지역 미취업 노인들의 취업의사 결정요인에 관한 연구."《한국사회복지학》 58(1): 291~318.
홍두승. 2000.『사회조사분석(제 3판)』. 서울: 다산출판사.
홍성희. 2007. "직장인의 퇴직 및 재취업결정에 관한 연구."《한국가족자원경영학회지》11(2): 1~19.
홍정우. 2003.『한국사회의 가치관의 급변과 혼돈』. 삼성경제연구소.
해양과 조선. 2015. "중국 조선산업 자국수주로 7월 2015년 첫 1위 탈환."《월간 해양과 조선》83: 54~65.

- 신문기사

경상일보. "현대重 하청업체 직원 1년새 3800명 실직." 2016년 5월 2일.
뉴스 1. "울산교육청, 학교비정규직연대회의와 임금교섭 잠정 합의." 2016년 6월 8일.
_____. "실업급여 신청 울산 18%↑…조선 등 제조업 크게 늘어." 2016년 4월 29일.
연합뉴스. "불황형 흑자와 불확실한 미래." 2016년 12월 27일.
_____. "울산시, 조선업 위기극복 추경 1천650억 긴급 편성." 2016년 5월 2일.
울산매일신문. "울산시 '청년실업률 낮춰라' 특명." 2017년 1월 16일.
한겨레신문. "조선업체 '물량팀' 둘 중 한명은 잘려도 실업급여 0원." 2016년 5월 22일.

- 영어 문헌

Abraham, J. D. 1993. *Successful Aging in the Workplace: An Investigation of Two Approaches to Developmental Adaption.* Dissertation Thesis at the University of Tulsa.

Anker, R., Chernyshev, I., Egger, P., Mehran, F. and Ritter, J. 2000. "Measuring Decent Job with Statistical Indicators." Unpublished Working Paper. ILO.

Armstrong, H. and Taylor, J. 1981. "The Measurement of Different Types of Unemployment." in Creedy, T. (ed.) *The Economics of Unemployment in Britain.* Butterworth-Heinemann.

Ashenfelter, O. and Card, D. 1999. *Handbook of Labor Market.* North Holland.

Atchley, R. C. 1989. "A Continuity theory of Aging" *Gerontologist* 29: 183-190.

_______. 1982. "Retirement as a social institutions" *Annual Review of Sociology* 8: 263-287.

Barro, R.J. and Grilli, V. 1994. "Unemployment." *European Macroeconomics.* Palgrave Macmillan.

Bauder, H. 2006. *Labor Movement : How Migration Regulates Labor Markets.* Oxford University Press.

Blau, D. M. 1992. "An Empirical analysis of employed and unemployed job search behavior." *Industrial and Labor Relation Review* 45(4): 738~752.

Brown, A. J. 1976. "UV-analysis." in Worswick, G. D. N. (ed.) *The Concept and Measurement of Involuntary Unemployment.* George Allen & Unwin.

Buckley, P. and Majumdar, R. 2015. *A Growing Skills Mismatch? Not Necessary.* Deloit University Press.

Cahil, K. E., Giandrea M. D. and Quinn, J. F. 2006. "Retirement Patterns From Career Employment." *The Gerontologist* 46(4): 514~523.

Cahuc, P., Carcillo, S., Rinne, U. and Zimmermann, K. F. 2013. *Youth Unemployment in Old Europe: The Polar Cases of France and Germany.* Institute for the Study of Labor. ZZA DP No. 7490. Bonn.

Chan, S. and Stevens, A. 2001. "Job loss and Employment Patterns of Old Workers." *Journal of Labor Economics* 19(2): 484~521.

Charles, M. 2005. "National Skill Regimes, Postindustrialism, and Sex Segregation." *Social Politics* Summer: 289~316.

_______ and Grusky D. 2005. *Occupational Ghettos: The Worldwide Segregation of Women and Men.* Stanford University Press.

Cho, S and Lee, S. 2014. "Overeducation in the Korean Labor Market: Evidence from Young Workers." *Journal of Economic Research* 19: 19~41.

Dennis G., Stepanok, I. and Al-Hussami F. 2013. "Youth Unemployment in Europe and the World: Causes, Consequences and Solutions." *Kiel Policy Brief* No.59. Kiel Institute for the World Economy. (https://www.ifw-kiel.de/wirtschaftspolitik/politikberatung).

Doeringer, P. and Piore, M. 1971. *Internal Labor Markets and Manpower Analysis.* Heath.

Dogan, M. and Pelassy. D. 1990. *How to Compare Nations: Strategies in Compalative Politics.* New Jersey: Chatham House Publishers.

Eurostat. 2014. Unemployment Statistics (http://epp.eurostat.ec.europa.eu/statistics).

Faberman, R. J. and Mazumder, B. 2012. "Is There a Skills Mismatch in the Labor Market?" *Chicago Fed Letter* November 300. The Federal Reserve Bank of Chicago.

Faggin, A. 2014. "Job Search Theory." in Fischer, M.M. and Nijkamp (eds.) *Handbook of Regional Science.* Springer-Verlage.

Feldman, D. C. 2000. "Working in Retirement: The Antecedents of Bridge Employment and Its Consequences for the Quality of Life in Retirement." *Academy of Management Journal* 43(6): 1195~1210.

Groot, W. 1996. "The Incidence of, and Returns to Over-Education" in the UK. *Applied Economics* 28: 1345~1350.

Halaby, C. 1994. "Overeducation and Skill Mismatch." *Sociology of Education* 67: 47~59.

Havighurst, R. J. 1961. "Successful Aging." *The Gerontologist* 1: 8~13.

ILO. 2013. *Global Employment Trends for Youth 2013: A generation at risk.* International Labour Office.

Jackman, R. and Roger, S. 1987. "Structural Unemployment." *Oxford Bulletin of Economics and Statistics* 49(1): 9~36.

John P. S, 2004. "An Exploration of the Social and Spatial Division of Labor in the Athenian Urban Space." *The Greek Review of Social Research* 113: 167~206.

Kaplan, E. L. and Meier, P. 1958. "Nonparametric estimation from incomplete observations." *J. Amer. Statist. Assn.* 53(282): 457~481.

Kovic, V. 2014. "Why is Youth Unemployment in the EU So High? Bridging Europe." 미간행 발표문(http://www.bridgingeurope.net).

Lee, H. S. 2005. Regional Human Resources Development Strategies for Innovation, Competitiveness and Social Inclusion. KLI-OECD.

Lee, S. 2015. "Youth Employment Probability and Its Change over Time: A

Comparative Case Study of Ulsan Metropolitan City." *Korean Regional Sociology* 16(2): 5~32.
Lorence, L. 1991. "Growth in Service Sector Employment and MSA Gender Earnings Inequality: 1970~1980." *Social Forces* 69(3): 763~709.
Marshall, G. 1998. *A Dictionary of Sociology*. Oxford University Press.
Massey D. 1994. *Space, Place, Gender*. Oxford: Polity.
______. 1984. *Spatial Divisions of Labour. Social Structures and the Geography of Production*. London, Macmillan.
McCall, B. P. 1997. "The Determinant of Full-time versus Part-Time Reemployment following Job Displacement." *Journal of Labor Economics* 15(4): 714~734.
Morrison, P. S. 1990. "Segmentation Theory Applied to the Local, Regional and Spatial Labor Markets." *Progress in Human Geography* 14(4): 488~528.
Mortensen, D. 1970. "Job search, the duration of unemployment, and the Phillips Curve." *American Economical Review* 60(5): 847~862.
______. 1986. "Job Search and Labor Market Analysis." in Ashenfelt O. and Layard R. (eds.) *Handbook of Labor Economics*. North Holland.
______ and Pissarides, C. A. 1994. "Job Creation and Job Destruction in the Theory of Unemployment." *Review of Economic Studies* 61: 397~415.
OECD. 2016. OECD *Data: Gender Wage Gap*. OECD Report. (http:://data.oecd.org/earnwage/gender-wage-gap.htm)
______. 2001. *Local Partnerships for Better Governance*. OECD Report.
______. 1994. *The OECD Jobs Study, Evidence and Explanations*. OECD Report.
Peterson, T. and L. Morgan. 1995. "Seperate and Unequal: Occupation-Establishment Segregation and the Gender Wage Gap." *American Journal of Sociology* 101(2): 329~365.
Quinn, J. 1999. "Retirement Patterns and Bridge Jobs in the 1990." *Handbook of Aging Society*. SAGE.
Rodenburg, P. 2011. "The UV-Curve or Beveridge Curve." in Blaug, M. Lloyd, P. (ed.) *Famous Figures and Diagrams in Economics*. Edward Elgar.
______. 2010. "The Remarkable Transformation of the UV Curve." *European Journal of the History of Economic Thought* 18(1): 125~153.
Ruhm, C. J. 1990. "Bridge jobs and partial retirement." *Journal of Labor Economics* 8(4): 482~501.
Sahin, A., Song, J. Topa, G. and Violante, G. L. 2010. *Mismatch in the Labor Market: Evidence from the U.K. and the U.S.* Unpublished Manuscript.
Scott A. J. 1982. "Production system dynamics and metropolitan development."

Annals, Association of American Geographers 72: 182~200.

______. 1988a. *New Industrial Spaces. Flexible Production Organization and Regional Development in North America and Western Europe.* London: Pion.

______. 1988b. *Metropolis. From the Division for Labour to Urban Form, Berkley and Los Angeles.* University of California Press.

Shimer, R. 2007. "Job Mismatch." *American Economic Review* 97: 1074~1101.

Solberg, S. and Marie. 1998. *Age and Gender in a Local Market: Re-employment Among a Group of Old Workers.* Dissertation Thesis at the University of Alberta.

Vogel, E. F. 1993. *The Four Little Dragons: The Spread of Industrialization in East Asia.* Harvard University Press.

von H. Fassmann und Meusburger, T. 1997. *Arbeitsmarktgeographie : Erwerbstatigkeit und Arbeitsslosigkeit im rau* (박영한 역. 2002.『노동시장의 지리학』. 서울: 한울).

Won, J. 1995. *Optimal Timing for Retirement and Bridge Job.* Dissertation Thesis at Purdue University.